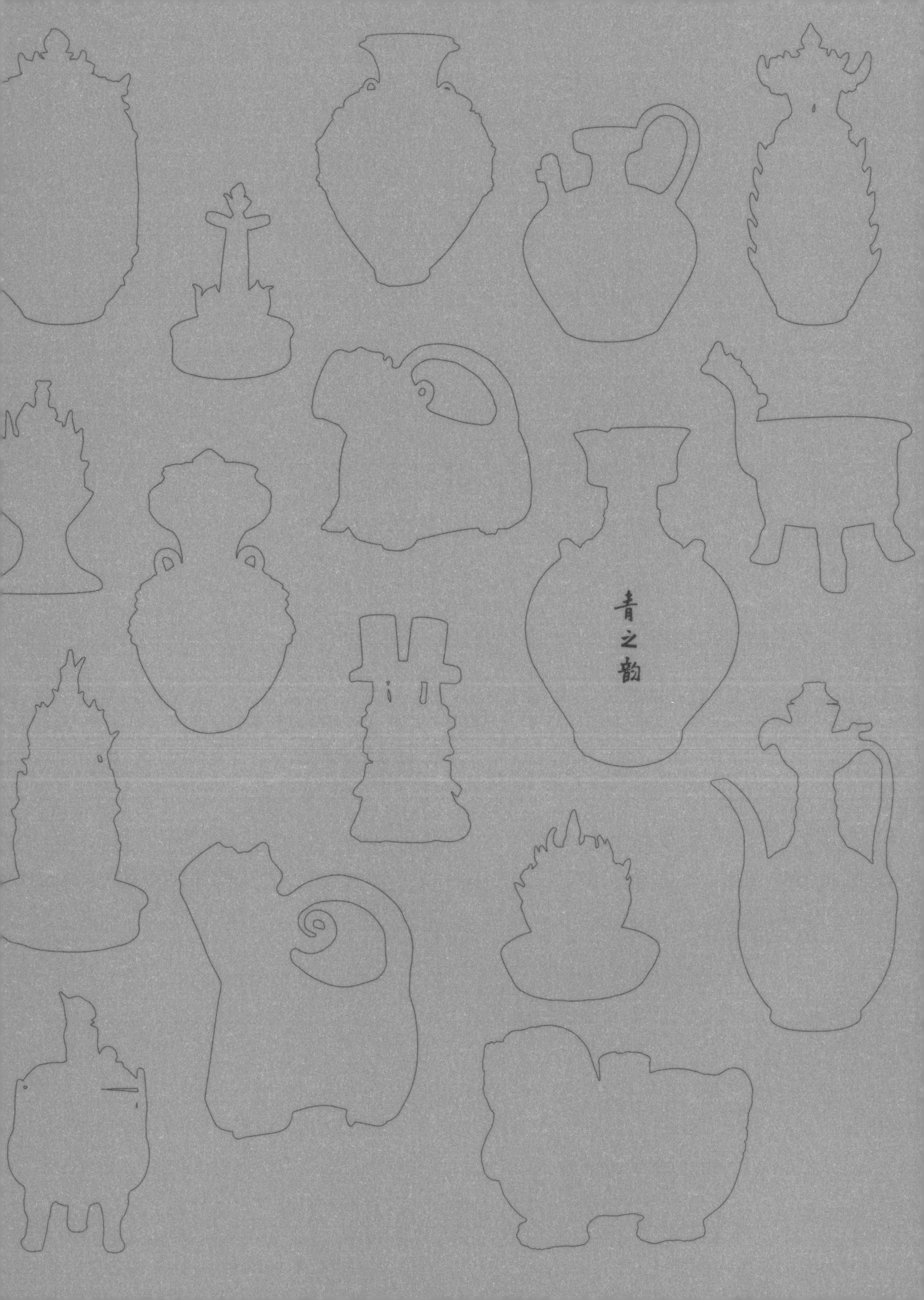

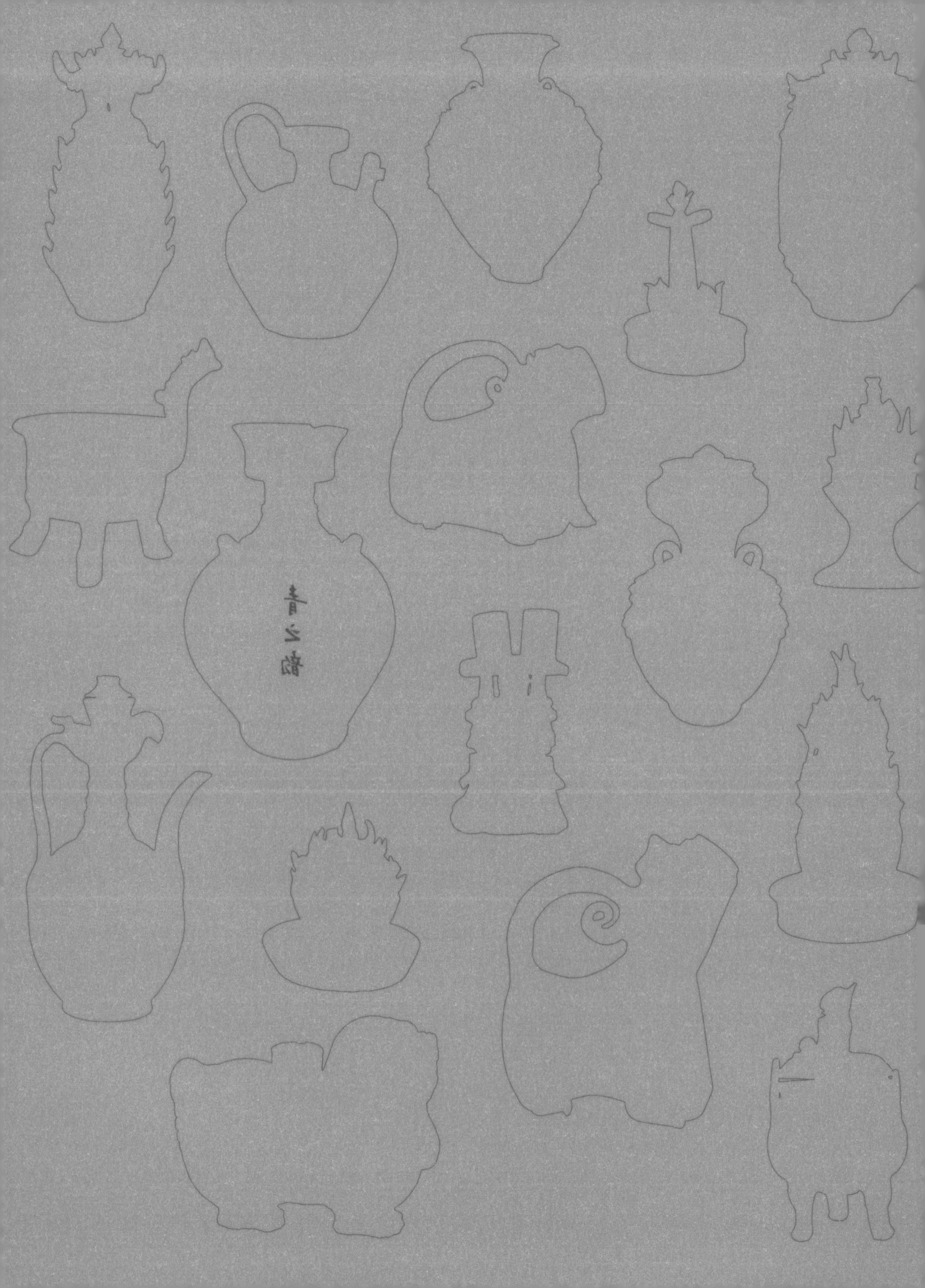

福建省考古研究院课题成果—2
指导　福建省文物局
主编　王永平　陈丽君

青之韵

福建青釉瓷

福建省考古研究院——编
程珮——著

海峡出版发行集团 THE STRAITS PUBLISHING & DISTRIBUTING GROUP | 福建美术出版社 FUJIAN FINE ARTS PUBLISHING HOUSE

图书在版编目（CIP）数据

青之韵：福建青釉瓷 / 福建省考古研究院编；程珮著. -- 福州：福建美术出版社，2023.3
（福建省考古研究院课题成果 / 王永平，陈丽君主编；2）
ISBN 978-7-5393-4446-1

Ⅰ.①青… Ⅱ.①福… ②程… Ⅲ.①青瓷（考古）—研究—福建 Ⅳ.① K878.54

中国国家版本馆 CIP 数据核字（2023）第 006413 号

出 版 人：郭　武
责任编辑：蔡　敏　蔡晓红
装帧设计：李晓鹏　陈　秀

福建省考古研究院课题成果—2
主编　王永平　陈丽君

青之韵——福建青釉瓷

福建省考古研究院　编　程珮　著

出版发行：福建美术出版社
社　　址：福州市东水路 76 号 16 层
邮　　编：350001
网　　址：http://www.fjmscbs.cn
服务热线：0591-87669853（发行部）　87533718（总编办）
经　　销：福建新华发行（集团）有限责任公司
印　　刷：雅昌文化（集团）有限公司
开　　本：635 毫米 ×965 毫米　1/8
印　　张：58
版　　次：2023 年 3 月第 1 版
印　　次：2023 年 3 月第 1 次印刷
书　　号：ISBN 978-7-5393-4446-1
定　　价：450.00 元

版权所有，翻印必究

第一部分　福建青釉瓷概述

第一节　福建历史地理概述	003	霞浦崇儒碗窑坪窑	040
一、地理位置及环境	003	霞浦柏洋东山窑	041
二、历史沿革及发展	004	福安首洋窑	041
		（二）闽南地区	042
第二节　福建墓葬出土青釉瓷概述	008	泉州东门窑	043
一、青铜时代至汉代	009	安溪桂瑶窑	043
二、三国至西晋	009	永春苦寨坑	044
三、东晋	014	永春锦斗窑	045
四、南朝	017	永春玉美窑	045
五、隋唐五代	019	永春碗窑芸窑	046
六、宋元	022	德化辽田尖窑	046
七、明清	024	德化篁林窑	047
		南安南坑窑	047
第三节　福建青釉瓷窑业发展概述	024	南安荆坑窑	048
一、福建青釉瓷的分期	024	晋江磁灶窑	049
萌芽期：青铜时代，相当于夏代中期至春秋	025	厦门祥露窑	050
探索期：汉至两晋	026	厦门许厝窑	051
发展期：南朝至北宋中期	028	厦门上瑶窑	051
繁荣期：北宋晚期至南宋晚期	030	厦门汀溪窑	052
衰弱期：南宋末期至清	032	厦门碗窑	053
二、福建青釉瓷窑址分区概述	033	漳浦赤土窑	054
（一）闽东及闽中地区	034	漳浦竹树山窑	055
福州怀安窑	034	漳浦南门坑窑	055
福州宦溪窑	035	漳浦南山窑	056
福州长柄窑	036	漳浦石寨窑	057
连江浦口窑	037	云霄水头窑	057
连江魁岐窑	037	（三）闽西北地区	058
连江己古窑	038	南平茶洋窑	058
罗源八井碗窑	038	建阳将口窑	059
福清东张窑	038	建阳白马前窑	060
莆田庄边窑	039	建阳象山窑	060
霞浦下楼窑	040	建阳源头碗窑	061

松溪九龙窑	062	武夷山碗窑坑窑	069
松溪西门窑	063	将乐碗碟墩窑	069
浦城蟹钳山窑	063		
浦城罗源窑	064	第四节　福建青釉瓷的外销	070
浦城珠塘窑	064	一、初露锋芒——唐五代	
浦城碗窑背窑	065	（8世纪后期至10世纪前期）	071
浦城半路窑	065	二、停滞不前——北宋早期至中期	
政和象山窑	066	（10世纪后期至11世纪后期）	072
政和罗金坂窑	067	三、名扬海外——北宋末期至南宋晚期前段	
武夷山竹林坑窑	067	（12世纪前期至13世纪前期）	073
武夷山渔网山窑	068	四、一落千丈——南宋末期后	
武夷山仙店窑	068	（13世纪后期之后）	075
武夷山母猪山窑址	069		

第二部分　福建墓葬出土青釉瓷图版

青釉原始瓷尊　079	青釉原始瓷豆　079	青釉原始瓷双耳壶　080	青釉原始瓷井式罐　080
青釉原始瓷罐　081	青釉熏炉　081	青釉簋　082	青釉碗　082
青釉井　083	青釉猪圈　083	青釉鸡笼　084	青釉钵　084

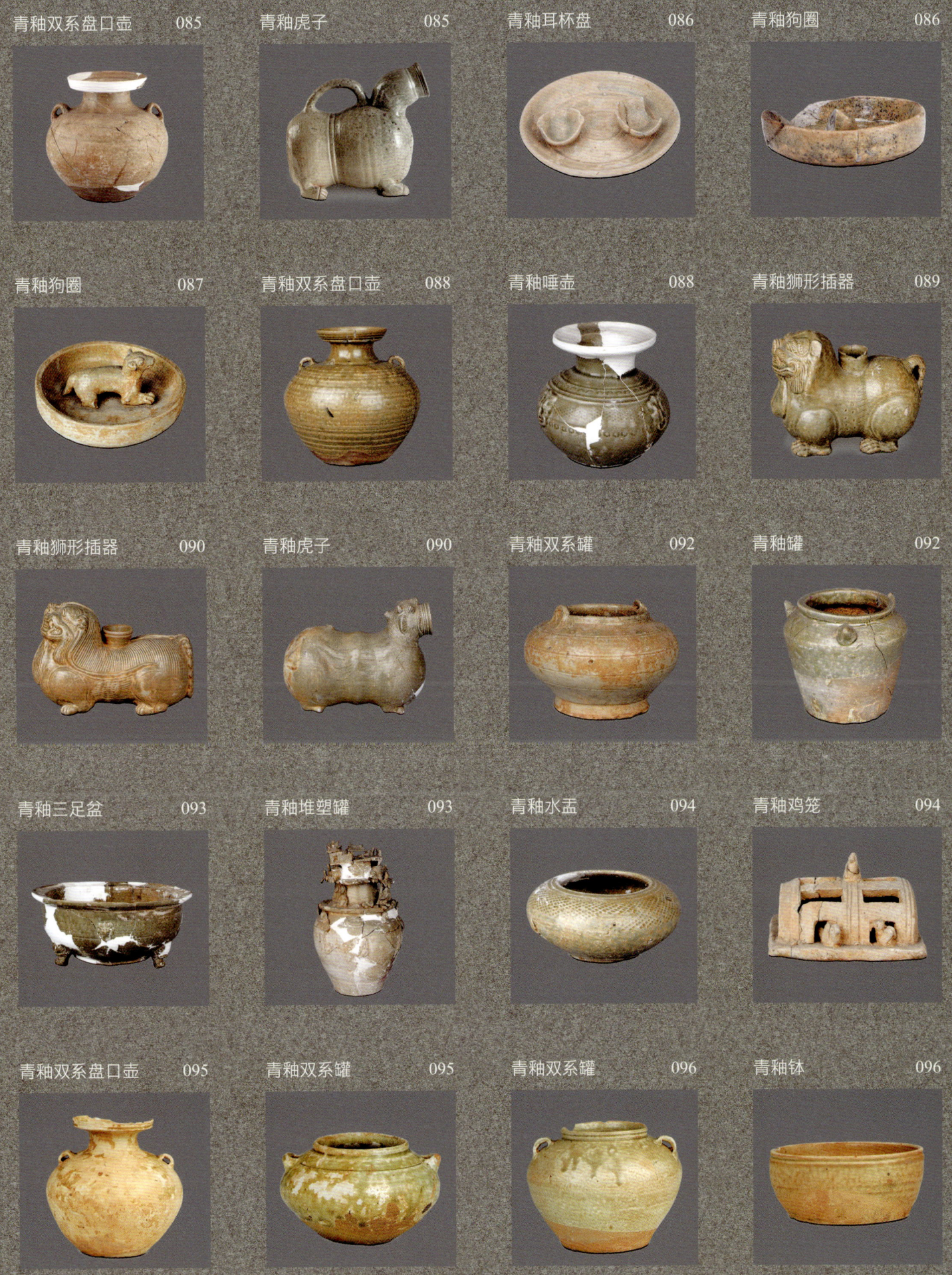

青釉双系盘口壶 085	青釉虎子 085	青釉耳杯盘 086	青釉狗圈 086
青釉狗圈 087	青釉双系盘口壶 088	青釉唾壶 088	青釉狮形插器 089
青釉狮形插器 090	青釉虎子 090	青釉双系罐 092	青釉罐 092
青釉三足盆 093	青釉堆塑罐 093	青釉水盂 094	青釉鸡笼 094
青釉双系盘口壶 095	青釉双系罐 095	青釉双系罐 096	青釉钵 096

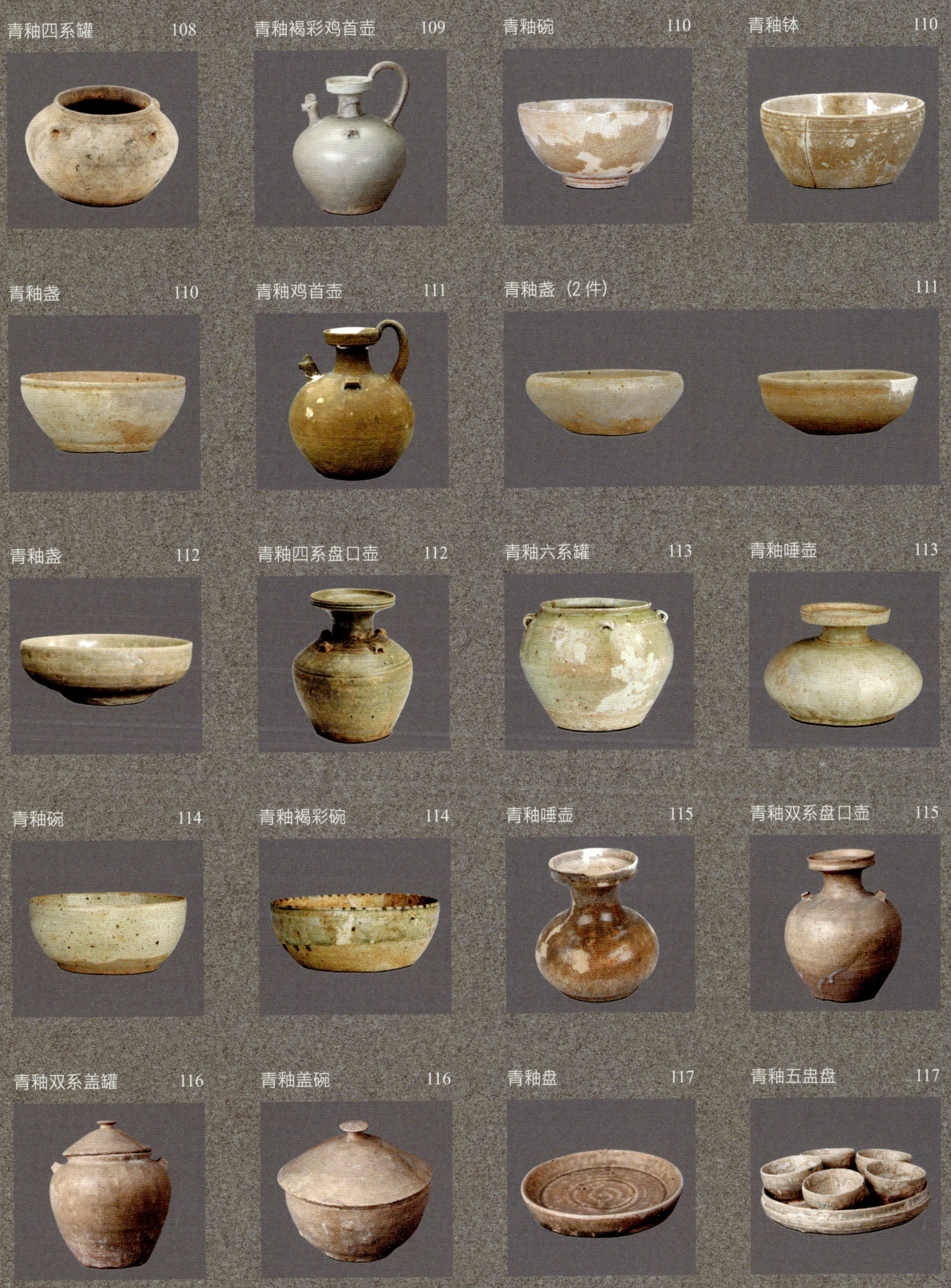

青釉鐎斗 128	青釉托盘三足炉 129	青釉三足砚 129	青釉双系盘口壶 130
青釉四系罐 130	青釉双系小罐 131	青釉碗（2件） 131	
青釉杯（2件） 132		青釉钵 132	青釉钵 133
青釉托杯 133	青釉托杯 134	青釉托盘 134	青釉唾壶 135
青釉四管插器 135	青釉博山炉 136	青釉砚 136	青釉龙柄鐎斗 137

青釉灯 147	青釉十足砚 148	青釉四系罐 149	青釉灯 150
青釉博山炉 153	青釉莲瓣纹盘 154	青釉四管插器 154	青釉唾壶 155
青釉龙柄鐎斗 155	青釉虎子 156	青釉托碗 156	青釉双系盘口壶 157
青釉双系罐 157	青釉四管插器 158	青釉托碗 158	青釉博山炉 159
青釉虎子 159	青釉六系盘口壶 160	青釉博山炉 161	青釉瓶 162

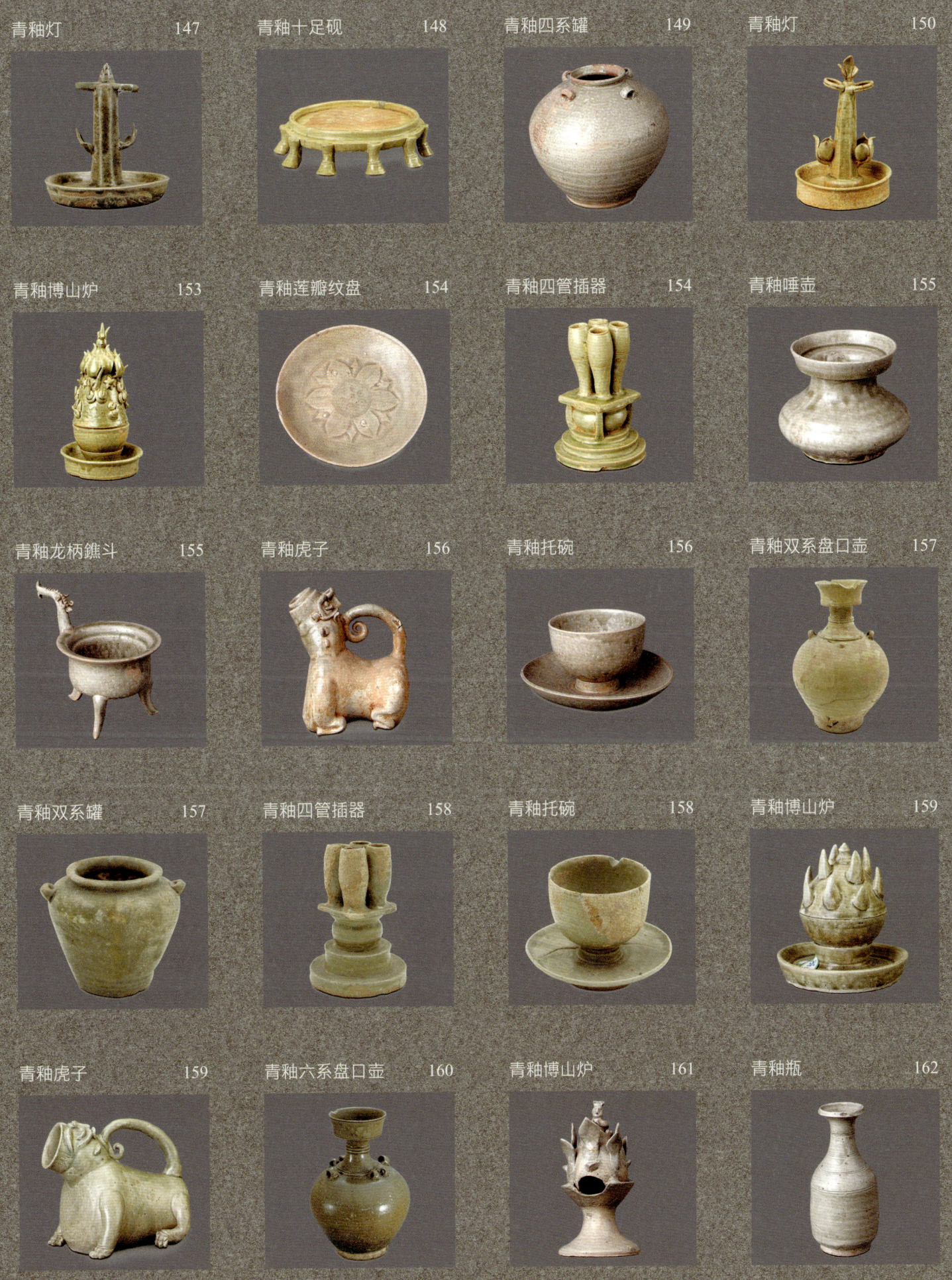

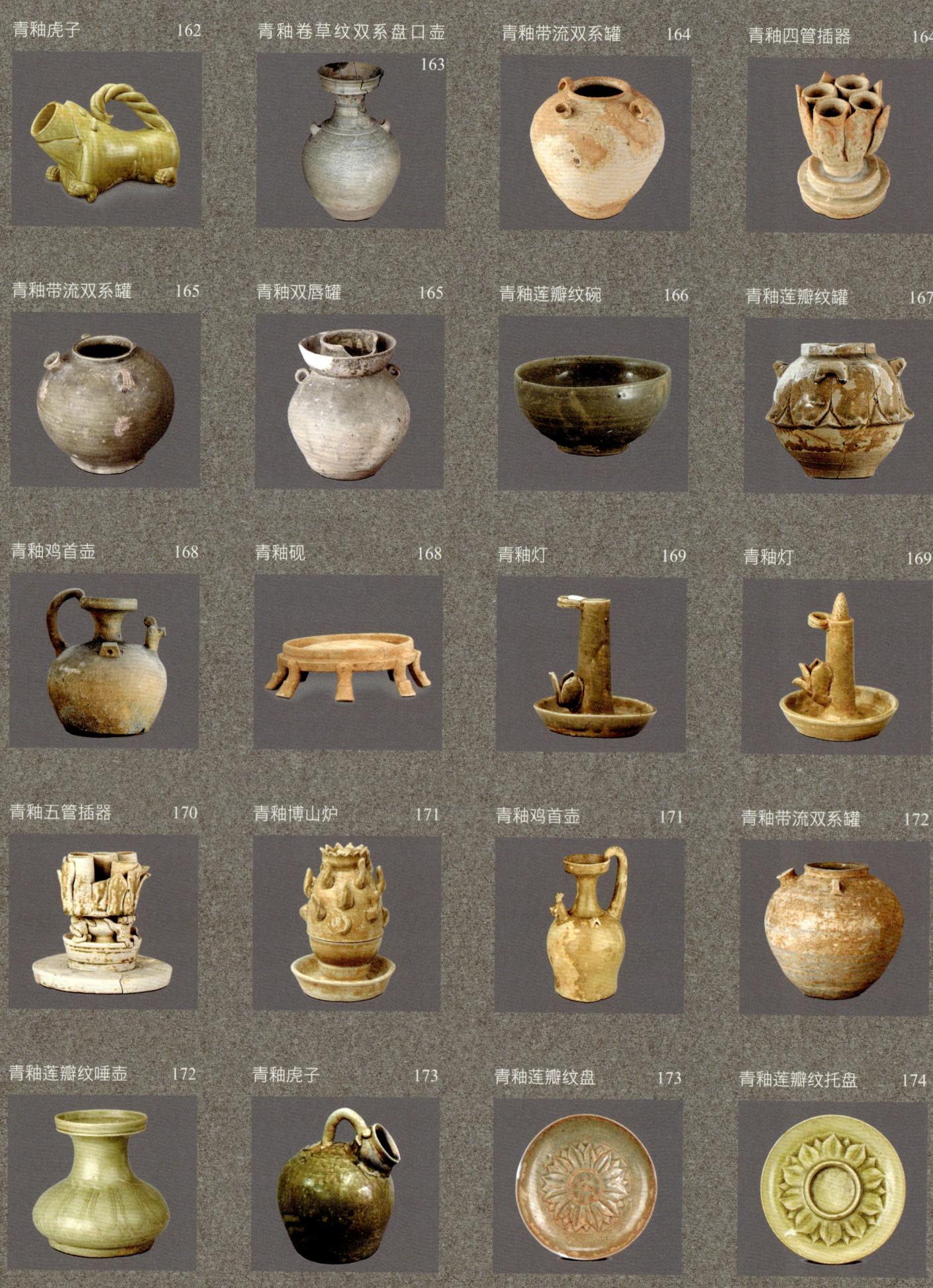

青釉莲瓣纹五盅盘 175	青釉双系盘口壶 176	青釉双系罐 176	青釉四管插器 177
青釉灯 177	青釉虎子 178	青釉龙柄鐎斗 178	青釉博山炉 179
青釉四足砚 179	青釉托碗 180	青釉托杯 180	青釉五盅盘 181
青釉双系盘口壶 181	青釉高足杯 182	青釉五足砚 182	青釉灯 183
青釉四管插器 183	青釉虎子 184	青釉三足炉 184	青釉托盘 185

青釉印花高足盘	195	青釉印花钵	196	青釉双系罐	196	青釉双管插器	197
青釉砚	197	青釉双系盘口壶	198	青釉双系罐	198	青釉盂	199
青釉唾壶	199	青釉托杯	200	青釉托杯	200	青釉五盅盘	201
青釉瓶	201	青釉六足砚	202	青釉砚	202	青釉插器	203
青釉灯	203	青釉三足炉	204	青釉虎子	204	青釉四系罐	205

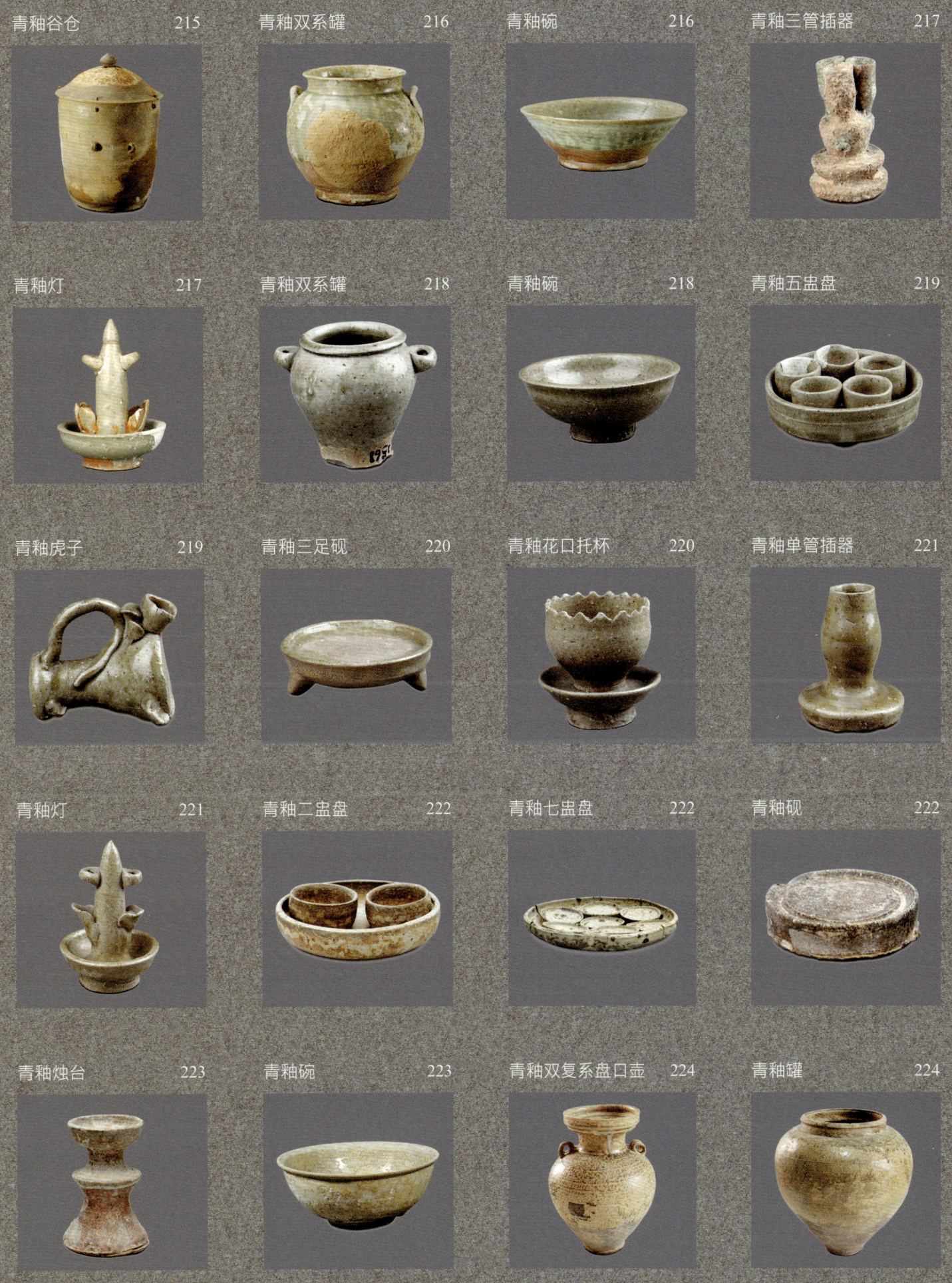

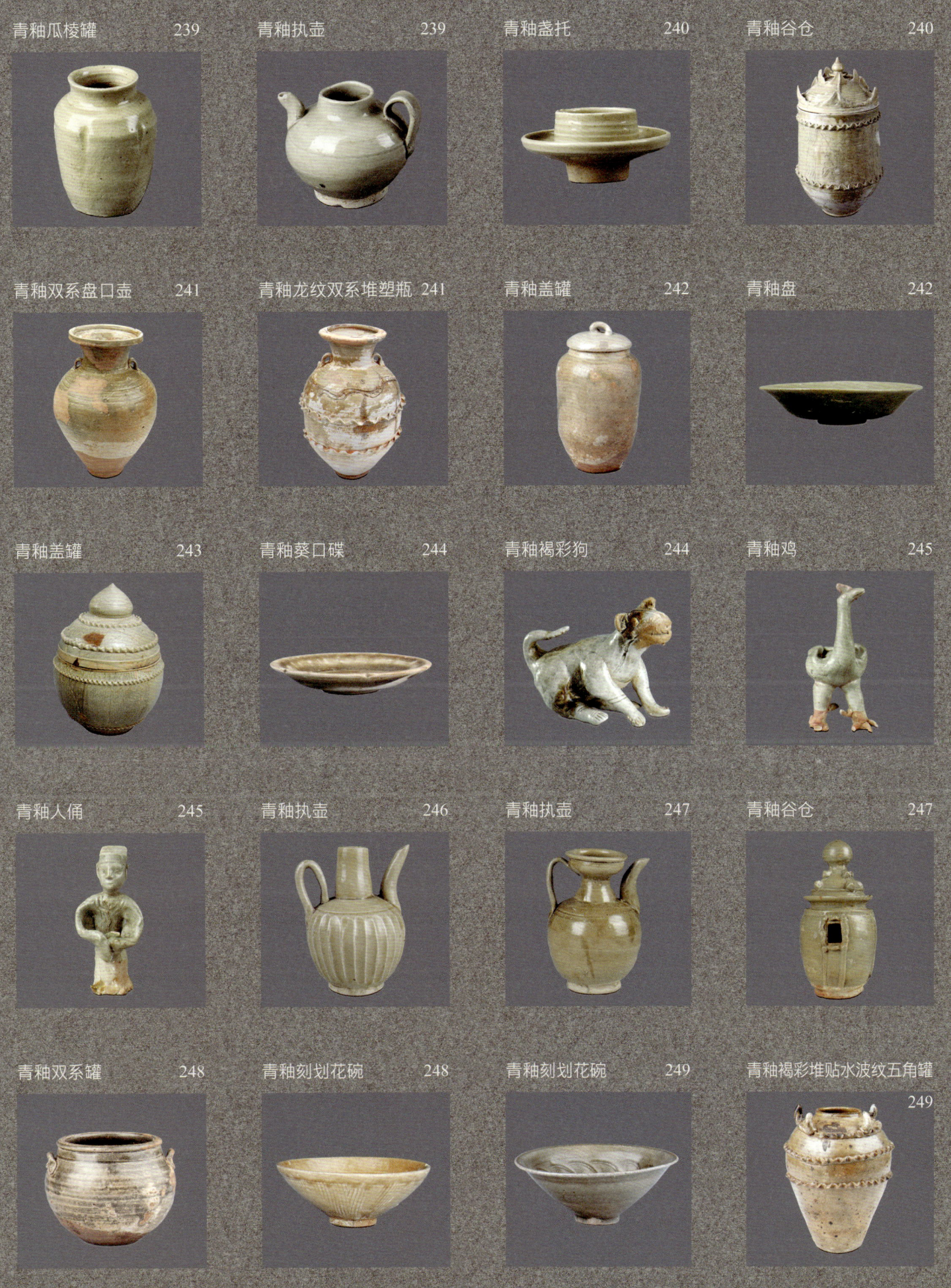

青釉瓜棱罐 239	青釉执壶 239	青釉盏托 240	青釉谷仓 240
青釉双系盘口壶 241	青釉龙纹双系堆塑瓶 241	青釉盖罐 242	青釉盘 242
青釉盖罐 243	青釉葵口碟 244	青釉褐彩狗 244	青釉鸡 245
青釉人俑 245	青釉执壶 246	青釉执壶 247	青釉谷仓 247
青釉双系罐 248	青釉刻划花碗 248	青釉刻划花碗 249	青釉褐彩堆贴水波纹五角罐 249

| 青釉印花菊瓣纹碗 250 | 青釉印花缠枝牡丹纹碗 250 | 青釉碗 251 | 青釉菊瓣纹碗 251 |

| 青釉双系罐 252 | 青釉盒 252 | 青釉菊瓣盏 253 | 青釉印双鱼纹洗 253 |

| 青釉三足炉 254 | 青釉双环耳扁瓶 254 | 青釉褐彩双环耳瓶（2件） 255 |

| 青釉碗 256 | 青釉人形烛台 256 | 青釉三足炉 257 | 青釉菊瓣纹碗 257 |

| 青釉碗 258 | 青釉三足炉 258 | 青釉双环耳瓶（2件） 259 |

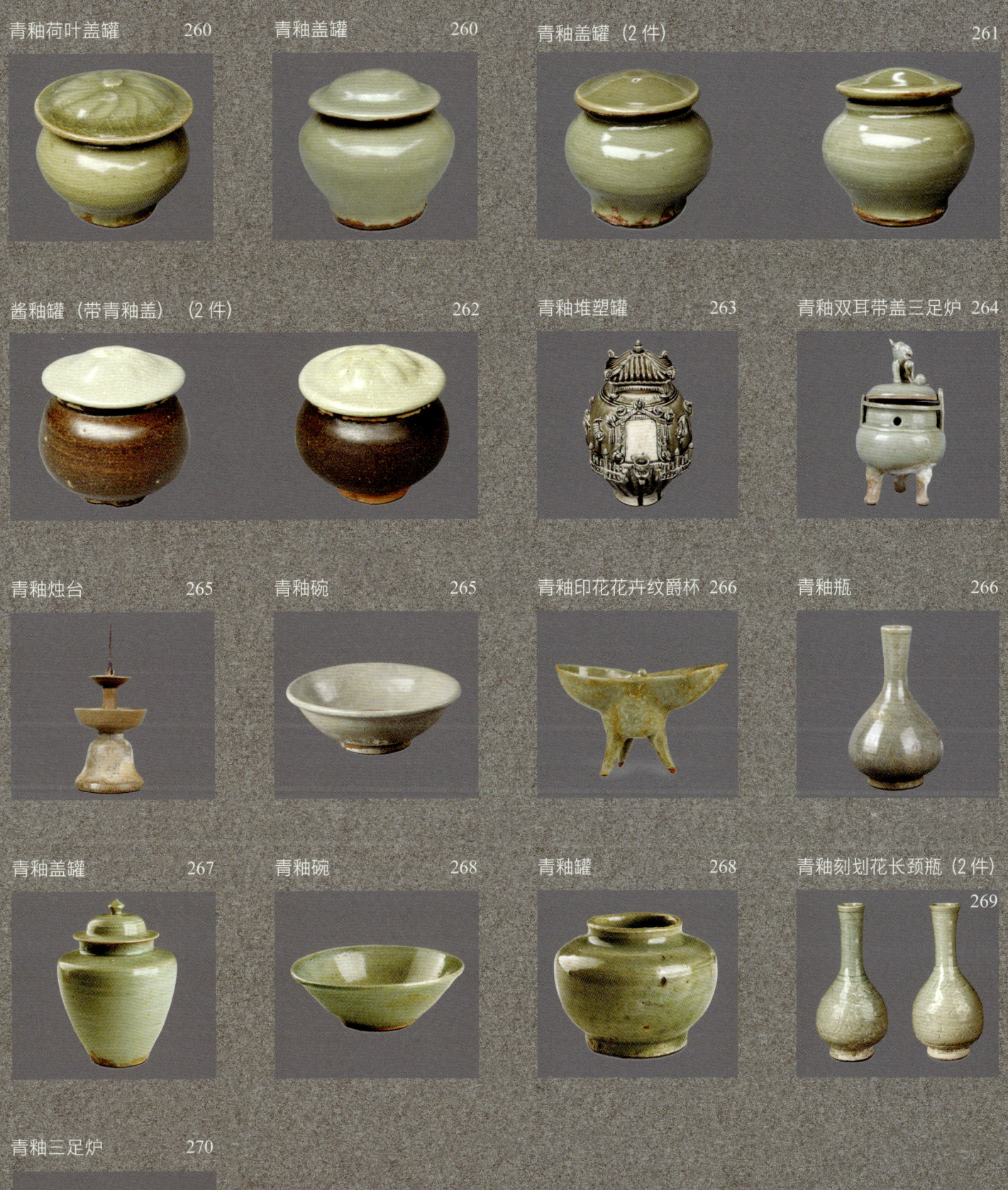

第三部分　福建窑址出土青釉瓷图版

闽东及闽中地区	273	青釉火照	294
青釉褐斑执壶	273	青釉器盖残器	294
青釉双系罐	274	青釉碗一组	295
青釉碗	274	青釉碗残器一组	296
青釉碗残器一组	275	青釉碗一组	297
青釉碗残器一组	276	青釉碗残器	297
青釉碗残器	277	青釉盘残器	298
青釉碗残器	277	青釉残片一组	298
青釉碗残器一组	278	青釉碗残器	299
青釉碗残器	279	青釉壶（罐）残器	299
青釉碗残器	279		
青釉盘残器	280	闽西北地区	300
青釉碗残器	280	青釉碗	300
青釉碗残器	281	青釉盘一组	301
青釉碗残器	281	青釉碗残器一组	302
青釉碗残器一组	282	青釉盘残器一组	303
青釉盘残器一组	283	青釉花口盏	303
青釉盘残器	283	青釉烛台	304
青釉盘	284	青釉碗	304
青釉碟	284	青釉高足杯一组	305
青釉碗残器一组	285	青釉炉残器一组	305
青釉器盖一组	286	青釉碗（盘）残器	306
青釉罐（壶）残器	286	青釉碗	306
青釉壶残器	287	青釉擂钵残器	307
青釉罐	287	青釉炉残器	307
青釉盘残器	288	青釉灯	308
青釉盘残器一组	288	青釉碗（盘、高足杯)	308
青釉碗残器一组	289	青釉高足杯残器一组	309
青釉盘残器	289	青釉盏	309
青釉器盖	290	青釉碗残器一组	310
青釉罐（壶）残器	290	青釉盘残器一组	312
青釉莲瓣纹炉残器	291	青釉碟残器一组	314
青釉刻划花碗	291	青釉杯	315
青釉执壶	292	青釉盆残器	315
青釉刻划花碗	292	青釉钵残器一组	316
青釉碗残器一组	293	青釉壶残器一组	316

青釉枕残器	317	青釉原始瓷盂残器	336
青釉炉残器一组	317	青釉原始瓷樽残器	336
青釉器盖（残器）一组	318	青釉原始瓷纺轮	337
青釉碗残器	318	青釉原始瓷残片	337
青釉碗残器	319	青釉残片	337
青釉碗残器	319		
青釉碗残器一组	320	**闽南地区**	338
青釉碗残器	321	青釉碗残器一组	338
青釉碗残器	321	青釉罐（壶）残器	339
青釉碗（盘）残器	322	青釉碗	339
青釉盘残器	322	青釉碗	340
青釉擂钵残器	323	青釉钵	340
青釉盘口壶残器	323	青釉碗	341
青釉双系罐	324	青釉划花碗	341
青釉盘口壶残器	324	青釉碗	342
青釉罐残器	325	青釉碗残器	342
青釉双唇罐	325	青釉碟	343
青釉双唇罐残器	326	青釉盘口执壶	343
青釉器盖一组	326	青釉带盖双系执壶	344
青釉水波纹残片	327	青釉双系执壶	344
青釉水波纹残片	327	青釉双系执壶	345
青釉水波纹洗残片	328	青釉双系执壶	345
青釉洗	328	青釉器盖一组	346
青釉钵	329	青釉双系罐	347
青釉碗	329	青釉褐彩大盆残器	347
青釉葵口碗	330	青釉杯	348
青釉碗	330	青釉杯	348
青釉盘	331	青釉褐彩盏	349
青釉盘	331	青釉原始瓷残片一组	350
青釉轴顶碗	332	青釉碗	351
青釉罐残器	332	青釉碗	351
青釉碗残器一组	333	青釉杯	352
青釉碗残器一组	334	青釉碗残片一组	352
青釉原始瓷豆残器	334	青釉垫柱	353
青釉原始瓷豆残器一组	335	青釉花口碗残器	353
青釉原始瓷碗残器	335	青釉碗	354

青釉碗	354	青釉炉残器	374
青釉花口碗	355	青釉擂钵残器	375
青釉碗	355	青釉壶（罐／瓶）残器一组	375
青釉花口杯	356	青釉碗残器一组	376
青釉盏	356	青釉碗残器一组	378
青釉刻划花碗	357	青釉碗残器	379
青釉刻划花碗	357	青釉三足炉残器	379
青釉碗残器	358	青釉杯残器	380
青釉碗残器	358	青釉碗残器	380
青釉盘残器一组	359	青釉碗残器一组	381
青釉碗	359	青釉器盖	382
青釉原始瓷残片一组	360	青釉碟残片	382
青釉原始瓷纺轮	362	青釉壶残器	383
青釉原始瓷残器一组	362	青釉高足杯残器一组	383
青釉碗	363	青釉碗残器一组	384
青釉灯盏	363	青釉碟残器	386
青釉罐残器	364	青釉碟残器	386
青釉壶残器	364	青釉残器一组	387
青釉碗残器一组	365	青釉罐（壶）残器	388
青釉残器一组	366	青釉碗残器一组	388
青釉壶（罐）残器	366	青釉印花三足炉	389
青釉执壶残器一组	367	青釉印花三足筒炉	389
青釉壶（罐）残器	367	青釉三足炉	390
青釉碗残器	368	青釉碗残器	390
青釉盏一组	368	青釉水盂残器	391
青釉碟残器	369	青釉罐残器一组	391
青釉盖残器	369	青釉残器	391
青釉盘残器	370	青釉残器一组	392
青釉碗残器一组	370		
青釉碗	371	附录：主要青釉窑址一览表	393
青釉灯	371	附录：墓葬一览表	399
青釉四系罐	372	后　记	440
青釉双系罐	372		
青釉执壶	373		
青釉执壶	373		
青釉双系罐	374		

第一部分
福建青釉瓷概述

福建青釉瓷概述

福建位于东南沿海，三面环山，一面傍海，宋代以前闭塞的地形加之远离统治中心，社会经济发展一直落后于中原地区，但近年来发掘的永春苦寨坑、德化辽田尖和武夷山竹林坑等窑址证实福建早在青铜时代已烧造原始青瓷，制瓷业的发展可谓走在前列。虽然三国两晋时期福建制瓷业近乎一片空白，以往很多学者也认为这个阶段是福建制瓷业的断层，但福建三国两晋墓葬发现的大量无法明确产地的青釉瓷让我们不得不重新思考这个问题。近年，政和发现了东汉至三国西晋的窑址，证实福建三国两晋时期存在青釉瓷窑场。南朝时期，福州怀安窑、晋江磁灶窑等窑场大量烧造青釉瓷，福建青釉瓷逐渐有了本地特色。北宋晚期，福建青釉瓷窑业大发展，产品行销海内外。南宋晚期以后，福建青釉瓷窑业逐步衰弱。为展现福建古代青釉瓷业的发展历程，探究福建六朝隋唐时期青釉瓷业面貌及外来产品来源产地等相关情况，进一步梳理宋元时期福建青釉瓷的发展情况，本书搜集了从青铜时代至清代福建地区墓葬及窑址出土青釉瓷，将这些年代、来源较明确的产品汇总起来，以期较全面地了解福建青釉瓷的面貌。

第一节　福建历史地理概述

一、地理位置及环境

福建地处中国东南沿海，东北与浙江毗邻，西北与江西相接，西南与广东相连，三面环山，一面傍海，相对封闭。地势西北高，东南低。地形复杂多样，山地、丘陵占总面积的82.39%，平原、台地和水面仅占17.61%，素有"八山一水一分田"之称[1]。

[1] 福建省地方志编纂委员会：《福建省志·地理志》，方志出版社，2000年。

福建西北部以武夷山脉为主体的闽西大山带横贯闽赣之间，北接浙江的仙霞岭山脉、雁荡山脉，南部与广东的九连山相连。中部坐落着鹫峰山—戴云山—博平岭，北接浙江洞宫山，南连广东莲花山的闽中大山带，两大山脉之间分布着大小不等的山间盆地和谷地。沿海地区长期受海洋、河流外力侵蚀和堆积，形成丘陵和小规模平原。平原主要分布在闽江口以南，主要有福州平原、兴化平原、泉州平原、漳州平原等。闽江口以北地区，平原狭小，山地丘陵直逼海滨[2]。

福建水文资源丰富，境内河流呈格子状扇形，是一个相对独立完整的水系。主要河流有闽江、九龙江、晋江、汀江、鳌江、龙江、交溪、木兰溪等。又以闽江、晋江、汀江、九龙江最为重要。闽江是福建省内最大的河流，上游有建溪、沙溪、富屯溪三大主要支流，中下游有尤溪、古田溪、梅溪、大樟溪等支流，流域包括三明市、南平市、福州市、莆田市全境，宁德市的古田县、屏南县，泉州市的德化县和龙岩市的漳平市、长汀县、连城县等福建大部地区。九龙江是福建省内仅次于闽江的第二大河流，旧传"梁大同间，有九龙游戏江上"，故名九龙江[3]。九龙江干流为北溪，支流南溪和西溪，下游由于"六朝以来，戍闽者屯兵于龙溪，阻江为界，插柳为营"，称柳营江[4]。流域主要包括龙岩市的市区和漳平市、漳州市区、华安县、平和县、南靖县、龙海市等。晋江是泉州第一大江，上游有东溪和西溪两大支流，中下游支流较少。流域包括泉州市的鲤城区、丰泽区、晋江市、永春县、南安县、安溪县等。汀江是闽西最大河流，流经上杭县、永定区、长汀县、武平县等。汀江支流众多，主要支流有濯田河、桃澜溪、旧县河、黄潭河、永定河、金丰溪[5]。

二、历史沿革及发展

福建，称"闽"。《山海经》载："瓯居海中。闽在海中，其西北有山。一曰闽中山在海中。"[6]《说文解字》云："闽，东南越，蛇种。"[7]据传，福建多蛇虫，多山，门中有虫，故称"闽"。但这种传说没有得到证实。一说"闽"为"门"和"虫"，即门内供奉蛇的氏族。先秦时，福建称"七闽"。《周礼·夏官·职方氏》："辨其邦国、都、鄙、四夷、八蛮、七闽、九貉、五戎、六狄之民[8]。""七闽"即福建的七个主要部落。这些部落以蛇为图腾。以此看，"闽"为"门"和"虫"，门内供奉蛇的氏族的说法较可信。

公元前333年，楚败越，越王无疆战死，越国统治地区逐渐被楚所

[2] 福建省地方志编纂委员会：《福建省志·地理志》，方志出版社，2000年。
[3] [清]顾祖禹：《读史方舆纪要·卷九十九·福建五》："九龙江（漳州）府东北四十里。一名北溪，亦曰龙溪，源出汀州府上杭、连城二县及延平府沙县界。东南流，合宁洋、龙岩、漳平之水而下华峰，又合长泰诸水过香洲渡，历峡中，出峡为柳营江，与南溪会流入海。梁大同间，有九龙游戏江上，因名县曰龙溪，并以名江也。"
[4] [清]顾祖禹：《读史方舆纪要·卷九十九·福建五》：柳营江府东四十里……丁氏古谱云：六朝以来，戍闽者屯兵于龙溪，阻江为界，插柳为营，江当梅溪之交，两山夹峙，波涛激涌，西岸尽属蛮獠……柳营之名，自六朝时始也。
[5] 福建省地方志编纂委员会：《福建省志·地理志》，方志出版社，2000年。
[6] 方韬译注：《山海经》，中华书局，2011年。
[7] [汉]许慎：《说文解字》，中华书局，1987年。
[8] [汉]郑玄注：《周礼》，台湾商务印书馆股份有限公司，2011年。

占,大量越人南下入闽,和当地居民融合,称闽越族。彼时,越王无疆长子玉至闽地,建立闽越国。

秦统一六国后,公元前222年,秦将王翦挥师南下,征服南方广大地区,其后,建立闽中郡,中原政权名义上开始影响福建。《史记·东越列传》载:"闽越王无诸及越东海王摇者,其先皆越王勾践之后也,姓驺氏。秦已并天下,皆废为君长,以其地为闽中郡。"实际上,秦并未派守尉令长到闽中来,只是废去闽越王的王位,改用"君长"的称呼让其继续统治,并没有取得福建实际的控制权。公元前202年,刘邦封无诸为闽越王,闽越复国[9]。闽越复国后,国势日益强盛,多次入侵东瓯及南越,和汉朝政府矛盾愈深。汉武帝元封元年(公元前110年),汉武帝派兵灭闽越国,并以"东越狭多阻,闽越悍,数反复"为由,迁闽越人于江淮[10]。但汉武帝似也无控制福建之心,福建大多地带依然处于中原王朝的势力范围之外。汉武帝迁闽越人于江淮后,福建人口大量减少,社会经济倒退。汉昭帝始元二年(公元前85年)设"冶县",福建才正式设县,属会稽郡[11],东汉沿用。东汉建安元年(196年),置侯官县,属会稽郡。闽越国灭亡后的300余年,是福建的黑暗荒凉时代,文献记载寥寥无几,考古发现也较少,当时福建具体面貌十分模糊,冶县情况亦不清晰。

东汉末,朝廷已有对福建进一步开发的意图和措施。至少在三国前,福建已有侯官(今闽侯县)、建安(今建瓯市)、汉兴(今浦城县)、建平(今建阳区)、南平等县[12]。

三国时期,孙吴政权割据东南,加强了对福建的统治和开发。吴永安三年(260年),置建安郡[13],属扬州。下设建安(今建瓯市)、建平(今南平市建阳区)、南平、昭武(今邵武市)、将乐(今将乐县)、东安(今南安市)、侯官(今闽侯县)、吴兴(今浦城县)。东吴政权还在福建建立造船基地"温麻船屯"。

西晋太康三年(282年),置晋安郡,属扬州。下辖侯官(今福州市鼓楼区)、原丰(今闽侯县)、晋安(今南安市)、温麻(今霞浦县,一说连江县)、罗江(今地无考,一说宁德市)、宛平(今地无考)、同安(今地无考,一说厦门市同安区)、新罗(今长汀县)。西晋元康元年,建安郡改隶江州,辖建安、建阳、东平(今地无考)、邵武、延平(今南平市)、吴兴[14]。

南朝刘宋间,建安郡、晋安郡建制略有变动。建安郡下辖建安、建阳、吴兴、邵武、将乐、绥成(今建宁县)、沙村(今三明市沙县

---

[9][汉]司马迁:《史记·东越列传》:"汉五年,复立无诸为闽越王,王闽中故地,都东冶。"中华书局,1997年。

[10][汉]司马迁:《史记·东越列传》:"于是天子曰东越狭多阻,闽越悍,数反复,诏军吏皆将其民徙处江淮间。东越地遂虚。"中华书局,1997年。

[11][梁]沈约:《宋书·卷三十六·州郡二》建安太守,本闽越,秦立为闽中郡。汉武帝世,闽越反,灭之,徙其民于江、淮间,虚其地。后有遁逃山谷者颇出,立为冶县,属会稽。中华书局,1974年。

[12][晋]陈寿:《三国志·吴书·贺全吕周钟离传》:"建安元年,孙策临郡,察齐孝廉。时王朗奔东冶,侯官长商升为朗起兵……侯官既平。而建安、汉兴、南平复乱……十年,转讨上饶,分以为建平县。"中华书局,1998年。

[13][晋]陈寿:《三国志·吴书·三嗣主传》:"三年春三月……以会稽南部为建安郡,分宜都郡置建平郡。"中华书局,1998年。

[14][唐]房玄龄等:《晋书·志第五·地理下》:"建安郡故秦闽中郡,汉高帝五年以立闽越王。及武帝灭之,徙其人,名为东冶,又更名东城。后汉改为侯官都尉,及吴置建安郡。统县七,户四千三百。建安、吴兴、东平、建阳、将乐、邵武、延平。""晋安郡太康三年置。统县八,户四千三百。原丰、新罗、宛平、同安、侯官、罗江、晋安、温麻。"中华书局,2000年。

[15]《宋书·志卷三十六·州郡二》,中华书局,1974年。

区）。晋安郡辖侯官、原丰、晋安、温麻、罗江[15]。

因梁书和陈书均没有地理志，梁陈时期没有明确官方郡县更迭记载。据《读史方舆纪要》，南朝梁时期，增设了南安郡，郡治在晋安县，后又新设了龙溪县（今漳州市芗城区），兰水县（今南靖县），均属南安郡[16]。南朝陈时期，置闽州，下辖建安郡、晋安郡、南安郡，标志着福建成为独立的州[17]。

虽然南朝间福建新增不少县，但从人口数量看，西晋时福建人口共8600户，南朝宋时仅剩5885户，隋代12420户，并没有显著增加。且增置郡县，官吏数量也随之增加，财政负担亦增加。隋朝初年，大量裁撤郡县，包括邵武、吴兴、沙村、绥成、莆田、将乐、温麻等在内的，福建大多县被裁撤。正如汉斯·比伦斯泰因《唐末以前福建的开发》中所说："南朝政府特别乐于以虚妄不实的郡县来表明自己统治地域的辽阔，这一点适好可以解释为什么福建有那么多的县却只有那么少的人口[18]。"这也是隋朝初年，福建大量裁撤郡县的原因之一。

唐朝，福建迎来大发展，人口大量增加。开元二十一年（733年），设福建经略使，统辖福州、建州、泉州、漳州、潮州，"福建"之名正式登上历史舞台。同年，设汀州。盛唐前后，隋初被裁撤的县大多恢复。唐朝恢复及新设的县有唐兴（原吴兴，742年更名浦城，今浦城县）、侯官、漳浦、黄连（742年更名宁化，今宁化县）、绥成、建平、古田、梅溪（今闽清县）、莆田、清源（今仙游县）、沙县、将乐、晋江、万安（今福清市）、永泰等。唐初至盛唐，福建人口显著增加，据《新唐书》，天宝年间，福建已有91186户，410587口人[19]。

唐末五代，福建在闽国治下偏安一隅，百姓生活安定。彼时，北方战乱频繁，大量移民南迁进入福建。唐元和年间，福建人口共有74467户[20]，较盛唐时期还呈下降趋势，但北宋初年，福建人口竟达467815户[21]。福建人口大量增加，为宋代福建繁荣奠定了基础。

北宋平定福建后，设福建路，下辖建州、福州、泉州、漳州、汀州、南剑州、邵武军、兴化军，福建由此始称"八闽"。北宋100余年来，轻徭薄赋，福建社会发展繁荣，人口大量增加。北宋崇宁元年（1102年），福建已有人口1061759户。南北宋之际，北方战乱，大量人口南迁，进一步增加了福建的劳动力，促进了经济和文化发展繁荣。南宋绍兴三十二年（1162年），福建人口已达1390566户、2808851口[22]。宝庆元年（1225年），福建人口已达1704186户，3553079口[23]，人口密度已较大，在当时各路之中名列前茅，再也不是曾经的蛮荒之地。福

[16][清]顾祖禹：《读史方舆纪要》："梁普通六年，改属东扬州时增置南安郡"。泉州府……《禹贡》扬州地。周闽越地。秦属闽中郡。汉属会稽郡。三国吴属建安郡。晋属晋安郡。宋、齐因之。梁天监中，析置南安郡治晋安县"；"梁天监中，析置龙溪县，属南安郡"；"兰水废县在府南。旧《志》云：梁所置也，属南安郡。隋属泉州。开皇十二年，并入龙溪县"。上海书店出版社，1998年。

[17][清]顾祖禹：《读史方舆纪要》："陈永定初，增置闽州领郡三。天嘉六年复旧。光大初，又置丰州。盖梁、陈时州名滋多，非古制也。"上海书店出版社，1998年。

[18][美]汉斯·比伦斯泰因：《唐末以前福建的开发》，历史地理编辑委员会：《历史地理》第五辑，上海人民出版社，1987年。

[19][宋]欧阳修，宋祁，《新唐书·地理志》，中华书局，2009年。

[20][唐]李吉甫等《元和郡县图志》，中华书局，1983年。

[21][宋]乐史：《太平寰宇记》，中华书局，1985年。

[22][元]脱脱等：《宋史·地理志》，中华书局，1997年。

[23][元]脱脱等：《宋史》，中华书局，1997年。

建在国内的经济、文化地位日益重要，制茶业、酿酒业、制糖业、果蔬业、渔业、制瓷业、纺织业、造纸业、制盐业、冶矿业等农业手工业蓬勃发展，海上贸易繁荣，泉州港闻名于世，不仅吸引大量国内商人，还有众多番商。文化方面，宋代福建人才辈出，共有7000名进士，51人官至宰相。《宋史》评价福建路："民安土乐业，川源浸灌，田畴膏沃，无凶年之忧……然多向学，喜讲诵，好为文辞，登科第者尤多。"[24]

元朝，福建管理混乱，行省废立多次。《读史方舆纪要》："元置福建等处行中书省，寻废。《元志》：至元十五年，置行省于泉州。十八年迁福州，明年还治泉州。二十年，又徙福州。二十二年，并入江浙行省。《三山续志》：至元十五年，置行省于福州。十六年罢。二十年复置。二十二年，并入江西行省。二十三年，复置。明年，改行尚书省。二十八年，仍并入江西。二十九年，仍置行中书省。大德元年，立福建平海行中书省，徙治泉州，图琉球也。三年罢。黄氏曰：《三山续志》作于元致和间，必有所本也。至正十六年复置，寻为陈友定所据，明初平之。"[25]据统计，元朝92年间，福建约33年独立设置行省，59年只设宣慰司[26]，大多年间隶属江浙行省，少量隶属江西行省。元代福建战乱此起彼伏，元代总共仅92年，元初近20年时间，元朝政府都在和福建此起彼伏的反元武装和农民起义军作战。前有文天祥、张世杰等南宋余部抵抗，后有闽南陈吊眼起义，闽北黄华起义，闽西钟明亮起义等较大规模的起义军，小规模起义还有十数个。元代前期战乱频繁，对闽西北地区影响较大，对沿海地区破坏相对较小。元末前，沿海地区仍十分繁荣，商业，尤其是海外贸易还是取得很大成就，泉州港仍很繁荣。《夷岛志略》载，元代瓷器外销包括日本、马来西亚、印度尼西亚、菲律宾、越南、印度、孟加拉国、斯里兰卡、泰国、柬埔寨、缅甸、伊朗、沙特阿拉伯、埃及等国家和地区[27]，和宋代《诸蕃志》记载中的数量相比，大量增加，商品数量和品种亦较宋代增加。元末，起义更加频繁，遍布福建。除起义外，还有军阀间混战，军阀与起义军混战。战乱对福建产生极大消极影响，战争导致大量人口死亡、外流或逃亡深山，田地荒芜，农业凋敝。元末沿海地区的军阀混战，重创了沿海的福州、兴化、泉州、漳州，间接导致泉州港衰落。

朱元璋灭元后。洪武九年（1376年），置福建承宣布政使司，领府八，直隶州一，属县五十七[28]。但明初福建仍不太平，陆上有元朝残余势力，海上有严重的倭患。《明史纪事本末》载："张士城、方国珍余党导倭寇出没海上，焚民居，掠货财，北自辽海、山东，南抵闽、

---

[24] [元] 脱脱等：《宋史》，中华书局，1997年。

[25] [清] 顾祖禹：《读史方舆纪要》，上海书店出版社，1998年。

[26] 徐晓望主编：《福建通史》第三卷，福建人民出版社，2006年3月第1版。

[27] [元] 汪大渊：《夷岛志略》，中华书局，1981年5月第一版。

[28] [清] 顾祖禹：《读史方舆纪要》，上海书店出版社，1998年。

[29] [清] 谷应泰：《明史纪事本末》，卷五十五，中华书局，1977年2月第一版，标点本。

[30] 《明太祖实录》卷四九，"洪武三年二月甲戌"条，（中国台湾）"中央研究院"历史语言研究所校勘本，1982年。

浙、东粤,滨海之区无岁不被其害[29]。"朱元璋以此为名,洪武三年罢太仓黄渡市舶司[30]。洪武七年罢福建泉州、浙江明州、广东广州三市舶司[31]。至此,合法对外贸易断绝。洪武十四年(1381年),朱元璋以倭寇仍不稍敛足迹,又下令禁濒海民私通海外诸国[32],明朝与东南亚诸国往来中断。洪武二十三年(1390年):"诏户部申严交通外藩之禁[33]。"洪武二十七年(1394年):"禁民间用番香番货[34]。"洪武三十年(1397年),再次申明,人民不得擅出海与外国互市[35]。虽然明早期沉重打击了倭寇,但民间海外贸易几乎断绝。海禁对福建造成严重影响,商业萎缩,大量百姓失业甚至死亡,岛屿荒芜,人民困苦。泉州港自元末衰落后,又遇明初海禁,彻底衰败。此后一百余年,海外私人贸易虽然存在,但都是小范围走私,大多于晋江、漳州沿岸出海。直至隆庆元年(1567年),朝廷允许商民从月港下海贸易,月港迅速崛起。

清承明制,设福建承宣布政使司,辖区同明代不变,辖福州、兴化、泉州、漳州、汀州、建宁、延平、邵武八府及福宁州一州。清代,福建商品经济发展,城市化进程显著。虽然没有明确市镇统计,但根据已有数据大致估算,乾隆年间,福建大致有上千个市镇[36]。海外贸易方面,整个清朝期间,海禁政策一直反反复复。清初为了遏制海上"反清复明"势力,顺治十二年(1655年),朝廷下令"无许片帆入海,违者立置重典"[37]。海禁程度与处罚甚至比明代更加严苛。康熙二十二年(1683年)开海禁。康熙五十五年(1716年)又实行南洋禁海。雍正五年重开粤、闽、江、浙口岸。乾隆二十二年(1757年),又下令对外贸易只能通过粤海关,且还有其他诸多限制。此后一直到鸦片战争后被迫开放港口,都只通过广州一个港口进行对外贸易。

第二节 福建墓葬出土青釉瓷概述

福建地处东南沿海,地理位置相对偏远。中古以前,文献记载极少,六朝时期,资料也很有限,关于瓷器生产制作、销售、来源等,几乎找不到文献记载。唐以后,关于福建的记载才逐渐增多。目前,研究福建唐以前历史更多依靠出土资料。福建早在青铜时代就有不少墓葬出土了原始青瓷。六朝到唐代,青釉瓷都是福建墓葬最主要的随葬品。宋代开始,商品经济迅速发展,手工业水平显著提升,瓷器品种多样化,漆器、金银器也很兴盛,青釉瓷不再是墓葬陪葬的主流产品,随葬品呈多样化发展。本书收录的墓葬出土青釉瓷,不仅包括福建本地生产的青

[31]《明太祖实录》卷九三,"洪武七年九月辛未"条,(中国台湾)"中央研究院"历史语言研究所校勘本,1982年。
[32]《明太祖实录》卷一三九,"洪武十四年九月乙巳"条,(中国台湾)"中央研究院"历史语言研究所校勘本,1982年。
[33]《明太祖实录》卷二零五,"洪武二十三年十月乙酉"条,(中国台湾)"中央研究院"历史语言研究所校勘本,1982年。
[34]《明太祖实录》卷二百三十一,"洪武二十七年甲寅"条,(中国台湾)"中央研究院"历史语言研究所校勘本,1982年。
[35]《明太祖实录》卷二百五十二,"洪武三十年四月乙酉"条,(中国台湾)"中央研究院"历史语言研究所校勘本,1982年。
[36]徐晓望主编:《福建通史·第四卷》,福建人民出版社,2006年。
[37]《清实录·世祖章皇帝实录》卷九十二,"顺治十二年壬申"条,中华书局,2008年。

釉瓷，还包含了周边浙江、江西等地生产的青釉瓷，以及一些无法明确产地的产品。通过福建出土本地及周边产品收录分析，研究福建本地产品生产技术发展、外来青釉瓷商品来源等问题。

一、青铜时代至汉代

青铜时代早期，福建已生产原始青瓷。福建青铜时代遗址众多，原始瓷遗存丰富，但墓葬相对有限，随葬品陶器居多，目前发现原始青瓷的墓葬如浦城管九村土墩墓、政和县官湖镇佛字山M1、闽侯赤塘山商周墓群等。器形以罐和豆最多见，还有盂、盅、碟、簋、瓮等。因原始青瓷不属于本文探讨的重点，对各遗址发现的原始青瓷不一一探讨。汉代，闽越国时期有一段兴盛时代，武夷山和福州均发现了宫殿遗址，也有墓葬发现，随葬品仍以陶器为主。闽越国灭后，汉武帝迁闽越人于江淮，福建人口大量减少。目前福建发现的汉墓很少，发现原始青瓷的仅福州荆溪庙后山M1，光泽县止马乡东汉墓等寥寥几座。

二、三国至西晋

三国到西晋，福建墓葬较汉代有所增加。墓葬主要集中在福州市区、闽侯县、连江县，南平的政和县、邵武市、浦城县、建瓯市、松溪县，三明的将乐县，泉州的南安市等地，基本属于前述三国西晋设置郡县之地或其周边，表明福建开发较汉代有所提升。目前，福建发现的年代最早的纪年墓是政和县石屯镇的三国吴太平三年（258年）墓，福建沿海地区发现的年代最早的纪年墓是霞浦县的三国吴永安六年（263年）墓，可惜的是这两座墓均遭破坏，未发现随葬品。目前公开发表的有青釉瓷出土的纪年墓有霞浦眉头山三国吴天纪元年（277年）墓，浦城吕处坞M1、M2、M3元康六年（296年）墓，霞浦眉头山M1、M2元康九年（299年）墓，政和县石屯镇长城村后门山M1元康年墓，建瓯市东峰村九郎柯M1西晋永安元年（304年）墓，松溪县渭田村茶林果队西晋永兴三年（306年）墓，政和县石屯镇松源村凤凰山M44西晋永嘉年墓、浦城县吕处坞后门山M5西晋永嘉五年（311年）墓、闽侯县关口桥头山M4西晋永嘉五年（311年）墓等纪年墓等10余座（详见附表）。福建三国西晋时期墓葬随葬品以青釉瓷为主，器形有罐、井形罐、盘口壶、五联罐、堆塑罐、双系罐、熏炉、羊形瓷座、狮形插器、碗、盏、钵、盂、盅、碟、虎子、唾壶、狗圈、鸭笼、畚斗、猪圈、汤勺等。

这一时期，福建墓葬随葬品较复杂。第一是来源复杂，可能有越窑、婺州窑、瓯窑等多个窑场的产品，也不排除出现洪州窑的产品，也可能有福建本地产品。从产品特征看，福州洪塘金鸡山M19出土的镂空熏炉和宁波奉化杜南岙东汉熹平四年（175年）墓出土的镂空熏炉相似（如图一、二）；霞浦眉头山M1出土的狮形插器与杭州半山钢铁厂西晋太安二年（303年）墓出土的越窑狮形插器较相似（如图三、四）、堆塑罐和浙江余姚西晋元康四年（294年）墓出土的越窑堆塑罐相似（如图五、六），三足洗与江苏吴县何山大队西晋墓出土的相似；根据考古类型学对比分析，这些产品可能来自浙江，很可能是越窑的产品，但也不排除瓯窑或其他窑场的可能。政和县凤凰山M44西晋永嘉年墓出土的盘口壶，无论是略带弧状的盘口的形态、喇叭形的颈还是溜肩与略敦厚笨拙的腹部都和福建周边浙江、江西地区有异，其他包括两广、长江中游等地也未发现与此相似的盘口壶，该壶的盘口倒是跟象山窑采集的壶类产品有些相似（图七、八），故认为此盘口壶是福建本地产品的可

图一：宁波奉化东汉熹平四年（175年）墓出土熏炉

图二：福州市洪塘金鸡山M9出土熏炉

图三：杭州半山钢铁厂西晋太安二年（303年）墓出土狮形插器

图四：霞浦眉头山西晋元康六年（296年）墓出土狮形插器

图五：浙江余姚西晋元康四年（294年）墓出土堆塑罐

图六：霞浦眉头山西晋元康六年（296年）墓出土堆塑罐

图七：政和县石屯镇凤凰山 M44 西晋永嘉年墓出土盘口壶

图八：政和县象山窑采集盘口壶残片

能性较大，很可能就来自政和象山窑。闽侯县白沙镇桐口乡连江园村M9西晋墓和霞浦龙泉山西晋墓发现的五联罐（如图九、十），造型均较特别，与连江园村M9五联罐类似的产品还见于南安市丰州镇皇冠山2008M1、南安市丰州镇皇冠山M35、建瓯市水南梅仙山M1，但造型相对简洁，没有连江园村M9的五联罐那么精美繁杂的堆塑。霞浦龙泉山西晋墓出土五联罐的造型未见于福建三国西晋其他墓葬。根据江浙等主流地区青釉瓷器形发展轨迹，五联罐主要出土于东汉墓葬，三国时五联罐已逐渐演变为堆塑罐。上述五联罐和浙江东汉三国时期常见五联罐器形也不相同，连江园村M9西晋墓五联罐仅堆塑人物纹风格和江浙地区发现的东汉五联罐略有相似。这些五联罐来源成谜，很可能是福建本地产品。吕处坞M1出土的钵，根据发掘报告表述，胎釉间发现一层似化妆土的灰白色层[38]，根据周边窑口的工艺特征，只有婺州窑因为胎色偏黑，采用胎体涂抹化妆土的工艺，故此件产品很可能来自婺州窑；吕处坞M1出土的虎子，昂首、束腰，和江苏、浙江发现的诸多虎子差异较大，其束腰造型和江西省南昌市京家山出土的虎子相似，建瓯市水南梅仙山墓也发现一件类似的虎子，但未在其他地方再发现此类虎子（如图十一、十二、十三）。从类型学对比分析，吕处坞M1和水南梅仙山M1出土的虎

[38]福建省博物馆，浦城县文化馆：《浦城县吕处坞晋墓清理简报》，《考古》1988年第10期。

图九：闽侯连江园村西晋墓出土五联罐

图十：霞浦县龙泉山西晋墓出土五联罐

图十一：南昌京家山西晋墓出土虎子　　图十二：浦城吕处坞西晋墓出土虎子　　图十三：建瓯市水南梅仙山出土虎子

子很可能来自洪州窑，也不排除福建本地生产的可能。虽然目前学术界普遍认为洪州窑从东晋以后才销往福建，但根据移民路线，闽北地区移民不少是从江西或经江西进入福建，不排除移民等方式将洪州窑产品带入福建。

第二是随葬品组成复杂，既和其他地区有差异，也没有形成本区域特点。这一时期江苏的墓葬，随葬品器型一般分为实用器和明器。实用器包括唾壶、插器、虎子、灯、各类碗盏、各类壶罐等，明器包括堆塑罐、鸡笼、狗圈、猪圈、簸箕、杵、筛等，有一定组合特征。江西的西晋墓虽然少见明器，但盘口壶、四系罐、钵、盂等实用器器型组合见于大多数墓葬。福建地区这一时期的墓葬随葬品明显匮乏，实用器和明器均比较零散，没有组合特征。诸如，盘口壶有六座墓发现，但霞浦眉头山天纪元年墓、霞浦眉头山M2、浦城吕处坞M1、闽侯桐口乡连江园村M9等随葬品较丰富的墓却并未发现盘口壶。狮形插器仅在霞浦眉头山M1M2发现；唾壶仅在霞浦眉头山M1发现；仅霞浦眉头山三国吴天纪元年（277年）墓随葬了猪圈、汤勺、鸭笼等西晋时期常见的、成组的随葬明器，但该墓却未见碗钵、唾壶、插器等实用器；狗圈仅在浦城吕处坞M1西晋元康六年（296年）墓和霞浦眉头山M2西晋元康九年（299年）墓发现；堆塑罐（五联罐）仅在霞浦眉头山M1西晋元康九年（299年）墓、霞浦龙泉山西晋墓等墓葬发现。

造成这种情况原因可能是物资匮乏、墓主阶层不高等原因，但福建目前公开发表的西晋墓葬数量不多，且部分被盗，也不排除因资料匮乏导致认识偏差。

三、东晋

东晋时期，福建发现的墓葬依然集中在前述郡县或其周边地区，数量较三国西晋时期明显增多，目前公开发表的有青釉瓷出土的纪年墓有政和县石屯镇龟山M15东晋建武元年（317年）墓、南安市丰州镇华侨中学M2东晋咸康元年（335年）墓、福州市鼓楼区屏山东晋永和元年（345年）墓、霞浦县眉头山M6东晋永和二年（346年）墓、建瓯市小桥村鲤鱼山东晋永和三年（347年）墓、闽侯县荆溪镇庙后山M2M5东晋永和五年（349年）墓、福州市仓山区乐群路东晋升平四年（360年）墓、浦城县吕处坞会窑东晋兴宁三年（365年）墓、南安市丰州镇皇冠山M34东晋咸安二年（372年）墓、南安市丰州镇狮子山M1东晋太元三年（378年）墓、南安市丰州镇狮子山M2东晋宁康三年（375年）墓、漳浦县石榴镇石榴村M1东晋太元二十一年（396年）墓、南安市丰州镇皇冠山M31东晋元兴三年（404年）墓等20余座，非纪年墓依据目前公开非公开资料，也有近30座（详见附表）。近年发现的南安市丰州镇皇冠山、丰州镇狮子山等几个墓群，包含10数座东晋墓葬，这10数座墓葬可能包含家族墓群。漳浦石榴镇石榴村发现的五座墓葬应也是家族墓群。虽然历史记载的户口数量（详见第一节）表明福建两晋南朝时期人口并没有显著增加，但数个家族墓群说明当地有一定数量家族性聚居人口出现，也从一个方面表明东晋时期，福建的开发范围扩大，开发程度加深。

东晋时期福建墓葬随葬品的种类较西晋时期明显减少，但和福建西晋墓随葬品无固定组合相比，东晋福建大多数墓葬都发现盘口壶（鸡首壶）、双系罐、碗、盘、钵、盅等器形，偶见狮形插器、蛙形水盂、虎子等西晋时期常见的造型，随葬品已形成一定的组合特征。

东晋时期，江苏等统治中心地区的墓葬，青釉瓷数量品种亦明显减少，墓葬一般仅有壶、罐、钵、碗一类实用器。福建青釉瓷品种数量明显减少可能是受到长江中下游统治中心地区风俗风气影响，也可能是物资匮乏所致。墓葬出土的随葬实用器形，可能是墓主生前所用，或模仿生前所用之物制作。西晋永嘉之乱之后，大量士族为逃避战乱南迁。据研究，当时南迁的世家大族落脚地主要集中在长江流域。福建山高路险，经济落后，常用于流放获罪之人，世家大族不会选择这样的地方落脚，所谓"四姓入闽""八姓入闽"亦不可靠。当时有少量人口入闽，可能有入闽

图十四：杭州市老和山东晋兴宁二年（364年）墓出土德清窑鸡首壶

任职的官员，但更多的可能是中下等士族、寒族或穷苦平民。寒族、平民本无太多财产，况路途崎岖，恐难携带大量物资入闽，亦难花重金购买运输大量瓷器。

福建东晋墓葬随葬品来源依旧十分复杂，产地可能涉及越窑、瓯窑、婺州窑、洪州窑等多个窑场，也可能有本地产品。通过考古类型学对比，福州市仓山区乐群路东晋升平四年（360年）墓出土的鸡首壶，造型与浙江省杭州市老和山东晋兴宁二年（364年）墓出土的德清窑黑釉鸡首壶几乎一样，和2011年慈溪博物馆展出的1件东晋越窑鸡首壶造型也很相似，来自浙江无疑（如图十四、十五、十六）；南安市丰州镇东晋宁康三年（375年）墓出土的带流双系罐，是当时婺州窑特有的造型，应是婺州窑产品。漳浦县石榴镇石榴村M1东晋太元二十一年（396年）墓出土的盘口壶，和浙江省嵊州市剡山东晋永和七年（351年）墓出土的越窑青釉盘口壶从造型，胎釉都很接近，很可能是越窑或其周边产品（如图十七、十八）。建瓯市水南梅仙山六朝墓出土的虎子和南昌京家山西晋墓的造型较相似，可能来自洪州窑（如图十一、十三）。邵武水北镇故县村M10东晋永和八年（352年）墓出土的盘口壶（如图

图十五：仓山区乐群路东晋升平四年（360年）墓出土鸡首壶　　图十六：慈溪市博物馆展出的东来晋越窑鸡首壶

图十七：嵊州市剡山东晋永和七年（351年）墓出土盘口壶

图十八：漳浦县石榴村东晋太元二十一年（396年）墓出土盘口壶

图十九：邵武水北镇故县村M10东晋永和八年（352年）墓出土盘口壶

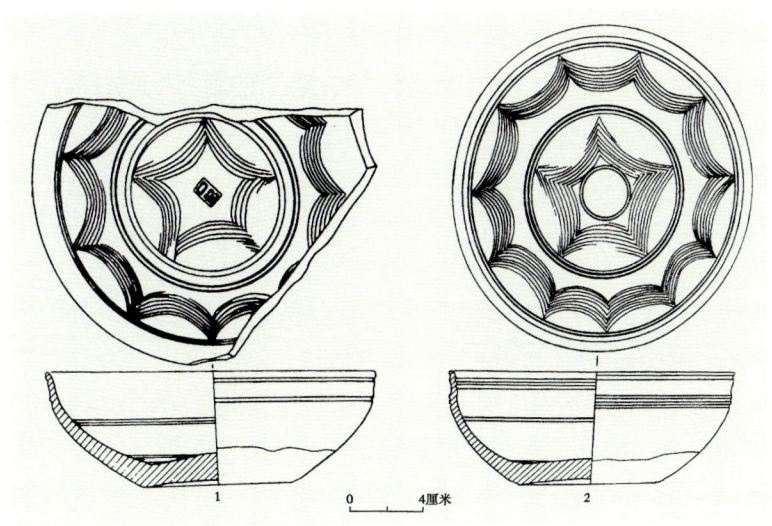

图二十：政和县石屯镇龟山M15出土碗

图二十一：政和县象山窑出土青釉碗残片

十九），盘口大，颈粗，腹较圆且小，造型较笨拙，工艺似比浙江窑场更随意粗糙些，和浙江和江西地区出土的盘口壶造型也差异较大，福建本地产品可能性较大。政和县石屯镇龟山M15出土的碗，纹饰和政和象山窑采集的碗残片非常相似，可能是政和象山窑产品（如图二十、二十一）。

四、南朝

南朝时期，墓葬数量比东晋时期更多，墓葬仍集中在第一节所述郡县所在地或周边。目前公开发表有青釉瓷出土的纪年墓有政和县石屯镇凤凰山M6南朝宋元嘉五年（428年）墓、邵武市故县村李家山M1南朝宋元嘉九年（432年）墓、政和县石屯镇上林山M5南朝宋元嘉十五年（438年）墓、福州市新店镇灰炉头村南朝宋元嘉十七年（440年）墓、福州市仓山区长安山南朝宋元嘉二十六年（449年）墓、政和县石屯镇凤凰山M5南朝宋大明六年（462年）墓，政和县石屯镇松源村M831南朝宋大明六年（462年）墓、福州市郊南朝宋大明六年（462年）墓、福州市仓山区师大附中内南朝齐永明四年（486年）墓、将乐县水南机砖厂南朝齐永明四年（486年）墓、政和县石屯镇后山M1南朝齐永明四年（486年）墓、福州市仓山区师大附中内M1M2南朝齐永明七年（489年）墓，闽侯县荆溪镇桥头山M2南朝齐建武四年（497年）墓，建瓯市小松镇穆墩村南朝梁天监五年（506年）墓，南安市丰州镇皇冠山M12南朝梁天监十一年（512年）墓，泉州市丰泽区招丰村南朝梁承圣四年（555年）墓等30余座，非纪年墓110余座（详见附表）。

南朝时期，特别是南朝后期，福建墓葬出土青釉瓷面貌发生较大变化。主要表现在两个方面，一是随葬青釉瓷品种较东晋时期明显增加，形成了固定的器形组合。器形组合常见盘口壶、双系（四系/六系）罐、双系（四系）小罐、碗、盘、盅、钵等，南朝晚期随葬品更加丰富，增加了博山炉、耳杯（盘）、三足炉、托盘三足炉、五盅盘、虎子、砚、托盏、鐎斗、四管插器、灯等器形，每墓随葬器物的数量也有一定规律。

二是产品来源仍较复杂，但以福建本地产品为多。南朝时期，怀安窑、磁灶窑等本地窑场开始烧造青釉瓷。除了闽西北少数明显受江西影响的墓葬，随葬品以洪州窑产品为主，器物组合接近江西地区，其他墓葬基本以福建本地产品为主。福州周边地区和泉州周边地区墓葬出土的青釉瓷，虽然造型相似，但部分产品胎釉特征有明显差异，显然出自不同窑场。

南朝时期青釉瓷还出现了福建特有器形。具代表性的是四管（三管/五管）插器和莲花灯。闽侯南屿镇官山北端南朝墓、阳岐山南朝墓等墓葬出土的四管插器、莲花灯造型精美规整，工艺繁复，胎体坚致，釉色青绿，大多釉面匀净，胎釉结合紧密，少见剥釉现象，偶见流釉或釉面厚薄不一，制瓷技术已相当成熟，质量精湛。从胎釉特征来看，技术来源应是浙江地区。一般认为四管插器和莲花灯出现于南朝晚期。据目前公开发表的发掘资料，所知最早的四管插器出土于南安市丰州镇皇冠山M12南朝梁天监十一年（512年）墓，这件四管插器也是目前公开资料中唯一一件有纪年的四管插器。发现四管插器的南朝墓葬还有闽侯南屿官山南朝墓，永安桃城镇留安村北南朝墓，福州鼓楼文林山M3，福州台江龙岭小学M2，福州晋安区翠湖山庄南朝墓，南安市丰州镇皇冠山M10，闽侯县白沙镇连江园村M10等。

虽然福建本地产品占大部分，但福建，特别是福建沿海地区南朝墓葬出土的青釉瓷，依然不乏浙江产品。福州市仓山区长安山南朝宋元嘉二十六年（449年）墓出土的青釉莲瓣纹鸡首壶、福州东郊南朝墓出土的鸡首壶，两件造型相似，均釉色青翠，桥形系，肩部刻弦纹两道，腹部刻莲瓣纹，无论是壶腹、壶颈、莲瓣纹还是鸡首、桥形系的细节造型均和1973年慈溪明湖采集，现藏慈溪市博物馆的越窑青釉刻莲瓣纹鸡首壶几乎一样，且从胎釉及工艺特征来看，这两件鸡首壶质量优于福建本地产品，越窑产品的可能性很大（如图二十二、二十三、二十四）。

彼时，福建受江西影响加深，闽西北地区，墓葬形态与江西地区趋同，随葬品受影响也较明显。随葬品发现大量洪州窑产品。建瓯县（今

图二十二：仓山区长安山南朝宋元嘉二十六年（449年）墓出土鸡首壶

图二十三：福州东郊南朝墓出土鸡首壶

图二十四：慈溪市博物馆藏，1973年慈溪明湖采集南朝鸡首壶

建瓯市）小松镇穆墩村南朝梁天监五年（506年）墓、政和县石屯镇松源村M833（庐塘山M3）、M834（虎咬垄山M1）等几座墓尤具代表性。这几座墓的随葬品组成和福建其他南朝墓差异较大，而跟江西比较接近。M833（庐塘山M3）出土的瓶、灯盏、耳杯盘、博山炉、六系罐、盘托三足炉，M834（虎咬垄山M1）出土的带把钵、灶等，穆墩村梁天监五年墓出土的三足盘、鐎斗、灶、带盘三足炉等均为典型的洪州窑产品。政和县石屯镇松源村M831（庐塘山M1）南朝宋大明六年（462年）墓、浦城县石陂小学南朝墓、建瓯市水西山南朝墓等墓葬也出土较多洪州窑瓷器。沿海地区墓葬也有洪州窑产品发现，如福州市仓山区桃花山师大附中内M1南朝齐永明七年（489年）墓出土的莲瓣纹盘，但数量相对稀少，一般见碗盘类相对简单、易于运输的器形，基本不见瓶、罐、灯、炉类较大件或较难运输的器形。

南朝，福建墓葬出土青釉瓷面貌复杂，产品不仅涉及福建本地、浙江、江西多个地区的多个窑场，而且闽西北部分墓葬和闽东沿海地区随葬品风格迥异，给研究增加了难题。

五、隋唐五代

隋唐五代时期，墓葬主要仍集中在前述郡县所在地。唐代，尤其是唐早中期，福建人口大量增长，郡县增加，墓葬分布更广。根据目前公开发表的资料，隋唐五代的纪年墓有南安市丰州镇松仔岭隋开皇十六年（596年）墓，惠安县涂寨镇曾厝村M1M2隋开皇十七年（597年）墓，福州市台江区福州八中内隋大业五年（609年）墓，政和县石屯镇龟山M5唐贞观二年（628年）墓，晋江割州唐贞观四年（630年）墓，永春县金峰山M4唐贞观二十一年（647年）墓，泉州市洛江区梧宅村唐贞观二十二年（648年）墓，永春县金峰山M1M2M3唐永徽二年（651年）墓，安溪县后垵村唐乾封二年（667年）墓，宁化县第六中学内唐总章元年（668年）墓，政和县石屯镇龟山M8M11M14唐总章元年（668年）墓，南安市梅亭村M1唐咸亨元年（670年）墓，泉州市河市镇杉宫山M1M2唐咸亨二年（671年）墓，将乐县古镛镇桃村机砖厂M1唐上元二年（761年）墓，莆田市城厢镇下郑村唐上元三年（676年）墓，永春县第八中学M1M2唐上元三年（676年）墓，泉州东郊石井乡唐大中十一年（857年）墓，泉州市丰泽区招丰村后梁乾化三年（913年）墓，福州市新店镇莲花峰后唐长兴元年（930年）墓，福州市晋安区万寿路后唐长兴三年（932年）墓，福州市鼓楼区马坑山后周广顺二年（952年）墓等近30座，非纪年墓根据公开资料共80余座（详见附表），各市县博物馆库房中还有相当部分未经整理发表的唐墓资料。

唐代，福建窑场数量大增，福州、厦门、泉州、三明、南平均发现唐代窑址。此时墓葬出土青釉瓷以福建本地产品为主，偶见来自洪州窑等周边窑场的产品，个别大型墓葬见越窑、长沙窑等著名窑场产品。闽西北内陆和闽东南沿海地区墓葬的葬俗和随葬品逐渐趋同，对隋唐时期墓葬出土青釉瓷研究重点和难点业已转变。

隋至唐初，随葬品非常丰富，以青釉瓷为主，多的可达四五十件，少的也有二三十件，惠安县螺阳镇东风村上村M1唐早期墓，随葬品达60件，其中青釉瓷47件。这个时期常见器物组合为：盘口壶、双系（四系）罐、双系（四系）小罐、碗、钵、碟、杯、盅、盂、盆、托杯（托碗）、五盅盘、砚、瓶、唾壶、虎子、镰斗、单管（双管/四管）插器、灯、博山炉等。器形品种和南朝晚期差别不大，只是数量较南朝晚期更多。从已知墓葬分析，盘口壶一般一墓一件，少数墓葬有两件，双系（四系）罐一般一墓一件至两件，双系（四系）小罐以四五件为多，少数墓葬可达10数件；碗一般1至3件为多，少数可达5至10件；托杯以4至6件多见，多的可达8件或更多，也有少至一两件的。这些随葬青釉瓷多为小件明器，一般仅盘口壶和双系（四系）罐体量较大，制作均较粗糙，常见变形歪斜剥釉等现象，烧造温度也不高。

图二十五：晋江市池店镇M2"壬子"墓出土四管插器

图二十六：惠安县涂寨镇曾厝村隋开皇十七年（597年）墓出土四管插器

图二十七：南安市皇冠山M10南朝墓出土灯　　图二十八：晋江市池店镇M3出土灯　　图二十九：永春县金峰山唐永徽二年（651年）墓出土灯

[39] 林忠干、林存琪、陈子文：《福建隋唐墓葬的分期问题》，《福建文博》1989年第一、二期合刊。

[40] 韦正：《六朝墓葬的考古学研究》，北京大学出版社，2011年3月第一版。

此时，随葬品很多器形延续南朝晚期的风格，有的和南朝晚期的很难区分，关于断代不同学者也有不同意见，如闽侯县杜武山墓，发掘报告将该墓断为隋唐早期，林忠干等老师的《福建隋唐墓的分期问题》一文中将该墓定为隋唐早期[39]，但韦正老师在《六朝墓葬的考古学研究》一书中指出，该墓的盏托、托杯的造型不同于唐，应定为南朝中晚期[40]。笔者认为，除托杯外，该墓的莲花灯呈八棱形，和闽侯南屿镇官山北段南朝墓、闽侯县荆溪镇荆山南朝墓出土的莲花灯均较相似，仅灯盘比上述两个墓略深，该墓的虎子亦和南朝造型更接近。虽然该墓部分器物可能比上述几个墓略晚，但风格还是更偏向南朝，定为南朝晚期或末期或许更合适。又如晋江市池店镇霞福村M1、M2、M3，发掘报告定为唐，但霞福村M2发现"壬子"铭文砖，M1、M3与M2通过小窗相连，三墓为夫妻妾墓，年代应基本一致。隋唐早期"壬子"为592年、652年，根据该墓出土青釉瓷和隋、唐早中期其他纪年墓对比（如图二十五至二十九），笔者认为该墓应为隋墓，年代为592年。故对这个阶段没有纪年的墓葬要尤为注意。

唐初以后数十年，墓葬随葬品依然非常丰富，数量和器形组合没有大变化。但随着时间推移，随葬品愈加粗糙，器形更小，质量更差，器物多随意捏制，多见变形歪斜，温度也较低。由于福建纪年唐墓基本集中在唐早期，之后严重断层，唐上元三年（676年）之后近两百年没有公开发表的纪年墓，唐晚期也仅唐大中十年（856年）、唐咸通三年（862年）陈元通及汪氏墓，唐大中十一年（857年）许氏墓寥寥几座纪年墓。唐中晚期福建墓葬研究严重缺乏标准器。根据林忠干等老师的《福建隋唐墓的分期问题》一文的研究及目前公开发表的漳浦县城西坡地唐墓、漳浦县胡西畲族乡乡政府前唐墓，武夷山城村M2唐墓等数座发掘报告定为唐中期至唐晚期墓葬的情况，大致可看出唐中期以后随葬品趋少，大多数墓葬仅见盘口壶、双系（四系）罐、碗等数件青釉瓷。唐末至五代，随葬品常见成组的陶俑，青釉瓷一般只有少量数件，不再拘泥于唐早中期常见的明器组合，出现实用器随葬，也有等级较高的墓葬中出现越窑等窑场比较精美的产品，如武夷山城村后山唐晚期至五代墓出土的花口碗、罐等（如图三十、三十一）。近年，晋江紫帽镇、池店镇等地发现数座墓葬，紫帽镇园坂村唐墓发掘报告定为唐中期至唐晚期，池店镇赤塘村M13-M16，发掘报告认为该几座墓出土的产品和磁灶窑唐晚期的产品相似，定为唐晚期[41]，这几座墓随葬品十分丰富，数量和器物组成接近唐早期，跟此前的研究结论差异较大。笔者认为，赤塘村M13和M16都出现四管插器，四管插器出现于南朝，此后逐渐演化成双管、单管插器。惠安县涂寨镇曾厝村M2隋开皇十七年（597年）墓发现一件四管插器，此后100余年的纪年墓中再未发现过四管插器，仅见双管、单管插器。故这几座墓可能年代更早。但由于资料缺乏，究竟是该几座墓葬断代出入，还是葬俗差异抑或由于缺乏纪年墓导致对诸多唐中晚期墓认识的偏差，还有待研究。

六、宋元

宋代，福建开发进一步加深，人口密集，经济繁荣。这时期墓葬数量多，分布广。但福建宋墓被盗严重，很多发现时已被盗一空，对研究造成极大影响。目前公开发表的有青釉瓷出土的纪年墓有建瓯市水南罐头厂大中祥符二年（1009年）墓，福州市鼓楼区祭酒岭金牛山北宋熙宁五年（1072年）墓，福州市鼓楼区西湖边北宋元丰年墓，泉州市城东街道桃花山南宋绍兴二十一年（1151年）墓，南平市延平区南山镇M1南宋乾道七年（1171年）墓，南安市城关三堡村南宋淳熙十三年（1186年）墓，福州市石油公司南宋嘉定三年（1210年）墓，邵武市水北镇四都村南宋嘉定十年（1217年）墓，福州市晋安区新店镇猫头山南宋绍定四年（1231年）墓，泉州市丰泽区潘山元至大三年（1310年）墓，南平市三官堂元皇庆三年（1312年）墓。未公开发表的有青釉瓷出土的纪年墓还有建瓯东门油库北宋咸平六年（1003年）墓，建阳麻沙北宋元丰三年（1080年）墓等，还有数座纪年墓因未公开发表，缺乏资料，不清楚具

[41]《池店平原南朝隋唐墓清理简报》，《福建文博》2000年第1期。

图三十：武夷山城村后山唐晚期至五代墓出土盖罐

图三十一：武夷山城村后山唐晚期至五代墓出土花口碗

图三十二：顺昌县九龙山宋墓出土谷仓

图三十三：顺昌县大干宋墓出土谷仓

体面貌及是否有青釉瓷出土。

宋代以前，青釉瓷既是各窑场生产的主要品种，也是福建墓葬随葬品的主流品种，每座墓几乎都出土青釉瓷。宋代，瓷器品种多样化，青白釉瓷一度比青釉瓷更加时髦和流行，黑釉盏也大行其道。其他品类的器物如漆器、金银器等也很兴盛，随葬品呈多样化发展，青釉瓷不再是墓葬陪葬的主流产品。上述纪年墓，有不少随葬品以青白釉和酱黑釉瓷为主。南平市延平区南山镇M1南宋乾道七年（1171年）墓，随葬品近30件，仅发现1件青釉瓷；福州市晋安区新店镇猫头山南宋绍定四年（1231年）墓，随葬品100余件，仅两件青釉瓷。福建发现的多座著名大型墓葬，如福州南宋淳祐九年（1249年）黄昇墓，邵武市南宋绍兴十七年（1147年）黄焕墓均未发现青釉瓷。南平来舟宋墓、南平西芹宋墓，随葬品较多，但随葬瓷器均为青白釉瓷。顺昌县大干镇良坊村宋墓，随葬品达80余件，青白釉瓷30余件，青釉瓷仅10余件。

宋代福建窑业繁盛，瓷器产量巨大，虽然青釉瓷以外销为主，在随葬品中占比减小，但也不乏内销的。福建唐墓随葬品以小件明器为主，宋墓虽也有小件随葬明器，但多见粗制酱黑釉瓷或陶瓷俑。福建宋墓随葬青釉瓷除谷仓、魂瓶外，大多是实用器。随葬品造型见碗、盘、碟、盏、罐、盖罐、瓶、各类执壶、水滴、盏托、盒、炉、各类瓷塑、各类谷仓等，器形十分丰富，且不乏精品。如顺昌九龙山宋墓出土的凤首壶（见图录），就是较具代表性的，极精美的随葬器之一。除政和县东平镇新口村宋墓出土的1件青釉刻划花碗和邵武沿山宋墓出土的数件青釉菊瓣纹碗、青釉牡丹纹碗等属较典型北方窑口的产品及少量墓葬出土的青釉瓷不太明确产地外，福建大多数宋墓发现的青釉瓷都以墓葬周边窑场产品为主。如将乐万全吴地宋墓出土的执壶、谷仓，是典型将乐万全碗碟墩窑的产品。政和县石屯镇长城村宋墓出土的青釉刻划花碗，从胎釉工艺看，应是南平地区所产，很可能是松溪九龙窑或西门窑的产品。顺昌县九龙山宋墓出土的谷仓（如图三十二），雕塑楼阁，刻划纹饰，造型精美，工艺精湛，同类的谷仓还见于顺昌县大干宋墓（如图三十三），应是顺昌本地或周边窑场生产。此类例子不胜枚举。

元代，福建发现青釉瓷的墓葬较少。截至目前，福建公开发表的有青釉瓷随葬的元墓不到10座，还有部分未公开发表。目前本书收录的10座元墓（含部分未发表）中，两座纪年墓器物因缺乏清晰照片无法判断产地；将乐积善村M1元墓、南平尤坑村元墓、政和林屯村元墓、浦城牛栏坪元至明初墓等墓葬出土的青釉瓷以龙泉窑产品为主。建瓯水南罐头厂M2的青釉罐从质量风格看，可能也产自龙泉窑，但也不排除浦城等地生产。仅邵武通泰街道元墓出土的青釉罐和政和县东平镇官山元墓出土的青釉碗是福建本地窑场生产。

从宋代大多数随葬青釉瓷是本地产品到元代随葬青釉瓷以外省产品为主，也从一个方面表明了元代福建青釉瓷窑址减少，生产衰败的状况。

七、明清

明清时期，已超出考古范畴，发掘的墓葬也较少。且相对青花等大宗产品，青釉瓷已相对边缘化，明代仅有少数墓葬发现青釉瓷，目前公开资料仅见泉州丰泽区潘山明洪武三年（1370年）墓、安溪县五金厂明正德己巳年（1509年）墓、将乐县古镛镇龟山新村明嘉靖丙申年（1536年）墓、南平市来舟镇蛟湖村明嘉靖丁未年（1547年）墓、南平市西芹镇明万历甲辰年（1604年）墓寥寥几座，还有少量未公开发表的墓葬。清代，青釉瓷作为随葬品则更少见，目前发现的大多清墓随葬瓷器是青花瓷。目前清墓出土的青釉瓷仅见《中国出土瓷器全集·福建卷》中收录的1件青釉灯盏，该灯盏标明的来源是浦城1座没有公开发表的清墓，但笔者未找到关于这座墓的资料。

第三节　福建青釉瓷窑业发展概述

福建青釉瓷历史悠久，滥觞于3000余年前的青铜时代早期，永春苦寨坑窑是目前已知的全国最早的原始青瓷窑址。近年，又在政和发现了约东汉至三国西晋时期的象山窑。南朝，福州怀安窑、晋江磁灶窑制瓷技术已十分成熟。唐代，不仅窑场数量大量增加，覆盖全省大部分地区，制瓷水平也不断提高，为宋代福建制瓷业的繁荣打下了基础。北宋晚期至南宋早中期，是福建青釉瓷发展的黄金期。窑场如雨后春笋般出现，遍布全省。虽然黑釉和青白釉瓷大行其道，但青釉瓷作为最传统的品种，仍畅销海内外。南宋晚期，福建青釉瓷业开始走下坡路，元代烧造青釉瓷的窑场已经很少。明清时期，青花瓷完全占领了市场，青釉瓷退居附属地位。

一、福建青釉瓷的分期

根据窑业发展兴衰，把福建青釉瓷窑业分为萌芽期，探索期，发展期，繁荣期，衰弱期五个阶段。

萌芽期：青铜时代，相当于夏代中期至春秋

福建目前发现最早的原始青瓷窑址是大约始烧于夏代中期的永春苦寨坑窑。其他原始瓷窑址还有永春坑刀山、德化辽田尖、武夷山竹林坑等。根据这些原始青釉瓷窑场的延续时间，划定出福建青釉瓷的萌芽期。

永春苦寨坑窑址延续时间大约为夏代中期至商代中期，辽田尖窑大约为西周早中期到春秋早期，坑刀山窑大约为商代中期至商代晚期。竹林坑窑大约为西周早中期至春秋早期。较早的苦寨坑窑，原始瓷的烧造比例较低，印纹硬陶烧造量较高，至晚一点的辽田尖窑，竹林坑窑，出土的陶器均很少，以生产原始青瓷为主。苦寨坑窑的上限，根据碳14测年，早于浙江原始瓷窑，其他几个窑场，虽然产品风格和浙江原始瓷有一定相似性，但窑业技术跟浙江有一定差异，应该还是自成体系发展的[42]。永春苦寨坑窑和德化辽田尖窑大约相距200米，永春苦寨坑窑和永春坑刀山窑大约相距1000米，属同一个窑址群，胎土均为本地瓷土，胎质较细密，釉层较薄，多不均匀，带原始性。辽田尖窑的下限不晚于春秋早期[43]。相比辽田尖等窑场，竹林坑窑胎土则较粗糙，淘洗不精，含沙量高。竹林坑窑的下限最晚也仅到春秋早期[44]。目前福建没有战国至西汉原始瓷窑址发现。汉武帝迁闽越人于江淮前，福建有一段相对繁荣时期，也不排除还有其他原始瓷窑址没有被发现。但从窑业技术看，福建原始瓷窑业技术具有本地特点，和浙江的原始瓷相比虽有共性但也有一定差别，后来发现的象山窑，窑业技术则来源于浙江，福建原始瓷窑业技术很可能并没有得到延续，因各种原因中断了。

探索期：汉至两晋

这个时期之所以称为"探索期"。一是这个时期福建窑业生产处于探索阶段；二是根据以往的认识，福建自青铜时代几个生产原始瓷的窑场断烧后，窑业处于"黑暗期"，没有任何文献、出土资料能证明福建这段时间存在窑业生产，目前学术界对福建这个阶段的窑业生产状况仍处于探索阶段。虽然近年发现的政和象山窑已经打破了福建这个阶段没有窑址这一观点，但对这个阶段福建窑业生产的认识依旧很局限，还有很多无法确定产地的产品，很可能还有窑址未被发现。由于没有文献资料，仅能依靠目前有限的考古资料进行研究。象山窑没有经过科学发掘，仅能依靠调查资料进行探索，调查资料数量有限，局限性很大。

根据象山窑的调查报告，象山窑的烧造上限可至东汉，下限至三国[45]。但从象山窑采集的青釉瓷残片研究分析，有部分残片的下限可

---

[42] 羊泽林：《永春苦寨坑原始青瓷窑址》，《海峡教育研究》，2017年第3期。

[43] 福建博物馆、泉州市博物馆：《德化县辽田尖山原始瓷窑址发掘简报》，《福建文博》2016年第1期。

[44] 中国国家博物馆水下考古研究中心、福建博物院文物考古研究所、武夷山市博物馆：《武夷山古窑址》，科学出版社，2015年。

[45] 福建博物院：《福建政和发现东汉晚期至三国早期窑址》，《南方文物》2013年第4期。

能至西晋或者东晋初。象山窑数件残片上均发现的波浪纹、弦纹等组合纹饰（如图三十四），较常出现于西晋碗、洗等器物上（如图三十五、三十六）。政和县石屯镇龟山M15出土了两件碗（如图三十七），其纹饰也属于此类波浪纹弦纹组合，和象山窑出土的青釉碗残片非常相似。龟山M15是一座纪年墓，年代是东晋建武元年（317年），虽然某些随葬品的生产时间可能略早于下葬时间，但这种较常见的碗类器，生产和下葬时间应不会相距太远，故不排除象山窑延续到东晋初年或更晚的可能。象山窑的产品，无论品种、胎釉纹饰都和浙江青釉瓷较相似，从两晋墓葬出土的数件疑似福建本地产品的青釉瓷来看，工艺亦跟浙江的产品较相似，故认为福建当时的窑业技术来源于浙江。

目前，福建两晋墓葬出土青釉瓷，包括霞浦眉头山三国吴天纪元年（277年）墓出土的青釉井、政和凤凰山M44西晋永嘉年墓出土的盘口

图三十四：象山窑采集青釉残器

图三十五：东阳市博物馆馆藏西晋婺　　图三十六：南京西岗西晋墓出土青釉碗
州窑青釉洗

[46][唐]房玄龄等：《晋书·志第五·地理下》："建安郡故秦闽中郡，汉高帝五年以立闽越王。及武帝灭之，徙其人，名为东冶，又更名东城。后汉改为侯官都尉，及吴置建安郡。统县七，户四千三百。建安、吴兴、东平、建阳、将乐、邵武、延平。""晋安郡太康三年置。统县八，户四千三百。原丰、新罗、宛平、同安、侯官、罗江、晋安、温麻。"中华书局，2000年。

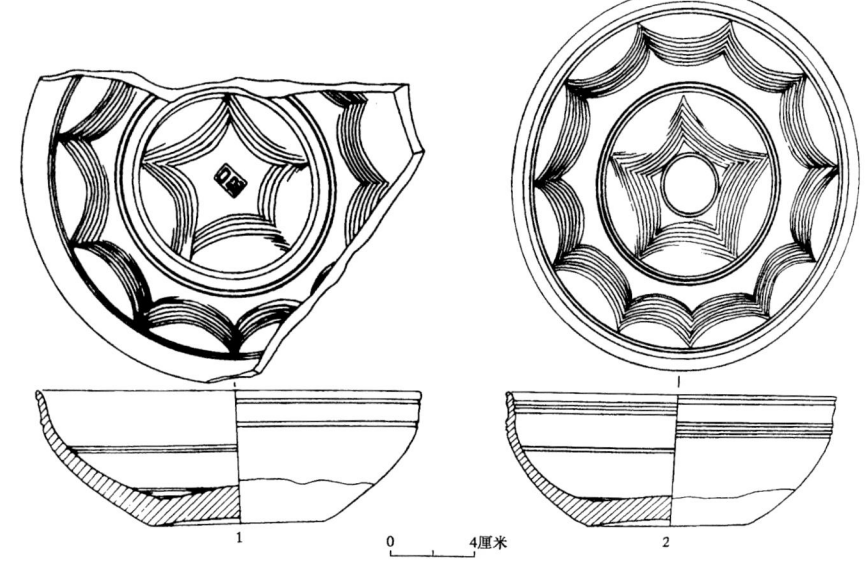

图三十七：政和县石屯镇龟山M15出土青釉碗

壶、霞浦县龙泉山西晋墓出土的五联罐、闽侯县连江园村M9出土的五联罐、邵武市水北镇故县村M10东晋永和八年（352年）墓出土的盘口壶，凤凰山M36东晋咸和年墓，凤凰山M38西晋中晚期至东晋早中期墓出土的盘口壶等十数件青釉瓷，跟浙江、江西等地的产品均有差异，福建本地产品的可能性较大。凤凰山M36东晋咸和年墓，故县村M10东晋永和八年（352年）墓均为东晋纪年墓，但其出土的盘口壶的造型更接近浙江窑场西晋时期的产品，虽不排除这些产品生产早于墓葬时间，但这些产品为福建本地生产可能性更大，福建当时相对闭塞，社会风尚、流行产品和统治中心地区相比，变化相对滞后，这个现象在南朝时期福建窑业生产中也有表现。

闽北地区发展较早，南平、建瓯、浦城、建阳东汉已设县，邵武三国设县。闽北地区两晋墓葬也发现较多。按照晋书统计，建安郡大约有4300户[46]，每县平均约600余户，3000余人常住。政和凤凰山M36、邵武故县村M10、建瓯水南梅仙山M1属东晋墓葬，象山窑的年代按照目前采集的标本分析，可能至西晋，最晚也不晚于东晋初。福建虽然发展缓慢，但东晋相比西晋，墓葬增多，说明人口增加，那么瓷器的需求量应该也是增加的。如果周边仅象山窑一个窑场，需求增加却突然断烧不太合理，即使因天灾人祸断烧，周围很快也会出现新的窑场，不排除象山窑还有其他延续时间更长的窑址，或者象山窑附近的浦城、建瓯、邵武等地还有其他窑场存在。

霞浦、福州、南安均属于福建闽东沿海发展较早，人口相对较多的区域，两晋墓葬也不少。福建由于闽中大山带阻隔，道路不通，唐以前，闽东沿海地区和闽西北内陆地区几乎是两个独立发展的地带，闽东沿海地区和闽西北内陆地区在墓葬风格、随葬品来源方面也有较大差异。象山窑的产品从闽西北运往闽东沿海地区的可能性不大。霞浦、福州、南安等地墓葬发现的一些不明产地的青釉瓷不排除本地生产的可能。政和象山窑因年代久远，规模不大且埋藏很深，地表没有任何残片或遗存，及至近年才偶然被发现。福建山林众多，龙窑又多建于山间，不排除三国两晋时期福建沿海地区也存在窑业生产，因环境原因难以发现。

发展期：南朝至北宋中期

南朝开始，福建青釉窑业生产步入正轨并持续向前发展。依据目前相关窑址调查资料，南朝时期，福建出现了怀安窑、磁灶窑、连江已古窑等窑场，工艺成熟，品种丰富，产量也较大。目前南朝时期的窑址，除了连江已古窑面貌不明，怀安窑、磁灶窑南朝窑址都经过多次科学调查或者发掘。这两个窑址南朝时就已有一定规模，器形丰富。根据怀安窑址发掘报告，怀安窑产品包括盘口壶、双系（四系）罐、碗、钵、盅、杯、盘、豆、砚、瓶、虎子、托杯（碗）、博山炉、五盅盘、镳斗等[47]。磁灶溪口山窑的器形有盘口壶、罐、盘、钵、灯盏、托座、灯座、瓮等[48]，几乎能涵盖生活各方面。怀安窑的窑具有垫具和间隔具，品种丰富，叠烧方式有大套小，垂直叠置，口对口、口对底叠置，同一口径器物层层叠置等[49]，烧造工艺已很成熟。福建沿海地区南朝墓葬及部分城市遗址发现的瓷器，大多是福建本地生产的，说明当时福建沿海地区的生活用瓷应基本可以自足。

莲花灯和四管插器是福建特有的产品。怀安窑发掘报告未提到插器和莲花灯，不排除发掘面积较小，认识存在局限，但福建南朝墓出土部分青釉瓷精品，如闽侯南屿南朝墓出土的莲花灯、四管插器、博山炉，质量无论是胎、釉、造型、工艺都很精湛，有的甚至不输浙江的产品，但是怀安窑出土的产品质量和这部分精品有较大差距。磁灶窑溪口山南朝窑址的产品面貌跟这部分精品更是相距甚远。根据科技检测，怀安窑瓷胎高硅低铝[50]，低铝的瓷胎易变形，南屿南朝墓出土的莲花灯、四管插器制作精细，对成形工艺要求较高，是否怀安窑生产仍存疑。另外，张都山南朝墓出土的一件五盅盘胎体的化学组成，低硅高铝，跟怀安窑

[47] 福建省博物馆、福州市文物管理委员会：《福州怀安窑发掘报告》，《福建文博》1966 年第 1 期。
[48] 陈鹏，黄天柱，黄宝玲：《福州晋江古窑址》，《考古》1982 年第 5 期。
[49] 福建省博物馆、福州市文物管理委员会：《福州怀安窑发掘报告》，《福建文博》1966 年第 1 期。
[50] 曾凡：《福建南朝窑址发现的意义》，《考古》1984 年第 4 期。

瓷器胎体高硅低铝有较大差别，跟浙江越窑、婺州窑、瓯窑及江西洪州窑都有一定差别[51]。五盅盘流行于南方地区，以福建、江西多见，具有较强的地域特色，应该是本地所产。目前除了怀安窑、磁灶窑，已发现的南朝窑址还有己古窑。己古窑窑址曾采集到莲花灯等南朝器物残器，但是否属于己古窑仍不确定，己古窑的年代亦存争议，有学者认为其上限只能到唐代[52]。那么包括福州或周边南朝墓出土的部分青釉瓷精品、张都山南朝墓的青釉五盅盘，可能都另有产地，不排除福州或周边还有其他未发现的南朝窑址。

唐五代，窑址显著增加，怀安窑、磁灶窑溪口山窑仍在烧造，且规模扩大，品种增多。己古窑唐代亦烧瓷。另外唐五代窑址还发现政和罗金坂窑、浦城蟹钳山窑、浦城冬瓜岗窑、浦城珠塘窑、政和棺头山窑、政和鬼树下窑、武夷山渔网山窑、武夷山苦株垅窑、建阳将口窑、建阳白窑、建阳建窑、厦门祥露窑、厦门许厝窑、厦门磁灶尾窑、厦门坪边窑、厦门东烧尾窑、厦门端平山窑、德化墓林窑、磁灶溪乾山窑、南安大尾洋窑、南安坝头窑、永春榜头窑、三明小蕉窑、宁化城下窑等。大多数窑场主要工艺来源还是越窑，部分应该还吸收了长沙窑的风格，带褐斑装饰。根据发掘报告，怀安窑唐代器形有碗、盘、碟、钵、杯、盅、豆、盂、盆、灯盏、烛台、执壶、壶、罐、瓶、盒、炉、器座、俑等；磁灶溪乾山窑器形有碗、盘、盏、盆、罐、执壶、壶、器盖、香薰等，除了怀安窑、磁灶溪乾山窑等产品比较丰富，其他一般只有普通的碗、钵、盘、罐一类的普通生活用器，有的还有壶、盆等，质量参差不齐。质量好的工艺比南朝有所提高，造型、釉质、支烧方式跟越窑有一定相似度，修坯精细，造型也更规整美观；质量差的也很粗糙，胎体厚重，造型随意，不甚规整，工艺原始，碗内留有大块支钉痕。根据怀安窑的发掘报告，怀安窑唐代支烧方式较南朝有较大进步。三齿、四齿的间隔具已被小巧的"泥点"支钉取代[53]，这种支钉，与笨重的齿形间隔器相比，小巧玲珑，不仅减少了制造窑具本身的材料，降低了成本，还能节省空间，增加每窑的烧造数量，烧造出来的产品留下的支烧痕也更小，更美观也更实用。除了厦门许厝窑、祥露窑唐晚期至五代窑场发现筒形匣钵，福建其余唐代窑场没有发现匣钵，烧造方式均为明火裸烧，器物釉面常有窑灰杂质，和越窑等窑场相比，工艺水平仍有一定差距。

宋代，制瓷业迅猛发展，瓷窑林立，但福建目前经考古发掘的窑址不多，大多数资料仅能依赖考古调查，部分窑址存在认识局限、断代模糊的问题，很多窑址断代为"宋"或者"宋至元"。虽然普遍认为宋

---

[51] 曾凡：《福建南朝窑址发现的意义》，《考古》1984年第4期。
[52] 栗建安、陈恩、明勇：《连江县的几处古窑址》，《福建文博》1994年第2期。
[53] 福建省博物馆，福州市文物管理委员会：《福州怀安窑发掘报告》，《福建文博》1966年第1期。

元时期福建制瓷业发展的全盛时期，但根据目前的发掘和调查资料，福建大多数主烧青釉瓷的窑场在南宋早期才开始大量生产青釉瓷，稍早的九龙窑、西门窑、茶洋窑等窑场也不会早于北宋中期。同安汀溪窑、福安首洋窑、漳浦竹树山窑、晋江磁灶窑部分窑场大约在北宋晚期至末期开始烧造青釉瓷。较早开始烧瓷的青白釉瓷窑场，如南安南坑窑、将乐碗碟墩窑等大约创烧于北宋中期前后，北宋时期主要烧造青白釉瓷，南宋才开始大量烧造青釉瓷。北宋早期至中期，福建的瓷窑并不是很多，晚唐五代的窑场因五代战乱等原因大多断烧，仅少量延续下来，除建窑质量较好外，其他窑场大多规模较小，烧造普通日用瓷，器形较单一，一般仅碗、盘、罐等，质量也较差。也有少量新出现的窑场，如厦门困瑶窑、上瑶窑、宁化城下窑等，但都规模较小，质量较差，产品主要供应周边居民。故把一些窑址，特别是一些主烧青釉瓷的窑址笼统断代为"宋"有失严谨。且此时龙泉窑处于早期发展阶段，影响有限，福建青釉瓷窑场的技术来源、器形、风格主要还是来自越窑，有些产品还有唐代遗风，产品的整体面貌和后来北宋晚期之后也有较大差别，不应一概而论。

根据外销资料，目前还没有早于北宋晚期的沉船和外国遗址发现福建仿龙泉青釉瓷，具体在外销一节中详述，这个和窑址资料也基本能相互印证。

繁荣期：北宋晚期至南宋晚期

北宋晚期，福建青釉瓷窑业逐步发展繁荣，大约南宋早期，生产青釉瓷的窑场已遍地开花。彼时，包括闽东、闽中、闽南、闽西北在内的福建各区域、各大小窑场普遍生产所谓"仿龙泉"青釉瓷。烧造青釉瓷为主或青釉瓷产量较大的窑场有松溪九龙窑、松溪西门窑、浦城碗窑背窑、浦城半路窑、南平茶洋窑、连江浦口窑、连江魁岐窑、连江塘边窑、莆田庄边窑、厦门同安汀溪窑、霞浦下楼窑、霞浦崇儒窑、霞浦柏洋东山窑、周宁豪阳窑、福安首洋窑、泉州东门窑、安溪桂瑶窑、南安南坑窑、南安康美窑、南安罗东窑、永春锦斗窑、晋江磁灶窑、漳浦竹树山窑、漳浦南门坑窑、漳浦石步溪窑、漳浦仙洞窑、东山后壁窑、将乐碗碟墩窑等。还有一些以烧造黑釉或青白釉瓷为主，兼烧青釉瓷的窑场。如建窑、福清东张窑、厦门碗窑、安溪魁斗窑、永春玉美窑、漳浦罗宛井窑等。

根据已知的发掘及调查报告，南宋时，福建烧造青釉瓷的窑场不少规模庞大，这些瓷窑多包含数个窑场窑炉，分布在数个山头，产量极大。如连江浦口窑，旧称"三十六窑"，号称有36个窑场；庄边窑分布范围可达3个山头，10万余平方米；安溪桂瑶窑分布在溪流两侧的数个山头，因窑场众多似龟形，古称"龟窑"；松溪九龙窑废品堆积有10余处；同安汀溪窑发现遗物堆积11处，窑炉15处，窑址面积6万余平方米，堆积层最厚处可达5米。

这个阶段产品品种、胎釉质量和制作烧造工艺跟此前相比，可谓飞跃。此前仅怀安窑、磁灶窑等窑场产品相对丰富，其他大多数窑场品种较少，大多只有碗、盘、罐等器形；胎体多较粗糙，施釉也较随意，大多只施半釉；以素面为主，少见纹饰装饰，烧造方式为明火裸烧，有的碗内还带有大块支钉痕。北宋中晚期后兴起的这些青釉瓷窑场大多品种丰富。根据松溪西门窑、同安汀溪窑、莆田庄边窑等窑场的发掘或调查报告，这些窑场的产品包括碗、盘、碟、盏、杯、钵、罐、壶、瓶、盒、炉、盆等，有的还有枕、雕塑玩具等。品种少一点的，如连江浦口窑，也有碗、盘、碟、盏、洗、灯、炉、壶、罐、瓶等。胎釉质量、装饰工艺技术、支烧装烧方法均有很大进步。胎体大多淘洗细致，更加坚致。釉质大多较莹润，施釉也相对精细，质量好的外壁施釉至腹足交接处或足端，精品内外满釉，仅外底露胎，差一点的一般也施釉至下腹近足处。大多数有刻划花，有的还兼具刻划花、印花、堆贴等多种工艺，所有产品均为匣钵装烧。这类产品仿自龙泉窑，有的窑场，如闽北的松溪九龙窑、西门窑等，工艺技术、装烧方式跟龙泉窑很相似，精品跟龙泉窑产品难以区分（如图三十八至四十一）。

图三十八：松溪西门窑窑址出土青釉碗

图三十九：北宋龙泉窑青釉刻划花碗　浙江省博物馆藏

图四十：松溪西门窑窑址出土青釉碗　　　　　　　　　图四十一：北宋龙泉窑青釉刻划花碗　浙江省博物馆藏

衰弱期：南宋末期至清

南宋中期后，龙泉窑风格开始转变，釉面由石灰釉转变为石灰碱釉，逐渐树立了自身风格，质量也显著提升，粉青釉、梅子青釉匀净高雅，更受欢迎，龙泉窑随之更加蓬勃发展，窑场大量增加，产量大量提升。但福建依然烧造薄釉刻划花青釉瓷，没有及时更新创新技术。南宋晚期，福建大多青釉瓷窑场已显颓势，质量开始下降，纹饰减少，制作草率，很多带涩圈叠烧痕。原本福建青釉瓷的外销市场多被龙泉窑吞噬占据。在宋末元初的战乱中，福建窑场也受到一定影响。元代，福建烧造青釉瓷的窑场大多停烧，仅剩少量仍烧瓷。它们中的部分，如浦城半路窑、浦城碗窑背窑、建阳象山窑、漳浦竹树山窑、漳浦石寨窑等，元代仿烧龙泉窑厚釉青釉瓷，质量相对较好。还有部分延续烧造南宋时期福建常见的薄釉青釉瓷，但大多质量很差，胎釉粗糙，以素面为主，即使有纹饰，也是随意刻划几道较抽象随意的纹饰，大多碗内带涩圈，元初后逐渐停烧。也有部分窑场转烧青白釉瓷。南宋生产青釉瓷最具代表性之一的汀溪窑在元代也转烧青白釉瓷。庄边窑、浦口窑等元代也以烧造青白釉瓷为主。庄边窑南宋末到元代还少量烧造青釉碗盘，风格跟南宋龙泉窑较相似，但质量较差，釉层也较薄，内底心带涩圈。根据沉船资料，元代福建外销瓷数量占比下降，部分沉船、遗址发现庄边窑、浦口窑等窑场青白釉瓷及东张窑等窑场黑釉瓷。南宋末期至元晚期沉船上发现的青釉瓷基本为龙泉窑产品。故而，对福建部分窑场特别是烧造青釉瓷的窑场，笼统断代宋元不严谨，笼统断代在实际研究鉴定工作中也易造成偏差或错误。

[54] 福建博物院，南靖县文物保护中心：《南靖县东溪窑封门坑窑址2015年发掘简报》，《福建文博》2015年第3期。

[55] 杨征：《平和窑》，海峡书局，2014年。

明早期，由于严酷的海禁政策，外销断绝，福建仅剩少量窑场仍烧瓷，以供应周边居民为主。明永乐宣德时期，青花瓷地位逐步提升，成化后，青花瓷风靡于世，青釉瓷已退居附属地位，无论在官用、民用中，占比都较低。此时，福建窑场以烧造白釉瓷和青花瓷的居多，烧造青釉瓷的窑场仅有建阳源头碗窑、厦门上陵窑、永春碗窑芸窑、南安青林窑、浦城碗窑、平和内窑仔窑等，且大多数仅兼烧青釉瓷，产品风格仍仿自龙泉窑。

明晚期至清初福建漳州兴起大量窑场，以烧造青花和五彩为主，部分也兼烧青釉瓷。南靖东溪窑封门坑窑址出土了青釉碗、洗、碟、水盂、罐、各式香炉等[54]。华安东溪窑扫帚石窑址发现了青釉碗、盘、罐、洗、瓶等，还发现了青地青花瓷。平和花仔楼、狗头山、田中央、通坑内等多处窑址均兼烧青釉瓷，器形也很丰富，有碗、盘、碟、杯、洗、罐、瓶、盒、灯、炉、瓷塑玩具等。根据窑址资料，明末清初东溪窑、平和窑的部分窑场青釉产量相对较大，品种丰富，有的窑场青釉产量仅次于青花瓷[55]，但跟大批量生产的青花瓷相比，青釉瓷还是相对小众。从出土和采集的残片看，这部分青釉瓷无论从胎、釉、纹饰、工艺都较精美，特别是炉、瓶一类的精品，造型规整，釉质莹润。此前，福建青釉瓷工艺技术和风格大多仿自龙泉窑，但明末清初青釉瓷技术来源目前仍有争议。有的人认为仍仿自龙泉窑，有的人认为仿自景德镇窑。这时期产品，确实有部分和龙泉窑较相似，如封门坑窑的青釉罐，但也有很多和景德镇窑青釉瓷非常相似，如封门坑窑发现的青釉印花三足炉，扫帚石窑发现的青地青花盘残片。从省内窑址发现的明清青釉瓷分析，明早中期青釉瓷主要还是仿自龙泉窑，但此后龙泉窑衰弱，受景德镇窑影响逐渐加深，明中晚期以后兴起的几个窑场烧造的青釉瓷，可能是兼容并蓄的结果，需要具体分析。根据沉船资料，明晚期至清代福建青釉瓷也有外销，但仅在少量沉船上发现，占比也较小，属小众产品。

二、福建青釉瓷窑址分区概述

福建窑场遍布全省，目前发现的窑场达数百处。大多地区宋代兼有青釉、青白釉、黑釉瓷窑场，烧造品种或各有侧重，或同时兼烧多种，明代以后还有不少烧造青花和彩瓷的窑场。闽江流经福建大部地方，闽江上游，闽北靠近浙江地区受龙泉窑影响较明显，青釉瓷生产占比相对较大，青釉瓷窑场有松溪九龙窑、松溪西门窑、浦城碗窑背、浦城半路窑等，南平茶洋窑青釉瓷产量也很大。但仍有浦城大口窑、光泽茅店窑、建瓯小松窑等窑场以烧青白釉瓷为主，还有建窑及受建窑影响的遇林亭窑等窑场以烧黑釉瓷为主。闽江上游至中游，闽西北的三明则受景德镇影响明显，多数窑场以烧造青白釉瓷为主，但将乐碗碟墩窑南宋时期也大量烧造青釉瓷。闽东及闽中的宁德部分区域、福州、莆田，包括闽江中下游大多地区兼有烧青釉瓷和烧青白釉瓷为主的窑场，如福安首洋窑、霞浦下楼窑以烧青釉瓷为主，闽清义窑烧造青白釉瓷为主，连江浦口窑、莆田庄边窑等窑场兼有多个品种。闽南的泉州德化县亦属闽江流域，德化窑对周边影响明显，德化县周边大多数窑场以烧青白釉瓷为主，辐射到了包括闽江流域及晋江流域的泉州大部地区，但安溪桂瑶窑、南安南坑窑等窑场青釉瓷产量也很可观。闽南的厦门，因汀溪窑对周边影响明显，烧造青釉瓷的窑场较多，但也有以烧造青白釉为主的碗窑等窑场。闽南的漳州属九龙江、漳江等流域，兼有烧青釉瓷为主和烧青白釉瓷为主的窑场。整个福建的青釉瓷窑业没有依照流域或片区形成明确的分布特点，但按照区域地理位置对福建各地区窑址进行分区概括，再按照行政区域进行细分择要详述，也不失为一种较为合理的划分研究方法。

（一）闽东及闽中地区

广义的闽东及闽中地区包括福州市、宁德市、莆田市。福州是福建境内烧造青釉瓷较早的地区，福州怀安窑南朝时期已经烧造青釉瓷。宋代，福州大多数窑场兼烧青釉、青白釉、黑釉多个品种。目前发现的烧造青釉瓷（含兼烧）的窑场有福州城区的宦溪窑、长柄窑，连江的己古窑、浦口窑、魁岐窑、塘边窑，闽侯的鸿尾窑，罗源的碗窑，福清的东张窑等。莆田目前已发现的烧造青釉瓷的窑场有庄边窑、西天尾碗洋窑、埔尾窑等。宁德的福安首洋窑、霞浦下楼窑、霞浦碗窑坪窑、周宁豪阳窑等均为典型烧造青釉瓷的窑场。闽东及闽中位于福建东部沿海，拥有外销的天然优势。福州的怀安窑是目前已知福建最早的外销窑场。南宋，浦口窑、庄边窑等窑场外销数量巨大，在国内外诸沉船遗址和国外诸遗址也发现较多。

福州怀安窑

窑址位于福州市仓山区建新镇淮安社区天马岭，1953年发现。1962年普查发现南朝遗物。窑址面积8万多平方米，主要分布在石巴山南

[56] 福建省博物馆、福州市文物管理委员会:《福州怀安窑址发掘报告》,《福建文博》1996 年第 1 期。

端,由于村民建房种树及后续的房地产开发,破坏严重,现在基本破坏殆尽,只能依靠以前的调查发掘资料分析研究。

怀安窑1982年发掘,发现南朝和唐代的文化层堆积。出土了大量瓷片和窑具。

南朝产品见有碗、盘、杯、盏、托杯、盘口壶、罐、博山炉、灯盏、豆、鐎斗、砚等,窑具有各式支圈、支座、间隔具、研磨具等,产品均为青釉瓷。胎体为灰白胎,胎土就地取材,成分高硅低铝低铁,与其他省份均有较大差异,具有怀安窑的特色。釉色除了青色,还多见青黄、青褐,有的釉色深的接近酱釉。釉层一般较厚,多见流釉,施釉不及底。装饰方式有模印、划花、褐斑。器物为叠烧,中间以间隔具相隔,有大套小叠烧、口对口叠烧、相同器物垒烧等。怀安窑没有发现匣钵,说明所有产品都是直接放在窑内明火裸烧的,因此大件器物釉面常粘附窑灰等。

唐代斜坡式龙窑窑床遗迹,在南朝堆积南约5米处。窑床顺山而建。以烧青釉瓷为主,还有少量酱釉瓷。产品有盘口壶、执壶、罐、瓶、碗、盘、盆、钵、盏、杯、灯盏、烛台、水盂、奁、豆、炉、器盖、器座、俑、瓷塑等。瓷器的胎釉和南朝没有太大差别,胎体灰白胎,胎土和南朝一样,就地取材,只是胎体比南朝更加轻薄。均为青釉,釉色有青、青黄、青褐、青绿等,少量有褐彩装饰,部分产品有堆塑装饰。唐代遗存中依然没有匣钵,但怀安窑唐代烧造方式较南朝有较大进步,器物已采用泥点、支钉叠烧,相较大而笨重的间隔器,泥点和支钉支烧节省了材料和空间,每窑能烧造的数量大大提升,提高了烧造效率[56]。

根据窑址调查及发掘报告,怀安窑的烧造年代为南朝至五代。

福州及周边地区东晋墓葬和南朝墓葬出土的青釉瓷面貌差异较大,根据出土器物分析,东晋的大部分产品来自浙江,而南朝墓出土的瓷器则大多为本地产品,南朝随葬品无论是数量还是品种都比东晋时期丰富很多。根据窑址发掘报告、福州及周边地区遗址及墓葬分析,周边地区居民当时生活用器不少产自怀安窑,怀安窑的出现一定程度上改变了福州及周边地区生活用瓷的面貌。

福州宦溪窑

窑址位处福州市晋安区宦溪镇硋铀、板桥两村内。窑址于1956年发现,主要集中在城里坪、山平顶、釉池谷、后门山和板桥村的划里一带。2015年窑址调查时，发现村民建房，对靠近公路的部分窑址造成较严重的破坏。

宦溪窑产品有青白釉、青釉和少量黑釉。器型可见碗、盘、碟、杯、盏、托盏、灯盏、盒、盖、钵、罐、瓶、炉、执壶等，窑址调查时还采集到有匣钵、垫饼、垫柱、支圈等大量窑具。产品质量参差不齐，以质量普通的大宗产品为主，少量精细产品。胎体呈灰白色，厚重及轻薄者皆有，厚重者为多，大多产品修胎不甚规整；釉色有青、青中泛灰、青中泛黄等多种；产品素面者为多，少部分有纹饰，工艺有刻划花和印花，纹饰有花卉纹、云气纹、篦划纹、莲瓣纹、网格纹等。

根据产品特征，判断宦溪窑青釉烧造年代为南宋，下限不会晚于元初。宦溪窑青白釉产品延续时间更晚，应能到元末。根据此前第三次文物普查资料记载，明代宦溪窑应该还有小范围烧瓷，主要产品应是白釉，但近几次调查未发现明代产品，且白釉不属于本文重点探讨范围，故不赘述。

福州长柄窑

窑址位于亭江镇长柄村西北处山坡上，距福州市区约30千米，1985年普查发现。普查采集到青釉、黑釉瓷，品种有碗、碟、器盖、盏、执壶等。

2001年，因罗长高速公路途经该地，对窑址进行了抢救性发掘。共发掘三处窑基，分别为Y1、Y2、Y3，均为龙窑，早晚叠压关系为Y1→Y2→Y3。从窑尾及窑周围出土的废品堆积来看，Y2以烧造青釉瓷为主，Y3以烧造黑釉盏为主，兼烧青釉瓷。

发掘出土大量瓷器残片和窑具，瓷器以青釉瓷为主，少量黑釉瓷。青釉瓷以碗为主，还有盘、碟、杯、托杯、水盂、器盖、瓶、执壶、罐等，黑釉以盏为主，还有少量瓶、盖。窑具有匣钵、垫柱、垫饼、支座等，均为夹砂陶质。

长柄窑青釉瓷为灰胎或灰白胎，个别火候不够的呈灰黄胎，胎体采用当地的瓷土，淘洗不精，露胎处或釉薄处常能看见小砂粒。釉色有青、青中泛灰、青中泛黄等，施釉方法多为浸釉法，施釉多不及底。大部分产品为素面，极少量的有划花或者贴塑。烧造方法为匣钵仰烧，小件器物为垫饼垫烧，大量碗采用涩圈叠烧，也有青釉碗和黑釉盏叠烧的情况，大件的如执壶一类为支座叠烧[57]。

根据发掘报告可知长柄窑的年代为南宋至元初。

[57] 福州市考古工作队：《福州长柄窑遗址考古收获和认识》，《福建文博》2005年增刊。

[58] 羊泽林主编、福建省考古研究院、连江县文化体育和旅游局编：《连江浦口窑址》海峡文艺出版社，2022年10月。

[59] 羊泽林主编、福建省考古研究院、连江县文化体育和旅游局编：《连江浦口窑址》海峡文艺出版社，2022年10月。

[60] 曾凡：《福建陶瓷考古概论》，福建省地图出版社，2001年。

连江浦口窑

址位于福州市连江县浦口镇，1954年发现。窑址分布在浦口公路边周围的外厝山、后岚山、井头里、锦山尾、西山、加它山、过浦山、后池井等山坡上，分布面积广，窑场众多，当地人称"三十六窑"。近年来窑址周边产房公路等建设导致窑址破坏严重。仅剩少量几处堆积残存。为配合浦口镇城镇建设，2018年福建博物院文物考古研究所等对碗窑山窑址进行了发掘，共发掘945平方米，5条龙窑遗迹[58]。

根据发掘及调查资料，浦口窑南宋以烧造青釉瓷为主，兼烧黑釉瓷及青白釉瓷。青釉以碗、盘为主，还有碟、盏、洗、灯、炉、壶、罐、瓶等。胎体呈灰或灰白色，大部分胎质较粗糙，胎体较厚重，修胎也不甚规整，少量精细的修胎较好。青釉瓷釉色有青绿色、青中泛黄、青中泛灰等，偶见质量好的釉色青翠，施釉均不到底。产品以素面为主，部分有刻划或模印纹饰，纹饰有花卉纹、莲瓣纹、篦划纹等。

根据发掘报告及产品特征判断，浦口窑的青釉瓷主要烧造年代为南宋，少量可早到北宋晚期至末期。元代，浦口窑仍然延续，但产品为粗制青白釉瓷[59]。

连江魁岐窑

窑址位于福州市连江县江南乡魁岐村西南500米山上，鳌江北岸，与连江县城仅一江之隔，1954年发现。1961年调查时发现龙窑一座。据说当地瓷土资源丰富，掘地3米就有丰富的瓷土矿。窑址边上以前有一条小溪，叫"水津浦"，可以直通鳌江，交通非常便利，宋代时"水津浦"两侧都是窑场[60]。

窑址刚发现时堆积很丰富，赤岭山上随处可见堆积的瓷片和匣钵。但现在窑址破坏较严重，龙窑已经破坏殆尽，第三次文物普查时，窑址面积仅剩不到1000平方米，近年来窑址调查几乎已经找不到遗存。

根据往年的调查资料，该窑产品以青釉瓷为主，兼烧黑釉瓷。器形以碗、盏为主，质量似比周边窑场精细。青釉瓷大多胎体较薄，灰胎，胎质较周边窑场好，但胎体淘洗仍不是很细致，产品露胎处可见沙粒，修胎也不甚精细，露胎处常见旋坯痕，有的碗外底心有乳突。釉色多青中泛灰或青中泛黄，内壁满釉，外壁多施半釉，少量精细产品施釉至近底处。纹饰有花卉纹、云气纹等。

根据产品特征判断，魁岐窑的主体烧造年代为南宋到元初，少部分可能早至北宋晚期到末期。

连江己古窑

窑址位于福州市连江县江南乡己古村西南，1986年修路取土时发现。遗址面积约300平方米，在田角湾自然村北坡地的堆积层厚达1米左右，采集标本有碗、壶、灯、博山炉等瓷器残片，灰白胎，施青釉，窑具有匣钵、垫圈。目前该窑址基本破坏殆尽，只能根据往年调查结果作简要介绍。该窑址因发现时采集到博山炉、镳斗等器物，一直被认为始烧于南朝。但栗建安老师在《连江县的几处古窑址》一文中认为，这些博山炉、镳斗等产品和己古窑采集的其他产品器形、釉色等各方面都有差别，有可能其他墓葬散落的器物，而己古窑采集的其他器物具有唐代特征[61]。由于窑址基本破坏殆尽，己古窑的相关情况只能暂时存疑。

罗源八井碗窑

窑址位于罗源县松山镇八井村西南向200米，根据第三次文物普查资料，该窑址宽240米，长287米，相对高度30米，面积6万多平方米。窑址平面呈马蹄形。2014年笔者对窑址进行调查时，窑址破坏尚不严重，可看到窑址范围内的村道山边断面上有大量瓷片露出。2017年再次进行窑址调查时，发现窑址已被破坏，窑址范围内的一处山坡被推平，正在进行基建，地面裸露出大量瓷片。

采集的标本有宋代的青釉、青白釉、黑釉瓷以及清代的青花和白釉瓷。

宋代产品以碗、盘为主，少量盏，碟等。青釉瓷灰白胎，胎体比较厚重，胎质淘洗不细致，修胎修足相对较随意。釉色以青灰为主，部分青黄，极少量发色呈漂亮的青色或淡青色。外壁施釉不及底。稍早期产品或较精细产品内壁均满釉，晚期产品，特别较粗糙的大众产品，内底均有涩圈痕。青釉瓷以素面为主，少部分有纹饰，极少量刻划比较漂亮的纹饰，纹饰有花卉纹、云气纹、篦划纹、莲纹等。

根据产品特征判断，八井碗窑的青釉产品烧造年代为南宋。

福清东张窑

窑址位于福清市东张镇的石坑村、岭下村、半岭村、芦岭村、东山村、三星村等的山坡上。窑址总面积约26万平方米，堆积层厚约1至6米，最厚处可达6米以上，以石坑村的规模最大，大约可达20万平方米[62]。

石坑窑址于1956年兴修东张水库时发现。目前石坑窑因发现早，规模大，产品丰富，经过多次调查，资料最为丰富。其余窑址资料相对较

---

[61] 栗建安：《连江县的几处古瓷窑址》，《福建文博》1994年第2期。

[62] 叶文程主编：《福清窑》，福建美术出版社，2005年。

少。笔者2015年进行窑址调查时，窑址已破坏严重，布满深浅盗洞，山坡还有被挖掘机挖掘的痕迹。近年基建和盗挖破坏更甚。东张窑以烧造黑釉盏闻名，以往提及东张窑，基本谈到的都是黑釉瓷。但东张窑除黑釉外，还烧造青釉和青白釉瓷。青釉瓷比较丰富，质量较好。

青釉瓷器形以碗为主，还有盘、碟、盏、壶、罐、瓶、盒、洗、盆、炉、灯盏、器盖等。胎体为灰白胎，较坚致，修坯较精细，基本不见旋坯痕，修足也比较规整。釉色有青、青黄、青灰等，外壁一般施釉至下腹部近足处，釉质较莹润。南宋早期的碗、盘类产品内部满釉，南宋中晚期以后，开始出现涩圈叠烧产品，内底涩圈露胎无釉。装饰手法以刻划花为主，还有模印、堆贴、褐彩等。早期碗、盘多刻划纹饰，多见双面刻划花，也有部分单面刻划的。南宋中晚期以后，纹饰变少，变草率，素面产品增多。

根据产品特征，东张窑青釉瓷主体烧造年代应为南宋，少量产品上限可能早至北宋末期，下限可至元初。

莆田庄边窑

窑址位于庄边镇涵永公路庄边村段两侧，庄边村、滁洋村、百圳村三村交汇处，绵延西北侧的龙潭山、东侧的五斗山、西南侧的碗林山等三座山，覆盖范围10万多平方米，堆积层厚度约2至8.4米。涵永公路西侧暴露一条龙窑遗迹，残长约10米，窑床宽2.8米[63]。

窑址于1958年修路时发现，此后又经过数次调查[64]。南宋以烧青釉瓷为主，器型有碗、盘、碟、杯、洗、壶、炉、瓶、罐等，以碗最多，盘、碟其次，窑具有匣钵、垫饼、垫座等。

胎体为灰胎或灰白胎，胎体较厚重坚致，但淘洗不精细，露胎和釉薄处可见气孔和沙粒。修胎不甚规整，多见旋坯痕，挖足也较草率，有的外底心有乳突。釉色有青、青灰、青黄、褐黄等，釉层较薄，质量好的釉质较莹润，大多有开片，质量差的，釉质很差，特别是南宋中晚期以后，很多大宗产品釉色灰暗，釉层薄且没有光泽度。施釉方式为浸釉法。碗盘类产品早期内壁满釉，外壁施半釉，南宋中晚期以后，内底刮釉一周。装饰手法有刻划花和印花。纹饰有花卉纹、莲瓣纹、菊瓣纹、云气纹、篦划纹、双鱼纹、鱼莲纹等。印花多见于南宋晚期以后的产品，在碗内底心模印朵花或双鱼等。烧造方式为匣钵仰烧，南宋中晚期以后多使用涩圈叠烧法。

庄边窑的青釉刻划花碗的风格较接近福建其他地方南宋早期的青釉

[63] 柯凤梅，陈豪：《福建莆田古窑址》，《考古》1995年第7期。
[64] 李辉柄：《莆田窑址初探》，《文物》1979年第12期。

刻划花碗，其创烧年代应在南宋早期前后。窑址发现的双鱼纹折沿洗、八卦纹炉等器物有元代特征，此类产品的年代可能为南宋末或元初。但庄边窑元代大宗产品为釉色灰暗、带涩圈的青白釉碗、盘。

因此，庄边窑青釉瓷主体年代为南宋早期到南宋末，至迟不晚于元初。青白釉瓷断烧不晚于元末。这和明弘治《兴化府志》的记载也能相互印证[65]。

霞浦下楼窑

窑址位于霞浦县崇儒畲族乡溪边村下楼自然村东北方560米处。窑址于1988年8月发现。分布在小溪西边，分布范围约1000平方米，相对高度约20米。发现龙窑遗迹和废品堆积。产品以青釉瓷为主。器形以碗为主，还有罐、钵、杯、器盖等。

胎体为灰白胎，较坚致，修胎较细致，胎体少见旋坯痕，但修足随意，大部分产品外底随意挖足一周，圈足多不规整，足端宽窄不一，少量较精细的足端较平整规矩。釉色有青、青黄、青灰等，釉质莹润细腻，有玻璃质感，多见开片。施釉精细，圆器类内壁满釉，外壁施釉至下腹部，精品内外壁皆满釉，仅底足露胎。琢器内壁无釉，外壁施釉至下腹部，部分南宋晚期产品内底可见涩圈叠烧痕。装饰方法有刻划花。下楼窑的纹饰精美多样且颇具特色。纹饰有花卉纹、蕉叶纹、涡旋纹、竖条纹、篦划纹、莲瓣纹等，尤其是其花卉的形态，以及蕉叶涡旋纹的搭配，与其他窑场颇有不同。

根据产品特征判断，下楼窑的年代应为南宋。

霞浦崇儒碗窑坪窑

窑址位于霞浦县崇儒畲族乡东杞洋村东南方，分布在溪流西侧，窑址于1988年8月发现。分布范围约1500平方米，相对高度约40米，有废品堆积。产品以青釉瓷为主，器形以碗、盘为主，还有罐、杯、壶等。

胎体为灰白胎，较坚致，修坯较规整。釉质较莹润，釉色有青、青黄、青灰等，釉面多见开片，外壁多施釉至下腹部。部分产品有纹饰，装饰工艺均为刻划花，纹饰有篦划纹、云气纹等。碗窑坪窑和下楼窑距离较近，产品的特征比较相似，但质量较崇儒下楼窑略差，纹饰品类略少。

根据产品特征判断，碗窑坪窑址的年代为南宋。

[65] 明弘治《兴化府志》卷十二："考宋志，兴化县徐州有青瓷窑，今废。"

霞浦柏洋东山窑

窑址位于柏洋乡董墩村东山自然村西边，该区域地表可见散落的瓷器碎片，分布面积约1720平方米，地表可见部分龙窑遗迹，全长约20米，宽3米。该窑址发现堆积3处。

近年来，由于基建、盗掘等原因，窑址调查采集的标本较少且较单调，很难窥见产品的全貌。笔者于霞浦县博物馆见到馆内数年前采集的瓷片。根据此前采集的瓷片研究，该窑的产品以碗最多，还有杯、盘、罐、壶等。胎体为灰白胎，较坚致，部分产品修胎较随意，可见旋坯痕，修足亦较随意，不少产品可见明显刀痕。釉质较莹润，但所见产品发色均不好，大多为青灰色，较灰暗，内壁满釉，外壁施釉近足。以素面为主，少数有刻划花装饰，但纹饰较少见均较抽象简单。产品中仅见花口杯相对较精美。

根据产品特征，该窑的上限可能能达北宋末期，主要烧造年代为南宋。

福安首洋窑

窑址位于福安市晓阳镇首洋村。主要分布于首洋自然村的瓦窑岗、红木垅、溪尾垱、山头山、鸭姆垄、墩头山、章山等地及锁泉自然村的锁泉山。窑址于1990年4月发现。以烧造青釉瓷为主，极少量青白釉瓷。器形比较丰富，以碗为主，还有盘、盏、钵、碟、杯、炉、壶、灯盏、洗、盆、器盖等。窑具有匣钵、垫饼、垫圈等。

福安首洋窑窑址堆积

2015年至2016年，福建博物院、福安市博物馆曾对首洋的溪尾垱窑址进行了抢救性发掘。根据发掘资料，溪尾垱窑址的器形以碗为主，还有盘、盏、钵、杯、炉、盏托等。胎体为灰胎，胎体较坚致，修胎细致，圈足也很规整，拉坯成型后应该都经过细致的修整。釉色有青、青灰、青黄、淡青等，以青灰色为多，除少量生烧产品外，釉质均很莹润，大多有开片。施釉均匀，碗、盘、盏类大多内壁满釉，外壁多施釉至足墙外侧，也有部分内底有涩圈。装饰技法有刻划花，纹饰较丰富，有篦划纹、花卉纹、蕉叶纹、莲纹、涡纹、云气纹、竖条纹等[66]。

除溪尾垱窑址，首洋窑的瓦窑岗、山头山等窑址产量也很丰富，笔者曾于数年前出差经过福安时，对首洋窑进行了简单调查，但由于窑址破坏较严重，且当时调查较简略，采集的瓷片较少，大多为涩圈的碗底残片，无法窥见整个窑场的全貌，但从调查采集的残片来看，这些涩圈碗多弧腹、灰胎，胎体较厚重，施青釉，釉层较厚，纹饰较少。从器形和釉面特征来看，和浦城碗窑背窑部分元代产品较相似，应属元代。

因此，根据发掘和调查资料，首洋窑的上限可能至北宋晚期，但主要烧造年代应是南宋，部分窑址延续到元，个别窑址可能延续至明。

（二）闽南地区

闽南地区指泉州、厦门、漳州地区。厦漳泉联系紧密，但窑业面貌却有较大差异。泉州是目前所知福建最早生产原始瓷的地区。永春的苦寨坑窑自青铜时代早期即烧造原始青瓷。南朝，磁灶窑开始烧造青釉瓷。宋代，泉州地区制瓷业繁荣，窑场众多，品种丰富。部分窑场受德化窑影响颇深以生产青白釉瓷为主，诸如永春玉美窑、安溪魁斗窑、惠安霞光后窑等。还有部分窑场产品以烧造青釉瓷为主或兼烧青釉瓷、青白釉瓷等多种品种且青釉瓷产量较大，诸如泉州东门窑、晋江磁灶窑、安溪桂瑶窑，南安的南坑窑等。厦门地区窑业也很发达，且和泉州面貌差异较大。厦门唐代就有磁灶尾窑、东烧尾窑、祥露窑、许厝窑等多个窑场。据研究，晚唐五代祥露窑等窑场的产品可能外销。宋代，厦门同安汀溪窑声名远扬，周边受汀溪窑影响，多以烧造青釉瓷为主，主要有东瑶窑等。漳州大多数窑场兼烧青釉瓷和青白釉瓷，如云霄水头窑、漳浦罗宛井窑、漳浦竹树山窑、长泰碗盒山窑等。以青釉瓷为主的有漳浦南山窑、南门坑窑等，还有兼烧酱釉和青釉瓷的赤土窑。根据近年我院对窑址的调查，水头窑、罗宛井窑、碗盒山窑等窑场采集的青白釉瓷残片较多，且水头窑、罗宛井窑等窑场产品在沉船及日本诸遗址发现的，

[66] 福建博物院、福安市博物馆：《福安首洋溪尾垱窑址 2015 年发掘简报》，《福建文博》2016 年第 3 期。

主要为青白釉产品,故认为上述几个窑场以烧造青白釉瓷为主。竹树山窑宋代兼烧青白釉和青釉瓷,元代烧造仿龙泉厚釉青釉瓷,是福建为数不多,元代仿龙泉厚釉青釉瓷质量较高的窑场。

泉州东门窑

窑址位于泉州市丰泽区城东社区碗窑村西山坡上,因其产品大多是碗,又名"碗窑"。碗窑村三面环山,一条小溪自西向东流过,窑址分别位于小溪的南北两侧,称"南窑""北窑"。窑址相对高度13米,堆积层厚约1至2米。

窑址于1953年发现,此后又进行过多次调查。2017年至2019年,泉州市博物馆对东门窑址进行了抢救性发掘,虽然还未见系统整理的发掘报告,但根据目前已知的发掘资料,南窑发掘出窑炉3条,北窑发掘出窑炉4条,总面积约8万平方米。窑长约50至80米,宽约2.5至3.2米。

根据发掘及调查资料,东门窑产品有青釉、青白釉、白釉,以青釉为主,产品主要是日用瓷,以碗为主,还有盘、碟、钵、杯、洗、盒、罐、执壶、炉等。窑具有匣钵、垫饼、垫座、支圈等。青釉瓷胎体为灰胎,大多较厚重,修坯不甚规整,特别是碗类等大宗产品,大多可见深浅不一的旋坯痕。部分瓶、壶类精品,制作精细,修坯规整。大宗产品釉色发色大多不纯正,以青灰、淡青灰色为主,也有不少青中略泛黄,甚至青黄、青褐色。瓶、壶类精品釉色大多比较漂亮,釉质莹润,部分发色纯正呈青绿色。大宗产品中,质量稍好的釉质莹润细腻,玻璃质感较强,部分有开片;年代较晚的,特别是涩圈叠烧的产品,大多釉质很差,釉层薄,有的甚至厚薄不一,釉面生涩,杂质很多。大多数产品外壁施釉至下腹部,极少量精品外壁施釉至足端。装饰手法有刻划花、印花、堆塑、镂雕、釉下点褐彩等,纹饰有花卉纹、篦划纹、卷草纹、莲瓣纹、菊瓣纹、竖条纹等。制作方式有轮制、手制、模制[67]。

2017年至2019年的发掘尚未见到系统整理的报告,根据之前的调查研究情况,东门窑的创烧年代有较多的看法,包括唐、五代、宋等[68]。根据目前所见东门窑的产品判断,东门窑主要烧造年代应该还是南宋至元,元末明初停烧。

安溪桂瑶窑

窑址位于安溪县龙门镇桂瑶村。桂瑶古称"龟窑",据传是由于众多窑场如同龟形。桂瑶村位于交通要道上,又有溪流穿过,窑址即分布

[67] 林德民:《泉州东门窑产品及外销》,《海交史研究》1999年第2期。
[68] 林德民:《略谈泉州东门窑》,《福建文博》1996年第2期。

安溪桂瑶窑窑址采集的瓷片

在溪流两侧的大堀、碗后、隘仔寨、新窑、咽喉仑、水尾林等处[69]。

窑址于1974年发现，此后又进行过多次调查。窑址面积约20万平方米。由于修路、建房、开垦，窑址破坏较严重，1974年调查时，堆积层尚存约1至3米，但2014年调查时，堆积层仅存0.5至2米。

根据调查资料，桂瑶窑的产品有青釉及青白釉，以青釉为主。器形有碗、盏、杯、钵、灯、洗、罐、瓶、壶等，以碗为大宗。青釉瓷胎体为灰白胎，淘洗较细致，胎体坚致，修胎工整，打磨细致，不见旋坯痕，但修足略草率，足底多随意挖削，足端大多宽窄不均，仅少数精品较工整。釉色有青、青灰、青黄、淡青等，以青灰色为多，釉层较薄，釉质莹润，部分有开片。碗盏类内壁满釉，外壁多施釉至下腹部，部分可至足端。产品以素面为多，少部分有刻划花、花口、葵瓣等装饰，纹饰有莲瓣纹、弦纹、鱼纹、篦划纹等。

根据产品特征及此前的研究，桂瑶窑始于北宋晚期至末期，盛于南宋，终于元。

永春苦寨坑

窑址位于泉州市永春县介福乡紫美村西南面，当地人称"苦寨坑"的山坡上。20世纪80年代，即有村民在苦寨坑上坡上发现许多陶瓷残片，第三次全国文物普查时，苦寨坑窑被记入数据库，但当时仅认定苦寨坑窑是商周时期烧造印纹硬陶的窑址。根据第三次文物普查资料，苦寨坑窑址相对高度153米，分布面积约5000平方米。堆积平均厚度约0.2米。2015年对德化辽田尖原始青瓷窑址发掘时，对周边区域调查，发现其可能属于原始青瓷窑址，并进行试掘，确定内涵后，福建博物院、泉州市博物馆、永春博物馆于2016年底对苦寨坑窑址进行发掘。

根据发掘简报，该次发掘共发现龙窑遗迹九条，其中，第一期有Y1、Y2、Y3、Y4、Y9，年代约为公元前18世纪中期至公元前16世纪晚期，大约相当于夏代中期至商代初期。产品以印纹硬陶为主，原始青瓷大约占比20%。第二期有Y5、Y6、Y7、Y8，年代约为公元前16世纪末至公元前14世纪晚期，大约相当于商代早期至中期。产品仍以印纹硬陶为主，原始青瓷约占30%[70]。

原始青瓷器形有钵、罐、壶、尊、纺轮等，灰白胎，胎土取自周边，较细腻，由于工艺较原始，釉色不稳定，有青、青黄、青褐、褐黄等，釉面较薄，施釉不均，第一期产品多外壁施釉，内壁露胎，第二期产品外壁满釉，部分内壁与足内施釉。装饰方法和纹饰均与印纹硬陶相

[69] 傅恩凤，傅宝玲：《安溪桂瑶窑采集的瓷器》，《福建文博》2018年第4期。

[70] 羊泽林：《永春苦寨坑原始青瓷窑址》，《海峡教育研究》2017年第3期。

同，装饰方法有刻划、戳印、拍印、堆贴、镂空等，纹饰有菱格纹、方格纹、圆圈纹、弦纹、凸棱纹、锥刺纹、篦齿纹、直条纹等。

根据碳14测定，苦寨坑窑是全国目前已知的最早烧造原始青瓷的窑址。

永春锦斗窑

窑址位于永春县锦溪村锦斗寨东南坡。遗址相对高度23米。窑址于1982年发现，此后又经过多次调查。窑址由于开垦、修路、建房破坏比较严重。

锦斗窑以烧造青釉瓷为主，兼烧酱黑釉。器型有碗、盘、盏、碟、壶、罐、器盖。胎体为灰白胎，较厚重，胎体淘洗不精。釉色有青、青灰、青黄、青褐等，釉质较差，碗、盘类外壁施釉较随意，大多施半釉，内底心多见涩圈叠烧痕。产品以素面为主，少见纹饰，纹饰有少量弦纹，南宋末到元代盘上模印竖条纹装饰。

根据产品特征判断，锦斗窑的烧造年代为南宋中晚期至元。

永春玉美窑

窑址位于永春县玉斗镇玉美村八坑自然村东北面的八坑窑头山山坡上。山边有小溪流过。窑址于1982年发现。后又经过多次调查。窑址分布范围约1万平方米。堆积层厚0.5至1.5米。窑址由于开垦破坏较严重。

玉美窑以烧造青白釉为主，兼烧少量青釉瓷。福建窑业比较特殊，大多数窑场都烧造青釉、青白釉、酱黑釉，本文一般仅详述以烧造青釉为主或青釉瓷产量较大的窑场，因玉美窑的青釉产品较精美，且在后文图录中提及，故在此稍加简述。

玉美窑青釉瓷器型以碗为主。灰白胎，胎体较坚致，修坯比较精细，圈足都很规整，即使外底心亦修整的十分平整。釉色有青、青绿、青黄、青灰。釉质较莹润，精品基本内外满釉，仅足端和外底心露胎。福建大多数窑场的青釉碗施釉均较随意，外壁多仅施釉至下腹部，相较大多数窑场，玉美窑的施釉工艺要精细得多。玉美窑的青釉瓷纹饰也比较精美，装饰工艺有刻划花、印花等。大部分产品双面刻划花，也有一些单面刻划。纹饰有卷草纹、涡旋纹、花卉纹、莲瓣纹、竖条纹、云气纹、篦划纹等。

从产品特征判断，玉美窑青釉瓷的烧造年代为南宋。

永春碗窑芸窑

窑址位于永春县胡洋镇龙山村东3000米。面积约1000平方米，堆积层厚0.6至1.2米。窑址于1977年发现，后又经过多次调查。该窑早期烧造青釉瓷，后期以烧造青花瓷为主，兼烧少量青釉瓷。共发现4处窑址。一、二号窑址烧造青花瓷，三号窑址以烧造青花瓷为主，兼烧青釉瓷。四号窑址烧造青釉瓷。其中，三号窑址发现窑炉1座，宽约2米多，其他几处窑址暂未发现窑炉[71]。

青釉瓷器形以碗为主，还有盘、碟等。胎体为灰白胎，较坚致。修坯较精细。釉色有青、淡青、青灰等。釉层较厚，玻璃质感较强，部分有开片，多施釉至下腹部近足处。产品以素面为主，基本不见纹饰。该窑青釉瓷工艺应来源于龙泉窑，但该窑制作相对随意，并没有刻意模仿。从瓷片断面看，胎体和龙泉窑相差较大，釉层比较厚，部分乳浊感较强的和龙泉窑产品非常接近，也有部分产品釉面透明度高，玻璃质感强，和龙泉窑相差很大。

根据产品特征分析，碗窑芸窑青釉瓷的主要烧造时间为明代。

德化辽田尖窑

窑址位于德化县三班镇三班村南部与永春介福乡交接的辽田尖山山坡上，该山为连绵起伏的丘陵，相对高度50米，坡度约30度。2007年初三班镇村民在山上发现大量瓷片遗存，遂向德化陶瓷博物馆报告。年底，德化陶瓷博物馆、泉州考古队、福建博物院考古研究所等多家单位对窑址进行初步调查，确认了窑址的存在。

遗物分布范围东南至西北长约500米，宽约100米，总面积约5万平方米。废品堆积厚约3米。包含大量原始青瓷及陶片。窑址于2014年进行了发掘，根据发掘简报，共发现斜坡式龙窑遗迹4条，但均破坏较严重。出土了大量原始瓷及少量陶器。原始瓷器型有瓶、盂、钵、罐、簋、器盖等，陶器残片多较小，器形难辨。原始瓷胎体多为灰色、灰白色、黄白色，胎土质量较好，胎质较细腻，但由于工艺原始，质量参差不齐，烧造温度高的较坚致，也有大量温度较低，粗糙松软的。釉色有青、青黄、青褐色等，大多产品内外均施釉，釉质较差，工艺原始，釉面厚薄不均，有的釉层似有似无，大多有开片。装饰技法有刻划、拍印、戳印、堆贴等。制作手法为轮制法、泥条盘制法、手制法。纹饰有席纹、弦纹、绳纹、网格纹、戳点纹、鼓钉纹、几何纹、圆圈纹、云雷纹、水波纹等[72]。

[71] 福建省考古研究院，永春县博物馆：《永春县古窑址》，海峡文艺出版社，2021年。

[72] 福建博物院，泉州市博物馆：《德化县辽田尖山原始瓷窑址发掘简报》，《福建文博》2016年第1期。

根据发掘简报，通过对福建墓葬出土产品及周边窑址同类产品的类比分析，辽田尖窑的年代大致为青铜时代中期，大约相当于西周早中期。

德化墓林窑

窑址位于泉州市德化县美湖乡洋田村墓林山山坡。山坡坡度约20度，相对高度约20米。窑址于1995年发现，发现时已严重破坏。遗物分布范围约长80米，宽50米，面积约4000平方米。废品堆积层厚约2.5米。发现窑炉1座，但已破坏严重，窑宽约1.9至2.1米。

根据此前的相关调查资料，墓林窑的产品均为青釉瓷，器形有碗、盘、盏、碟、罐、壶等。胎体为灰胎，唐代胎体大多较粗糙厚重，修坯不精，可见明显旋坯痕。五代部分精品如花口盘一类，较唐代精细一些。施青釉，釉色以青黄为主，也有部分呈青、青灰、青褐等色，多施釉至腹部或下腹部，部分碗、盘内壁可见支钉痕。产品以素面为主，少部分器物，如花口盘一类精细器物，器壁制成花形，并于内底划弦纹。

墓林窑的烧造年代为唐、五代，是德化地区目前已知的最早开始烧造成熟青釉瓷的窑址。

南安南坑窑

位于南安市东田镇南坑村，分布于南坑村枪仔岭、大坝垵、顶南埔、土垅后、嵩坪圹、格仔口等20余处山丘，堆积范围连绵数里，面积约20万平方米。

南坑及周边瓷土资源丰富，靠近南溪河，交通便利，制瓷业发展具有得天独厚的优势。南坑窑是宋代泉州乃至闽南地区规模最大的窑址之一，产品行销海内外各地，东南亚以及日本遗址出土瓷器中均发现南坑窑产品，南海一号中也有部分产品可能来自南坑窑。

南安南坑窑窑址采集的瓷片

窑址于1977年发现。寮仔山窑址、加冬井大宫后窑址、坪圹窑址曾于2003年发掘，但目前仅见部分发掘报告。根据部分发掘资料，窑炉上层烧造青釉产品，下层烧造青白釉，因此南坑窑青白釉产品的年代早于青釉。根据窑址调查，南坑窑产品有青釉、青白釉、白釉，器形比较丰富，有碗、盘、洗、盒、碟、净瓶、罐、壶、杯、灯、烛台、砚台、水注、瓷塑玩具等，以碗数量最多。窑具有匣钵、垫饼等。

青釉瓷胎体呈灰白色，较坚致，修坯规整，小件器物上基本不见旋坯痕，修足也比较细致，外墙平直，内墙外斜，足底常留有刀痕，有的有一个小乳凸。釉色以青灰色、青中泛黄为多，釉质莹润，玻璃质感较强，大多有开片。多采用浸釉法施釉，大部分碗盘类产品内壁满釉，外壁施釉较随意，大多至下腹部近足处，有的仅到下腹部，有的至足端。南宋中后期部分粗糙的产品以涩圈叠烧法烧造，内底刮釉一周。装饰手法主要有刻划花，纹饰有篦划纹、花卉纹、莲瓣纹、菊瓣纹、卷草纹、竖条纹等。

南坑窑的烧造规模很大，延续时间也较长，根据产品特征分析，青白釉有可能到北宋中晚期，青釉瓷烧造年代应主要在南宋时期，少量早至北宋末部分延续至元初。

南安荆坑窑

窑址位于南安市罗东镇荆坑村。分布在荆坑村的瓷窑山、棠子垵、候破垵、房子口、瓷窑口等地。窑址面积约2.2万平方米。堆积层厚约1至3米。根据第三次文物普查资料，窑址于1961年发现，后又经过多次调查。产品有青釉、青白釉，器形有碗、盘、碟、杯、罐、壶、炉、器盖等。窑具有匣钵、垫饼等。

青釉瓷胎体为灰白胎，较坚致。大多修坯较精细。釉色有青、青灰、青黄等。产品多见刻划花，也有部分素面的。纹饰有卷草纹、花卉纹、篦划纹、竖条纹、云气纹、网格纹等。

荆坑窑的青釉瓷主要烧造年代为南宋时期，少量早至北宋末。

南安烧造青釉的窑场很多，规模大多很大，除荆坑窑外，罗东镇还有直坑窑、梧毛寨窑、高塘窑等窑址，其中，荆坑窑、直坑窑、梧毛寨窑均位于荆坑村。这些窑址规模虽不及荆坑窑，但面积也有数千至万余平方米，内涵跟荆坑窑相似，在此不再赘述。国内外有不少资料将海外遗址或沉船发现的南安青釉瓷称为"罗东窑"产品，应是指代罗东镇生产的这部分产品。

晋江磁灶窑

窑址位于泉州西南部的晋江市磁灶镇，距泉州市区约16千米，距晋江市区约8千米，有梅溪自西北向东经过，窑址多分布于梅溪两岸。磁灶窑于1956年文物普查时发现，之后又做过多次调查，至目前为止，历次考古调查共发现南朝至清代的窑址26处[73]。分布于下官路村溪口山、后壁山、狗仔山，下灶村虎仔山、后山、老鼠石、铜锣山、寨边山、宫后山、窑尾草埔，岭畔村童子山、蜘蛛山、土尾庵、山坪，磁灶村许山、宫仔山、大树威、顶山尾、瓮灶崎、下尾湖，前埔村金交椅山、溪墘山、曾竹山，洋宅村路山尾及下洋村的斗温山（现属南安市官桥镇）。

磁灶窑历史上曾多次发掘。1973年海外交通史博物馆曾对溪口山、童子山窑址进行局部试掘，1980年海外交通史博物馆对溪口山、蜘蛛山、童子山、土尾庵进行局部试掘。1995年福建省博物馆考古部曾对磁灶窑的土尾庵窑址进行抢救性发掘，2002年至2003年福建省博物馆考古部对金交椅山窑址进行了发掘。2006年，磁灶窑遗址被确定为全国重点文物保护单位。

磁灶窑产品品种多样，有青釉瓷、酱黑釉瓷、黄绿釉瓷、素胎器、陶器。根据此前诸次考古调查和发掘，南朝窑址仅见青釉瓷，唐五代窑址见青釉瓷、素胎器，宋元窑址产品最丰富，有青釉瓷、酱黑釉瓷、黄绿釉瓷、素胎器、陶器，清代窑址产品有青釉瓷、粗陶器。

南朝时期，器形较少，有碗、盏、钵、盆等，青釉瓷胎体多为灰白胎，胎体厚重粗糙，含大量沙粒和杂质，修胎也不规整，外壁可见明显旋坯痕。施釉非常随意，使用浸釉法，很多碗盏类产品仅随意在釉水中蘸一下，内外壁均仅口沿至上腹部一圈上釉，其余地方无釉露胎。大件器物外壁多施半釉。大多产品釉色不正，常见青中泛黄，青中泛褐，釉面厚薄不均，剥釉严重。

唐五代，器形比南朝时期略丰富，有碗、盘、盏、盆、罐、壶、灯等，胎体依然较厚重，粗器胎体极粗松，含大量杂质和沙粒，旋坯痕很明显；精品淘洗相对细致，含杂质较少，相对较坚致，胎体大多经过修整打磨，不见明显旋坯痕。釉色有青、青黄、青褐色，质量好的如溪乾山窑址部分产品，釉质较莹润，部分有开片，有少量剥釉现象，施釉较规整，内壁满釉，外壁多施釉至下腹部近足处，部分精品可至足端，碗盘类内壁可见数个支钉痕。质量差的釉质很差，杂质很多，厚薄不均，光泽度差，有流釉，大多施半釉。产品以素面为主，少部分精品有花口、瓜棱等装饰。

[73] 陈鹏，黄天柱，黄宝玲：《福建晋江磁灶古窑址》，《考古》1982年第5期

宋元时期，磁灶窑生产规模非常庞大。产品器形非常丰富，有碗、盘、碟、盏、盅、钵、杯、盏托、洗、盆、缸、盒、灯盏、炉、熏炉、瓶、罐、执壶、急须、军持、水注、砚滴、鸟食罐、腰鼓、枕、器盖、雕塑人物等，窑具有匣钵、垫座、垫饼、垫圈、火照、堵头、陶拍等。胎体一改此前厚重的状况，转向轻薄，但大多非常粗松，淘洗不精，杂质很多，烧造温度不高，介于陶与瓷之间，修胎也不甚规整，粗器露胎处可见很明显的旋坯痕，精细产品成型后经过打磨修整，胎体相对平滑整洁，有的露胎处也可见细密旋坯痕，琢器类多可见明显的接胎痕。青釉釉色大多发色不佳，釉质很差，厚薄不均，光泽度差，大多呈青黄或青褐色，部分有开片，大多有剥釉。碗盘类产品大部分外壁施半釉，有的产品仅内壁施釉，外壁仅口沿一圈施釉。壶瓶类产品大多数外壁也仅施半釉，精品外壁施釉至下腹部或近足（近底）处。装饰手法多样，极具特色，有刻划花、剔花、模印、堆贴、彩绘等。纹饰也比较丰富，有篦划纹、云纹、凤纹、麒麟纹、鱼藻纹、龙纹、竖条纹、牡丹纹、莲纹、莲瓣纹等。制作手法有轮制、手制、模制，施釉方式有浸釉法、刷釉法、荡釉法。根据发掘报告，宋代磁灶窑部分窑址青釉瓷烧造时间大约可至北宋晚期，如金交椅山窑址、印手山窑址、后壁山窑址，南宋时窑址增加、器形增多，延续至元代，如土尾庵、章子山、蛛蛛山窑址。元末，磁灶窑因战乱等因素断烧[74]。

清代，磁灶窑又重新开始烧造陶瓷器，主要烧造粗陶器，也有少量青釉罐、壶等瓷器。

磁灶窑的产品以外销为主，国内很少发现，产品内涵跟福建常见的青釉瓷也不甚相同。很多产品如军持、小口瓶等都是按照外销地风俗烧造的，其产品在东亚的日本、韩国，东南亚的泰国、柬埔寨、菲律宾、马来西亚、印度尼西亚、新加坡，南亚的印度、斯里兰卡乃至非洲的肯尼亚、埃及、南非等国均有发现，对东南亚的影响尤为强烈。清末民国仍有很多来自磁灶一带的华侨在东南亚烧造瓷器或传授瓷器烧造技艺。

厦门祥露窑

窑址位于海沧区东孚镇祥露村西南的3座小山上。窑址于1997年发现，窑址面积约1.5万平方米，文化层堆积最厚处达5米，发现龙窑遗迹6处。

厦门博物馆曾于1997年对窑址进行局部抢救性发掘，但目前未见系统整理的发掘报告。

[74] 福建博物院、晋江博物馆：《磁灶窑址—福建晋江磁灶窑址考古调查发掘报告》，科学出版社，2011年。

根据目前已知资料，该窑以烧造青釉瓷为主，还有极少量的酱釉瓷。器形有碗、碟、钵、灯、罐、执壶等。窑具有匣钵、支钉、垫饼、垫圈、垫柱、轴顶碗等。胎体为灰胎，粗器胎体较粗糙，露胎处可见较多杂质和气孔，精品胎体淘洗相对细致，修胎精细，尤其是壶罐类精品，胎体光滑平整，不见或仅近底处见旋坯痕，修足也较精细，饼足圆润规整。釉色有青、青灰、青黄、青褐等，大部分产品内壁满釉，外壁施釉较随意，有施釉至上腹部、半釉、下腹部等。

祥露窑壶、罐类产品圆润丰满，具有明显的唐代风格，这类造型的壶、罐主要发现于福建唐晚期的墓葬，其部分碗类产品具有明显五代风格，故该窑的烧造年代应为唐晚期至五代。

厦门许厝窑

窑址位于海沧区新阳街道新垵村许厝自然村南面的小山包上。窑址于1997年发现，窑址面积约3000平方米。文化层堆积厚约1至2米，发现龙窑基址2座。由于村民建房修路，窑址破坏严重。

产品以青釉瓷为主，还有极少量的酱釉瓷。器形有碗、碟、钵、灯盏、罐、壶等。窑具有匣钵、垫饼、垫座等。胎体为灰胎，胎体较粗糙，露胎处可见气孔和沙粒，修胎较精细，大多产品经明显修整过，胎体平整，部分产品下腹部可见不明显的旋坯痕。釉色有青、青黄、青灰、黄褐等。圆器类基本内壁满釉，外壁施半釉，琢器类外壁施半釉或施釉至下腹部，有流釉，大多剥釉严重。产品不见纹饰装饰。烧造工艺较原始，不少产品有生烧现象，该窑瓷器已使用匣钵装烧，碗碟类以支钉叠烧，部分碗、碟内底可见4至6个支烧痕。

从产品特征来看，许厝窑的烧造年代为唐晚期到五代。

厦门上瑶窑

窑址位于厦门市海沧区海沧街道古楼村上瑶自然村。窑址于1990年发现，面积约2600平方米，文化层堆积厚约2.5米。由于位于村边，破坏严重。

窑址曾于1991年发掘，根据发掘简报，发掘发现破坏严重的窑炉遗迹，斜坡式龙窑1处，窑床残长3.5米，宽约2米；马蹄窑1处，直径2.3至2.36米，窑壁厚0.5米。产品以青釉瓷为主，还有部分陶器。器形有碗、盘、罐、壶、钵、洗、缸、盆、玩具等。窑具有支座、垫柱、印模、拍锤等。胎体为灰白胎，大多较粗松厚重，器形多不太规整，釉层较薄，多施半釉，釉色以青黄为多，剥釉较严重。

根据厦门市博物馆发掘简报，在遗物中发现1件刻"治平元年甲辰岁"的拍锤，治平元年为1064年，说明上瑶的上限至少能到北宋中期以前，根据发掘简报，瓦当和印模的莲瓣纹有宋初风格。福建宋代青釉瓷窑场多盛于南宋，少量始于北宋晚期至末期，北宋中期以前窑址少见，上瑶窑的产品从造型看，执壶、四系罐还有唐晚期至五代遗风，上限有可能早至北宋早期。根据发掘简报，该窑下限可能达到南宋初[75]。

距离上瑶窑约3000米处的海沧街道囷瑶村毛穴厂自然村还发现1座囷瑶窑，年代、烧造产品与上瑶窑相似，在此不再赘述。

厦门汀溪窑

窑址位于厦门市同安区汀溪镇汀溪水库，窑址于1956年修建水库时发现[76]，同年，陈万里先生到汀溪窑考察后，证实汀溪窑的产品就是日本学者所说的"珠光青瓷"。此后，国内外等众多单位、多位专家学者对汀溪窑做过多次调查。2002年，福建博物院联合厦门博物馆对汀溪窑址做了全面的调查，并对窑址西南部的两座窑炉（Y1、Y2）进行了发掘。

因目前未见公开发表的发掘报告，根据此前公布的少量发掘资料及调查资料，汀溪窑发现遗物堆积11处，堆积层最厚的可达5至6米，堆积主要分布在库区南部西岸及西南部山坳，库区西岸、上游及东岸南部尚保留少量遗物堆积及窑炉遗迹。以库区南部及靠近堤坝的西岸堆积最丰富，面积约4万平方米，发现龙窑窑炉8处。库区西南部山坳内及西部发现窑址5处，面积约2万平方米，发现龙窑遗迹5处，夯土馒头窑遗迹2处[77]。

产品以青釉瓷为主，兼烧青白釉、白釉瓷，还有少量酱黑釉瓷。器形有碗、盘、碟、盏、杯、钵、洗、盒、盆、灯、砚、炉、执壶、瓶、雕塑玩具等，以碗、盘为主。窑具有匣钵、垫饼、垫圈、垫座、轴顶碗等。

汀溪窑窑址众多，青釉瓷是其最主要的产品，产量庞大，质量参差不齐。有工艺精细、制作精美的产品，但更多的是为了满足大量外销市场需求生产的普通大宗产品。

产品胎体见灰白胎、浅灰胎、灰胎等多种，大多较坚硬。质量好的胎体较薄，胎质相对较细腻，杂质少，质量较差的胎体较粗糙厚重，露胎处可见砂粒和气孔。修坯较精细，小件器物基本不见明显旋坯痕。大件器物可见接胎痕迹。修足略随意，尤其是比较粗糙的产品，挖足草

[75] 厦门市文物管理委员会：《厦门海沧宋代窑址发掘简报》，《南方文物》1999年第2期。

[76] 福建省文物管理委员会：《同安县汀溪水库古瓷窑调查记》，《文物参考资料》1958年02期。

[77] 叶文程主编：《厦门窑》福建美术出版社，2005年。

率，多留刀痕，有的足墙宽窄不一。釉色见青、青黄、青灰、青绿、淡青等，大多釉面较细腻，玻璃质感强，有开片，有流釉，在釉层下缘及纹饰处有积釉。外壁有施半釉、施釉至下腹部、下腹部近足处、足端等多种，碗、盘类产品早期内壁均满釉，南宋中晚期至元代，汀溪窑也开始采用涩圈叠烧的方法烧造部分产品，大量碗、盘底刮釉一周。汀溪窑装饰方式多样，有刻划花、印花、剔花、堆贴等。纹饰有篦划纹、卷草纹、花卉纹、莲瓣纹、菊瓣纹、竖条纹、网格纹、鹿纹、水禽纹、婴戏纹等。相较于周边其他窑口，汀溪窑的产品，特别是精品，质量更精良，装饰方式及纹饰品类也更加丰富。

因未见发掘报告，目前根据此前数次窑址调查和研究推断，汀溪窑的烧造年代应该能上溯至北宋晚期，但它的主要产品，即被称为"珠光青瓷"的青釉刻划花碗，从产品特征来看，主要生产年代应是南宋早期至南宋晚期。从目前少量公布的调查资料可知，已发掘的窑炉Y1上叠压着元代新建的窑炉Y3，汀溪窑窑址也发现具有元代特征的产品，因此，汀溪窑的下限至少能到元，但元代汀溪窑的主要产品已从青釉瓷转向青白釉瓷。

厦门碗窑

窑址位于厦门市集美区后溪镇后溪村碗瑶自然村东北山丘上，因产品以碗为主，俗称碗窑山。堆积主要分布于山体东南坡，面积约6000平方米，堆积层可达8米甚至更高。

窑址于1981年发现，因建房修路等原因破坏严重，2001年和2003年福建博物院、厦门博物馆联合对窑址进行局部抢救性发掘。根据发掘报告，发掘出窑炉1座，但损毁严重，残长57米，宽2.4至2.6米[78]。

碗窑以烧造青釉瓷、青白釉瓷为主，青白釉瓷略多于青釉瓷。器形有碗、盘、碟、盏、杯、钵、灯、盆、瓶、罐、壶、枕等。青釉瓷胎体为灰白胎，较坚致，修胎随意，外壁多可见粗细不等旋坯痕，修足亦较草率，多见刀痕及足墙宽窄不一现象。釉色有青、淡青、青黄等，外壁多施釉至下腹部，釉质较莹润。产品以素面为主，仅少数产品刻划纹饰，纹饰大多较草率，有篦划纹、云气纹等。碗窑大部分产品采用匣钵装烧，也有少量大件器物直接放置在垫柱上明火裸烧。

根据发掘报告，碗窑的烧造上限可达北宋晚期，延续至南宋。

---

[78]福建博物院、厦门市博物馆：《厦门集美后溪碗窑窑址发掘简报》，《福建文博》2004年第2期。

漳浦赤土窑

窑址位于漳浦县赤土乡下宫村田仔坪自然村东侧的小山南坡下，分布面积约8万平方米，共发现保存较完整的窑床9座，堆积层厚2至5米不等。

赤土窑此前曾有多家单位进行过多次调查，赤土窑主要生产青釉、酱黑釉瓷，产品非常丰富，有碗、盘、大盘、杯、钵、盏、盅、灯盏、盆、罐、壶、器盖、建筑构件等。窑具有匣钵、垫圈、垫饼、火照、蘑菇形窑具等。

赤土窑是福建地区较特殊的一个窑场，福建地区的青釉瓷大多以灰胎、灰白胎为主，但赤土窑的胎土质量不好，杂质较多，颜色大多较深，多见深灰胎、褐色胎，少量灰白胎，胎体含沙粒杂质很多，大多较粗松，有的温度很低，似瓷似陶。为掩盖缺陷，赤土窑的青釉产品多施化妆土。化妆土多见于北方窑口，南方窑口较少见，福建地区除了赤土窑及同属赤土乡的东风窑，也仅磁灶窑小范围使用过化妆土。大量、普遍使用化妆土的窑口仅见赤土窑。赤土窑的青釉瓷釉色多见青灰、青绿、青黄、青褐，发色不正的较多，有开片，大多釉面较生涩，杂质较多，釉层厚薄不均，部分釉质好的有玻璃质感。由于温度较低，多见剥釉，剥釉严重的釉面几乎剥落殆尽。多数器形外壁施半釉，部分施釉至下腹部近足处，也有发现仅外壁口沿处施釉的。盆类产品外壁多素面无釉。大概为弥补胎釉质量不足，提高产品竞争力，赤土窑的装饰方式十分丰富，有刻划花、印花、贴花、褐彩等，常见几种装饰手法同时见于同一件器物，且十分善于利用自身的特点，用化妆土和胎土的色差作装饰，颇有几分北方瓷器粗犷洒脱的趣味。赤土窑纹饰多样，除了与福建

漳浦赤土窑窑址采集的瓷片

[79] 叶文程主编：《漳浦窑》，福建美术出版社，2005年。

[80] 叶文程主编：《漳浦窑》，福建美术出版社，2005年。

其他窑口相似的篦划纹、花卉纹、莲瓣纹等，还有很多与周边窑口风格迥异的纹饰，诸如利用贴木叶和刻划相结合的木叶纹，以竖刀细线在施化妆土的胎体上刻划出的花卉、龙纹、凤纹等，纹饰露出深色胎色，效果类似"白描"。此外，赤土窑还发现不少刻划文字的产品，窑具也有不少刻划姓氏、纪年、地名及各式记号、数字。

赤土窑窑具上发现的纪年款有"禧元年置""陈家癸酉秋月置""丙寅咸""壬申"等。据推断，"禧元年置"应该是开禧元年，"丙寅咸"可能是咸淳八年[79]。根据发现的纪年资料，加上对赤土窑产品特征分析，推断赤土窑的烧造年代为南宋至元。

漳浦竹树山窑

窑址位于漳浦县赤岭乡石坑村竹树自然村东侧，村前有一条小溪流过，窑场分布在小溪北面的6座山头上，呈东西走向分布，可分辨有5处遗物堆积，分布范围约长1000米、宽200米、堆积层厚约2米，多被茂密的芒草覆盖[80]。在村子通往乡政府的公路上随处可见瓷片和窑具，路边的断面上，可见6个窑床横截面，其方向东南或正南，窑床长度不详。

窑址于1983年开始调查，此后又进行过多次调查。产品以青釉为主，兼烧青白釉，器形有碗、盘、杯、壶、瓶、罐、炉、砚等，以碗、壶为大宗。窑具有匣钵、垫圈、垫饼等。

青釉瓷胎体为灰白胎，胎体淘洗细致，细腻坚致，胎中见少量黑色杂质。修胎细致，器表大多光洁平整，少见旋坯痕。釉色有青、青绿、淡青、青灰、青黄色等，釉质细腻，釉面莹润光洁，部分有开片。碗盘类内壁满釉，外壁施釉至下腹部近足处，部分精品施釉至足端，仅足底露胎。壶罐类产品大多内壁无釉，外壁施釉至下腹部近足处，精品内壁亦满釉，外壁施釉至足端，仅底足露胎。装饰方式有刻划花、印花、堆贴等，纹饰有篦划纹、云气纹、花卉纹、卷草纹、涡轮纹、莲瓣纹、竖条纹等。

根据竹树山窑的产品特征判断，该窑创烧于北宋晚期到北宋末，盛于南宋，终于元。

漳浦南门坑窑

窑址位于漳浦县绥安镇英山村南门坑自然村北侧的碗匣山，分布在两座并立的小山头东南侧，以靠南的山头为主。距鹿溪仅数百米，距县城仅5000余米，距旧镇港仅6000米至7000米，地理位置优越，交通便

竹树山窑采集的瓷片

利。堆积分布在山头的南、东南、西南三面，其中东南面延续到山坡下的小水库，在水库的断面上可以看到厚达1.5米的堆积。东北面的小山头正东坡上可见两座龙窑遗迹[81]。该窑于1982年发现，1983年开始调查，其后又进行过多次调查。

器形有碗、盘、碟、灯盏、盆、钵、瓶、罐等。多为灰胎，胎体较坚硬厚重，近底足处尤其厚重。淘洗不细致，露胎处可见气孔和杂质。修坯较随意，有的比较光洁平整，有的可见明显旋坯痕，修足也较随意，有的足墙宽窄不一。釉色有青、青灰、淡青、青黄、青褐等，内壁满釉，外壁多施釉至下腹部，釉层大多厚薄不均，釉厚的玻璃质感较强，有流釉，多有开片。装饰方法以刻划花为主，也有印花的，纹饰有篦划纹、花卉纹、卷草纹、莲瓣纹、竖条纹、"福"字等，大多产品刻划几道篦划纹或抽象花卉，较随意粗犷。

根据产品特征，南门坑窑的主体烧造年代为南宋，少量可能延续到元。

漳浦南山窑

窑址位于漳浦县南山华侨茶果场碗匣山，分布在茶果场西北面，佛昙镇至赤岭乡公路南侧的3座小山坡接近山顶略平缓的坡地上，相对高度50米左右，分布面积长约300米，宽100米，堆积厚约3米。地面可辨窑床的位置，共发现窑炉两座，破坏较严重。

窑址于1983年开始调查，之后经过多次调查。南山窑烧造青釉瓷，产品比较单一，器形仅碗、盘、钵等。胎体为灰白胎，胎体淘洗不精，胎质较粗松，露胎处可见大小不等的黑色沙粒。修坯不大精细，部分可见旋坯痕。修足略草率，足底多不平整，留有挖足痕迹，有的足端宽窄不一。釉色有青、青灰、青黄、青褐等，以青灰、青黄色为多，釉面莹润细腻，釉层较厚，玻璃质感强，多有开片。产品内壁满釉，外壁施釉较随意，多至下腹部，部分至腹足交接处，也偶见施釉至足端的，部分有流釉，釉下部多有聚釉，有的甚至在近足处形成一个或数个釉珠。装饰方式有刻划花和印花，纹饰有花卉纹、篦划纹、卷草纹、团花纹、涡轮纹、竖条纹等。

南山窑的主流产品是青釉刻划花碗、盘，产品比较单一，这类产品创烧于北宋晚期，盛于南宋。南山窑的碗、盘造型具有明显的南宋风格，器形也没有太多早晚延续的变化。年代应为南宋。

[81] 叶文程主编：《漳浦窑》，福建美术出版社，2005年。

漳浦石寨窑

窑址位于漳浦县石榴镇山城村石寨自然村。分布在村西南侧的溪边。分布范围约1000平方米。

窑址自发现以来，经过数次调查。由于村民开垦、修路，破坏比较严重。2018年至2019年，福建博物院、漳浦县博物馆对石寨窑进行了发掘。

根据发掘资料，该次发掘面积约600平方米，揭露窑炉遗迹1处。窑炉依山而建，因开垦破坏严重，前段基本无存，后段破坏严重，仅中段保存较好，水平残长13.5米，内宽2.8至2.9米[82]。

产品为青釉瓷。器形以碗、盘、高足杯为主，还有碟、罐、炉等。胎体多为灰白胎，大多比较厚重，修坯比较草率。釉层较厚，釉质较莹润，釉色有青、青灰、淡青、青黄等，大多施釉不及底。产品以素面为主，极少量刻划花。

根据发掘报告，石寨窑的年代为元代中期至明初。

福建的青釉瓷窑场南宋末大多衰败消亡，元代仅剩少量窑场仍烧青釉瓷，产品基本还是仿龙泉，但已经不是南宋大量烧造的那种双面或单面刻划花，被称作"珠光青瓷"的产品，而是仿元代龙泉窑的产品，厚胎、厚釉。石寨窑是少数的创烧于元代的青釉瓷窑场，产品即上述的仿元龙泉厚釉青釉瓷，但胎釉普遍较差，工艺也和龙泉窑不甚相同。根据外销资料，南宋末期后，沉船及国外各遗址出土的青釉瓷基本为龙泉窑产品，只有少量文献资料推断，可能有极少量福建仿龙泉产品混于大量龙泉窑产品中，且由于缺乏研究，该推断也未被证实。从石寨窑产品看，主要是各类生活用器，产品结构更偏本地化，规模也较小，延续时间也不长，产品可能还是以供应周边居民为主。

云霄水头窑

窑址水头村田头前自然村西北300米的碗匣山。窑址于1957年发现，分布在三个小山包上。窑址面积约1万平方米，堆积层厚约3米。因村民建房、开垦种树等，破坏较严重。

2017年，因修建高速公路，厦门大学历史系、漳州市文物保护中心、云霄县博物馆对水头窑部分区域进行了抢救性发掘。发掘面积约1050平方米，发掘出窑炉两座，窑炉破坏均较严重，窑头、火膛均不存[83]。

水头窑的产品有青釉、青白釉。器型有碗、盘、碟、杯、盏、钵、

---

[82] 福建博物院、漳浦县博物馆、厦门大学：《漳浦县石寨窑发掘简报》，《福建文博》2019年第2期。

[83] 张闻捷：《福建云霄水头窑址出土宋代瓷器精粹》，厦门大学出版社，2019年。

炉、罐、壶、器盖等，以碗为多，其次为杯、盘，其他器型较少。青釉瓷胎体为灰白胎，较坚致，修坯较精细，少量釉面可见旋坯痕。釉色有青、青灰、青黄等，釉质较好，釉面较莹润。碗、盘一类产品内壁满釉，大多数外壁满釉或施釉至腹足交接处或足部，也有部分施釉至近足处。这跟福建大多数窑场施半釉或施釉至下腹部相比，精细很多。装饰工艺以刻划花为主，纹饰有篦划纹、云气纹、蕉叶纹、花卉纹、莲瓣纹、轮旋纹、竖条纹等。

根据发掘报告及调查资料，云霄水头窑的上限可能能达北宋中期或北宋晚期，下限为南宋中期。

（三）闽西北地区

闽西北地区包括福建南平市的全境和三明部分地区。生产青釉瓷的窑场有松溪县的九龙窑、西门窑、山合窑、六墩窑、株林窑；南平市延平区的茶洋窑；南平市建阳区的将口窑、建窑、白马前窑、源头仔窑、源头碗窑；浦城县的罗源窑、蟹钳山窑、珠塘窑、碗窑背窑、半路窑、后门山窑；政和县的象山窑、棺头山窑、罗金坂窑、鬼树下窑；武夷山市的竹林坑窑、渔网山窑、苦竹垅窑、母猪山窑、仙店窑、南岸窑、碗窑垅窑、遇林亭窑等。该区是福建重要的青釉瓷产区，早在青铜时代就已烧造原始青瓷。浦城县、松溪县毗邻浙江省，距离龙泉窑中心产区仅百余千米，受龙泉窑影响明显。松溪县九龙窑、松溪县西门窑是福建最早开始生产仿龙泉青釉瓷的窑场，生产的青釉瓷是福建所有同类产品中，跟龙泉窑产品最相似的。

南平茶洋窑

窑址位于南平市东南太平镇葫芦山村的茶洋自然村，距市区约25千米，茶洋村位于闽江北岸，三面环山，一面临江，窑址分布于村东北部的山岭中，目前已发现的烧窑地点就达10余处。

窑址于20世纪50年代发现，此后进行过多次调查。窑址总面积近7万平方米，主要分布在大岭、马坪、生洋、碗厂、安后5处地点[84]，大约范围为东至东门垄、碗厂垄，南和西至延平区通往赤门乡的乡道，北至安后山[85]。

1995年至1996年，为配合南平水口库区开发，福建博物院对大岭干和安后山两个地点进行了抢救性考古发掘[86]。根据发掘资料，该次发掘于大岭干窑址清理斜坡式龙窑5座、工棚遗迹1处、大量瓷片及匣钵堆

[84] 福建省博物馆、南平市文化馆：《福建南平宋元窑址调查简报》，《福建文博》1983年第1期。

[85] 南平市博物馆：《福建南平茶洋窑址2016年调查简报》，《福建文博》2018年第1期。

[86] 福建省博物馆：《南平茶洋窑址1995年—1996年度发掘简报》，《福建文博》2000年第2期。

积，于安后山窑址清理出斜坡式龙窑遗迹6座、大量瓷器及匣钵堆积。可见茶洋窑当时的生产规模非常宏大。

根据窑址发掘及数次调查资料，茶洋窑的产品非常丰富，有青釉、青白釉、黑釉、绿釉等，器形有碗、盏、盏托、盘、碟、杯、高足杯、钵、盆、罐、瓶、壶、执壶、水注、炉、器盖、刀、洗、灯盏、枕、匜、花盆、器座、俑等。窑具有匣钵、垫饼、支座、支圈、轴顶碗、箍圈等。

青釉瓷为灰胎或灰白胎，胎质较粗松，露胎处可见气孔和沙粒。小件器物修胎相对规整，大件的壶罐大多有明显旋坯痕，挖足也比较草率。釉色多样，有青、青中泛灰、青黄、青褐等，早期碗、盘类产品内壁均满釉，南宋中期以后出现涩圈叠烧的产品，内底心刮釉一圈，外壁施釉较随意，有至腹部、下腹部、近足处，施釉至下腹部的较多。大件器物外壁多施半釉。装饰方法有刻划花、印花等，纹饰丰富，有各类花卉纹、云气纹、双鱼纹、篦划纹、卷草纹、竖条纹、莲瓣纹等。

从产品特征看，茶洋窑部分青釉刻划花碗有北宋中晚期的特征，茶洋窑的创烧年代应为北宋时期。窑址发现的涩圈叠烧的青釉碗年代应在南宋中期以后。窑址发现的黑釉高足杯、白覆轮黑釉盏具有明显的元代特征。根据2016年南平市博物馆的调查简报，在茶洋窑马厂窑址发现了青花瓷片堆积，年代大约为清末到民国。但是该窑此时的产品应是清末重新兴起，并非此前延续而来。因此，茶洋窑主要烧造年代应在北宋中晚期到元，部分可能延续到明初。茶洋窑青釉瓷主要烧造年代为北宋中晚期至南宋晚期，极少量延续至元初。

建阳将口窑

窑址位于建阳区将口镇将口村北部约1000米的郭垅山、仙奶岗的东侧，山坡上分布大量瓷片和窑具堆积，郭垅山的堆积范围大约200平方米，仙奶岗的堆积范围大约1000平方米，总面积约1200平方米，厚度约1至2米。该窑于1977年发现，1982年又进行了复查。由于窑址部分遭到破坏，1985年，当时的福建省博物馆考古部对窑址进行了部分发掘。根据发掘简报，发掘的是仙奶岗东坡上的窑址[87]。窑炉方向124度，长52米，宽约2.7米，坡度约8度，面积3000平方米。

将口窑是闽北地区同时期窑场中较有代表性的一个。将口窑器形丰富，品种几乎能涵盖周边其他窑场同期所有产品。对比同期窑场，胎釉质量均较好，且其龙窑长度达52米，规模甚至超过很多宋代的窑炉，可

[87] 福建省博物馆：《建阳将口唐窑发掘简报》，《东南文化》1990年第3期。

见当时将口窑烧造规模较大。

根据发掘及调查资料，将口窑的产品均为青釉瓷，器形有碗、盘、碟、盏、盆、钵、灯盏、罐、壶、执壶等。窑具有支座、支圈、碾轮等。胎体多为灰白胎，胎体较坚致，淘洗较细致，胎体中含有少量沙粒。釉色有青、青中泛灰、青中泛黄、青褐等，釉层较厚，大多有开片，有流釉。外壁施釉较随意，一般施半釉或施釉至下腹部，施釉方式为浸釉法和刷釉法。产品以素面为主，少量有褐彩装饰，还有部分产品随意刻划纹饰，有花卉纹、叶纹、兽纹、禽鸟等。比较特别的是，1985年发掘出不少刻铭的器物和窑具，器物见一碗，上刻"杨公炎"，窑具刻铭的较多，有数字，如"一""八""九""九十"等，还有姓氏人名，如"年""仲""全""毛""石""丘"等，还有表示方位的，如"上""中""下"。将口窑的窑具不见匣钵，所有产品均为明火裸烧，烧造方式为支座叠烧。

根据产品特征判断，将口窑的年代大约为唐中晚期。

建阳白马前窑

窑址位于建阳区麻沙镇大白村东北约500米处，白马前山东麓和南麓，建阳至邵武公路的两侧山坡。共发现4处堆积，堆积层厚约有1至2米，面积大约1.5万平方米，破坏比较严重。

白马前窑以烧青釉为主，兼烧黑釉。器形以碗、罐、盏、碟、杯、壶、灯等。窑具有匣钵，支座等。

该窑青釉瓷以碗、碟为大宗，胎体呈灰白色，胎体较坚致。釉色有青、青中泛灰、青中泛黄、黄褐等多种，釉层较薄，胎釉结合紧密，有玻璃质感，大部分有开片。早期产品内壁满釉，外壁施半釉，南宋中期以后大部分碗、碟的内底心刮釉一周。装饰方式有刻划花，纹饰有花卉纹、篦划纹、竖条纹、卷草纹等。采用匣钵装烧，南宋以后多采用涩圈叠烧法或支钉叠烧法，碗、碟内底心常留有涩圈痕或数个支钉痕。

白马前窑的部分青釉刻划花碗跟松溪的九龙窑、南平茶洋窑等窑场的同类产品较相似，具有明显北宋晚期的特征，窑址发现的大量涩圈叠烧青釉碗则至少是南宋中期以后的产品。因此，白马前窑青釉瓷的烧造年代大约为北宋晚期至南宋晚期。

建阳象山窑

窑址位于建阳区童游街道溪口村东面约1000米处的山坡上。窑址分布范围约5000平方米。相对高度约30米，东西长约150米，南北长约80米。发现废品堆积3处。堆积层厚约1米，未发现窑炉位置。

窑址于1982年发现。后又经过多次调查。该窑烧造青釉瓷、白釉瓷。器形有碗、盘、高足杯、碟、炉等。窑具有匣钵、支座、支圈、垫饼等。

青釉瓷多为灰白胎。胎体大多厚重，修坯不精，修足也比较草率。釉质较差，大多发色较灰暗，以青灰为主，也有少量青黄。碗类大多外壁施釉至下腹近足处，内底心多涩圈叠烧痕。高足杯、碟大多内壁满釉，外壁施釉至足端。炉类多外壁施釉至足端，内壁露胎无釉。产品以素面为主。少数有弦纹、竹节纹等纹饰。从产品工艺来看，象山窑的青釉瓷应该还是仿龙泉窑，但因质量较差，大多数和龙泉窑产品面貌相差甚远，仅较少量精品和龙泉窑有些相似。

根据产品特征，象山窑的年代为元代。

建阳源头碗窑

窑址位于童游街道溪口村源头自然村西面约500米的3个山岗上。窑址分布在3个山岗的南坡及北坡，相对高度25米，东面长约500米，宽约50米，总分布面积约2.5万平方米，发现大量瓷器及窑具废品堆积，堆积厚约1米，未发现窑炉位置。

窑址于1982年发现。以烧青釉瓷为主，兼烧白釉瓷。器形有碗、盘、杯、高足杯、钵、炉、罐、插器等，窑具有匣钵、托座等。

青釉瓷多灰白胎，胎体坚致厚重。釉色有青、青中泛黄、青中泛灰、黄褐等，釉层较厚。碗、盘类部分精品或小件器物内外壁均满釉，仅底足露胎。大多数产品为涩圈叠烧，内底心刮釉一周。装饰手法有刻划花、印花、堆贴。纹饰有菊瓣纹、莲瓣纹、花卉纹、乳丁纹、八卦纹、菱格纹等。

明嘉靖《建阳县志》载："碗窑，在县东均亭里，有里窑、外窑。烧出器皿里窑色颇青而价高，外窑色黄而价贱。土人以此为业。"[88]根据产品特征判断，源头碗窑的年代为明。能和文献相互印证。

源头碗窑是福建为数不多的明代仍烧造青釉瓷的窑场。从废品堆积面积判断，该窑应该有一定规模。根据窑址采集的残片，三兽足炉、高足杯等产品的造型以及三足炉上的乳丁八卦纹、菱格纹，碗、盘内底心模印的花卉纹都和龙泉窑同期的产品有一定相似度，其窑业技术应来自龙泉窑。该窑的产品主要是碗、盘、炉、插器，明代外销几乎中断，该

[88] 冯继科纂修，中共南平市建阳区委党史和地方志研究室整理，《明嘉靖·建阳县志》，海峡书局，2020年。

窑发现较多的高足杯、香炉等，应该也更贴近本地居民生活需求，故推测该窑主要销售方向是窑场周边居民，但该窑面积庞大，产量可观，也不排除部分产品通过走私外销。

松溪九龙窑

窑址位于松溪县松源街道西门村回场自然村西北侧约1600米、松溪至浦城302省道北侧约10米处，俗称"九龙窑"，也叫垌场窑。"垌"在松溪方言里是"碗"之意。该窑址于1958年发现，此后又进行过多次调查。早期发现时共有废窑堆积13处，最厚处约3米，总长约600米，总宽约100米，总面积达6万平方米。由于距县城较近且靠近省道，周边村民建厂房、修路，对窑址造成非常严重的破坏。第三次全国文物普查时，仅2处窑址尚存。根据第三次全国文物普查资料，暴露的2条龙窑基址，一条长近80米，一条长近50米。东侧的窑址可见窑砖叠砌的窑墙，墙内有窑汗，墙外用匣钵附叠的"护窑墙"。

根据调查及发掘资料，九龙窑产品以青釉瓷为主，兼烧少量黑釉器及陶器。青釉瓷器形有碗、盘、碟、杯、罐、壶、瓶、炉、灯盏、枕等。黑釉瓷器形有盏、碟、罐、壶、灯盏、擂钵等。陶器器形有罐、急须等。窑具有匣钵、支座、垫饼等。

青釉瓷胎体呈灰色或灰白色，胎体坚致，胎质较精细，部分大件器物胎体较厚重，大部分器物可见旋坯痕，少量精细器物修胎精致，不见旋坯痕。青釉釉色多样，有青、青中泛灰、青中泛黄、青绿、淡青、青褐、黄褐等多种。小件碗、盘等产品内壁满釉，外壁大部分施釉至足跟处，大件器物外壁多施釉至腹足交接处。胎釉结合紧密，釉质细腻，玻璃质感强，釉面常见开片。大部分产品有纹饰，素面的很少，纹饰品种丰富，工艺精细，有刻划花和印花，刻划花的有篦划纹、莲瓣纹、竖条纹、柳斗纹、卷草纹、牡丹纹等，印花的有花卉纹和"吉"字等。九龙窑产品基本以轮制法成形，少量壶把、壶流等构件采用手制成形。烧造方式为匣钵装烧和支座垫烧，以匣钵装烧为主，大件的壶、罐、枕等产品采用支座垫烧[89]。

九龙窑烧造时间较长，根据九龙窑青釉瓷产品的特征，推测其创烧于北宋中晚期，北宋晚期至南宋早中期极盛，南宋中期后逐渐衰弱。

[89]福建省博物馆：《福建松溪县垌场北宋窑址试掘简报》，《考古学集刊》第二集，中国社会科学出版社，1982年。

松溪西门窑

窑址位于松溪县松源街道西门村回场自然村西北侧约1500米、S302省道南侧约10米处。窑址于1958年发现,距离九龙窑直线距离约100米。根据此前的资料记载,西门窑窑址范围约1000平方米,有堆积3处,堆积层高度约1至3米。

2015年松溪县省道拓宽改造工程中,发现西门窑破坏严重,故于2016年进行了发掘。根据发掘资料,该窑窑炉宽3.1米,坡度平缓,与福建地区大多数龙窑宽2至2.6米,坡度大于20度的情况有差异,但是与浙江地区比较接近[90]。

根据发掘报告,该次发掘发现窑炉遗迹4个,年代从北宋中晚期延续至南宋中期。

由于西门窑跟九龙窑距离较近,其产品特征和九龙窑基本相同,在此不再赘述。

浦城蟹钳山窑

窑址位于福建省南平市浦城县富岭镇大水口村横立自然村东南侧,相对高度约20米,为独立的小山包,山形略呈馒头形,山体南北走向,窑址东西走向。窑址分布范围东西长约200米,南北宽约150米,窑址面积约3万平方米,面积较大,遗物分布面积约1000平方米。西侧山脚被龙浦高速征用,西侧半山腰遗留大量的青釉瓷残片。

窑址于2009年高速沿线文物考古调查时发现,并于2009年至2010年进行了抢救性发掘。根据发掘简报,蟹钳山窑址破坏较严重,发现的窑炉仅剩窑头和窑尾,窑内瓷器出土较少,大量瓷器在窑外两侧的废品堆积中发现。

产品以青釉瓷为主,兼烧极少量酱釉瓷。品种以碗、盏为主,还有盘、钵、罐、执壶、擂钵、急须、器盖等。窑具有垫柱、碾压器等。胎体为灰胎,少量灰黑胎,胎体淘洗不细致,胎中可见粗细不等的沙粒。小件器物修坯较精细,少见旋坯痕,大件器物均可见明显旋坯痕,修足较规整。釉色以青中泛灰为多,还有部分青中泛黄,釉层较薄,釉面大多可见开片。施釉方式为浸釉法,内壁满釉,外壁多施釉至下腹部,少量可达足外侧。产品基本为素面,仅极少量碗类内壁有弦纹一周。窑址没有发现匣钵,所有产品均置于垫座之上,明火裸烧[91]。

根据蟹钳山窑产品的特征,推测该窑的年代为唐晚期到五代。

---

[90] 羊泽林,杨敬伟:《福建松溪西门窑发掘收获》,《东方博物》2017年第3期。

[91] 福建博物院:《浦城蟹钳山窑址考古发掘简报》,《福建文博》2013年第2期。

浦城罗源窑

窑址位于浦城县水北街镇罗源村西侧2500米处的山上，通往茅州村的水泥公路旁，距县城约32千米。该山呈一馒头形，相对高度约30米，南浦溪位于山脚南侧约200米处。地表局部可见少量青釉瓷器、窑具残片。瓷片暴露在该山南部的半山腰上，未发现窑床。瓷片堆积层厚约1至1.5米，堆积范围约500平方米。

该窑于1988年发现，后又经多次调查[92]，窑址部分被破坏。产品皆为青釉瓷，器形有碗、碟、罐、壶等，窑具有垫座。

胎体呈灰色或深灰色，相对较轻薄，胎体淘洗较好，但露胎处仍能看见沙粒。釉色有青、青中泛灰、青中泛黄、青中泛褐等多种，釉质较细腻，胎釉结合较紧密。碗类内壁满釉，外壁多施半釉或施釉至下腹部，精品施釉至足端。罐类外壁多施半釉或施釉至下腹部。釉面多见开片，部分有垂釉。该窑产品以素面为主，部分精品，如花口碗，在腹部有出筋装饰，内壁有弦纹装饰。通过对采集的瓷片研究，该窑产品以支座叠烧法烧造，罐、壶类单件置于托座上烧造，碗、碟内底留有3至6个支钉痕，应是以支钉间隔，多件相叠置于支座之上烧造。窑址未见匣钵，所有产品均为明火裸烧。

从罗源窑的产品风格判断该窑的年代为唐晚期至五代。

浦城珠塘窑

窑址位于浦城县石陂镇梨岭村珠塘窑自然村北侧的后门山，距县城约60千米。后门山呈东西走向，东西宽约80米，南北长约60米，相对高度约10米。该山南坡可窥见一条隆起的山脊，长约40米，宽3.5米，似为龙窑。

该窑于1988年第二次全国文物普查时发现，此后又多次调查。根据调查资料，该窑产品均为青釉瓷，器形有碗、罐、盘口壶、执壶等。窑具有垫座。胎体为灰胎，较粗糙，胎体中可见大小不等的沙粒。小件器物修坯相对较规整，大件器物可见明显旋坯痕。釉色多青中泛灰，也有青、青中泛黄等，釉厚处常见紫色窑变斑点。器物内壁满釉，外壁多施半釉，釉质较好，有玻璃质感，部分产品有剥釉现象。小件的器物采用浸釉法，可见流釉，大件的罐、壶类采用刷釉法。产品基本上为素面，盘口壶的盘口有弦纹数圈。从采集的窑具来看，该窑的产品以支座叠烧法烧造，所有的产品均为明火裸烧[93]。

从珠塘窑的产品的风格推断该窑的年代为唐代。

---

[92] 陈寅龙，桑子文：《浦城水北唐窑》，《福建文博》1990年第2期。

[93] 赵洪章，林长程，陈寅龙：《福建浦城唐代窑址的调查》，《福建文博》，1990年第1期。

浦城碗窑背窑

窑址位于浦城县盘亭乡东峰村后山，围绕窑坪垅山间小盆地的北侧、东南侧、西南侧分布。窑址于1958年发现，后经多次调查[94]。窑址有瓷片、窑具堆积，厚约1至3米。东南侧堆积分布面积3000平方米、西南侧堆积6000平方米、北侧堆积1.6万平方米，部分因开垦遭破坏。

浦城县位于福建北部，与江西、浙江交接，和龙泉窑中心产区的距离仅不到100千米，受龙泉窑影响明显。碗窑背窑的产品从胎、釉、烧造工艺等方面都和龙泉窑产品非常相似。

产品以青釉瓷为主，器形有碗、盘、碟、罐，壶，瓶等。窑具有匣钵，支座、垫饼等。胎体呈灰白色，胎质较坚致，淘洗较细致。早期产品胎体相对轻薄，仅底足略厚，南宋以后胎体总体偏厚重，有的底足胎体厚度甚至超过整件产品高度的三分之一。釉色多样，有青、青中泛灰、青中泛黄、青褐、青绿、黄褐等多种，早期产品釉层较薄，玻璃质感较强，常见开片。元代以后釉层普遍变厚，釉质和同期龙泉窑产品很接近。施釉较细致，内壁满釉，外壁施釉至下腹部近足处，精品外壁施釉至足端，部分产品圈足内亦满釉，仅底足露胎。装饰工艺丰富，有刻划花、印花、堆塑等多种工艺。刻划花多见于碗、盘的内外壁，纹饰丰富，线条流畅，有花卉纹、莲纹、莲瓣纹、云气纹、卷草纹、蕉叶纹、篦划纹等。模印多见于瓶、罐类产品及部分碗、盘的内底心，有福、寿、花卉等。堆塑见于魂瓶、谷仓一类产品，堆塑屋顶、水波、蟠龙一类的纹饰。烧造方式为匣钵装烧，部分碗盘类为支钉叠烧，在碗内留有3至4个支钉痕。

碗窑背窑的延续时间较长，早期的单面或双面刻划花碗有明显的北宋晚期的特征，创烧年代应为北宋晚期。窑址发现的印"福寿"的双环耳瓶，当地称"福寿瓶"，见于元代，部分可能延续到明。

浦城半路窑

窑址位于浦城县水北街镇东路村东南约300米的数座山坡上，接近南浦溪。窑址于1982年发现，后又经过多次调查。窑址相对高度约15米，东西长约200米，南北宽约100米，分布面积约2万平方米，堆积层厚约1至1.5米。

浦城县位于福建北部，与江西、浙江交接，和龙泉窑中心产区的距离仅不到100千米，受龙泉窑影响明显。半路窑质量虽不及碗窑背窑，但从其风格、工艺看，窑业技术来自龙泉窑无疑。

[94] 林忠干，赵洪章：《福建浦城宋元瓷窑考察》，《中国古陶瓷研究》第二辑，故宫博物院紫禁城出版社，1988年。

半路窑产品以青釉瓷为主，兼烧黑釉瓷。器形以碗为主，还有盘、碟等。胎体为灰胎或灰白胎，较坚致。修坯不甚规整，部分产品的内外壁可见明显旋坯痕。半路窑南宋时期烧造仿龙泉的青釉碗，釉层相对较薄，釉色有青、青灰、青黄、青褐，青黄色的较多，内壁多满釉，外壁多施釉至下腹部近足处。产品以素面为多，部分刻划花，刻划花相对简单草率，多为竖条纹及抽象的云气纹或篦划纹。元代，半路窑则转烧仿龙泉窑元代风格的厚釉瓷器，釉色有青、青黄、青褐等，釉层很厚，跟同时期龙泉窑较相似，只是质量较差，碗、盘类内底心多带涩圈叠烧痕。有的内底心有印花装饰。

从产品特征判断，半路窑年代约为南宋中期至元。元代，福建生产青釉瓷的窑场有的停烧，有的转烧青白釉瓷。半路窑是为数不多元代仍大量烧造青釉瓷的窑场。据目前的外销资料研究，元代以后，外销青釉瓷基本被龙泉窑产品占据，几乎没有文献和发掘资料明确提到福建产品，只有少量资料指出不排除现行发现的"龙泉窑系"产品中有少量福建仿龙泉产品。半路窑分布面积不小，数年前笔者在窑址也采集到不少元代青釉瓷残片。半路窑靠近南浦溪，交通便利，有外销的便利条件，不排除半路窑元代仍有外销，因数量不多，被当作龙泉窑产品或被忽略。

政和象山窑

窑址位于政和县石屯镇长城村西面，象山西坡。窑址于2011年发现，是当时福建博物院对政和六朝墓群进行发掘时偶然发现。该窑址或由于年代久远，规模不大，瓷片等遗物埋藏很深等原因，一直未被发现。

根据调查报告[95]，器形有碗、盘、盏、洗、钵、盆、砚、盘口壶、罐、罍等。胎体有灰胎、灰白胎，胎体较坚致。修坯大多较粗，产品大多可见旋坯痕。釉色有青、青褐、青灰、青黄等，以青黄色为多。胎釉大多结合不紧密，剥釉较严重。纹饰有弦纹，水波纹，叶脉纹，网格纹、麻布纹、方格纹、钱纹等。窑具有筒形支座，束腰型支座，锯齿形间隔器，三叉形支钉等。

由于政和象山窑仅做了简单调查，没有进行详细发掘，仅能根据此前的调查报告及所见的有限残片进行判断，象山窑的上限可能至东汉晚期，下限可能至西晋，但由于目前象山窑的情况不明，且根据周边墓葬出土器物分析，不排除象山窑延烧至东晋甚至更晚的可能。

[95] 陈明忠：《福建政和发现东汉晚期至三国时期窑址》，《南方文物》2013年第4期。

政和罗金坂窑

窑址位于政和县澄源乡澄源村西北约200米处，所在山丘呈东北、西南走向，瓷片堆积位于山丘东南半坡，南北长约30米，东西宽约20米，面积约600平方米，相对高度约20米。堆积层厚约0.2至0.5米[96]。

该窑于1986年第二次全国文物普查期间发现，产品大多为青釉瓷，还有少量酱釉瓷。器形以碗、盘为主，还有壶、罐、器盖等。窑具有垫柱和支钉。

胎体为灰胎，胎质较粗，胎体可见较多沙粒，露胎处可见较多气孔。小件器物修坯较精细，部分露胎处可见旋坯痕，大件器物修胎不精，旋坯痕明显。釉色有青、青中泛灰、青中泛黄、青中泛褐等，釉层较薄，有的有开片，部分有流釉。部分温度不高的产品剥釉严重。施釉方式为浸釉法和刷釉法。碗、盘类内壁满釉，外壁多使用浸釉法施釉，较随意，施釉多至下腹部或近足处。部分大件器物以刷釉法上釉。产品基本为素面，仅见器柄上有数条弦纹装饰。从采集的瓷片来看，该窑产品以垫柱叠烧法烧造，罐、壶类单件置于垫柱上烧造，碗、碟内底留有4至5个支钉痕，应是以支钉间隔，多件相叠置于垫柱之上烧造，所有产品均为明火裸烧。

根据产品特征判断，罗金坂窑的烧造年代为唐晚期至五代。

武夷山竹林坑窑

窑址位于武夷山市武夷街道黄柏村官埠自然村西侧的竹林坑小盆地西北部的山坡上，2009年第三次文物普查时发现，共发现两处原始瓷窑址，位于外形呈东西排列"3"字形的南北走向的三级台地，相对高度约10米，南北长约1000米，东西宽约200米，分布面积2万平方米，遗物散见于南侧山坡，可辨器形的有豆、瓿、罐等造型，纹饰有席纹、网格纹、弦纹等。由于窑址面临建房及开垦破坏，2011年，福建博物院文物考古研究所等单位对窑址进行了发掘。

根据发掘报告，竹林坑共发现窑址5处。一号窑址发现窑炉遗迹两座，编号为ⅠY1、ⅠY2，二号窑址发现窑炉遗迹1座，为ⅡY1，ⅠY2破坏严重，仅存窑底，ⅠY1、ⅡY1均为斜坡式龙窑。

根据发掘和采集资料，竹林坑窑的产品以原始瓷为主，兼烧少量陶器。原始瓷器形以豆为主，还有罐、尊，陶器有盆、罐、瓿等。原始瓷胎质较差，淘洗不精，含沙量较多，胎体呈灰色或灰白色。釉层较薄，釉色有青、青中偏灰、青中偏黄、青中偏褐等。装饰方法有刻划、

---

[96] 政和县文化馆：《政和澄源罗金坂唐五代窑调查》，《福建文博》1990年第2期。

拍印、堆贴等，纹饰有席纹、方格纹、弦纹、篦划纹、S形纹等。产品采用轮制、泥条盘筑、手制等工艺，轮制主要用于小件器物，大件器物则以泥条盘筑法成形，器物的耳、系等以手制成形。小件器物采用浸釉法，大件器物采用刷釉法。所有器物均为单件直接放在窑内烧造。

根据发掘报告，竹林坑窑ⅠY1及二号、三号、四号窑址、车后窑址的年代为西周早中期，ⅠY2的年代为西周中晚期到春秋早期[97]。

武夷山渔网山窑

窑址位于武夷山市麦场村西北侧约100米处的茶山，窑址遗物主要分布于山的东南侧山坡及东侧山包，相对高度12米，坡度约10度，南北长200米，东西宽50米，面积1万平方米[98]。

窑址于2009年第三次全国文物普查时发现，此后又进行过多次调查。产品均为青釉瓷，器形有碗、罐、盆、器盖等，以碗为多。釉色有青中泛灰、青中泛黄、青中泛褐，釉面常见开片，大多胎釉结合较紧密。施釉方式为浸釉法，内壁满釉，外壁施釉至下腹部或近足处，部分有流釉。胎体为灰胎，较厚重，修胎相对精细，部分比较精细的器物胎体光洁，不见旋坯痕，粗糙者露胎处可见气孔和旋坯痕。修足比较规整，足外墙垂直，内墙外斜，有的外底心可见凸起。所有产品均为素面，不见纹饰。

渔网山窑在武夷山市的同期窑址中，产品质量相对较高，胎质、釉质、胎釉结合程度、工艺、烧造温度上均优于其他窑场。

根据产品特征，推断渔网山窑的大约为唐晚期至北宋。

武夷山仙店窑

窑址位于武夷山市兴田镇仙店村村北约1000米处的低矮山坡上。相对高度约10米，分布面积约2000平方米。废品堆积主要在南侧山岗，可见窑炉遗迹，遗物堆积层厚约2米。

窑址于2003年发现，此后又进行多次调查。根据调查结果，产品均为青釉瓷。器形比较单一，仅见碗、盏，窑具有垫座、支钉[99]。由于没有进行系统发掘，故不排除有其他器型。胎体为灰胎，较粗松，露胎处可见气孔和杂质。釉色多见青中泛灰、青中泛黄，釉层很薄，釉质较差，釉面生涩。内壁满釉，外壁施釉至下腹部或近足处。修胎较随意，胎体常见旋坯痕，修足也不规整，有的仅随意挖削一刀。所见产品均为素面。

[97] 中国国家博物馆水下考古研究中心、福建博物院文物考古研究所、武夷山市博物馆：《武夷山古窑址》，科学出版社，2015年。

[98] 中国国家博物馆水下考古研究中心、福建博物院文物考古研究所、武夷山市博物馆：《武夷山古窑址》，科学出版社，2015年。

[99] 中国国家博物馆水下考古研究中心、福建博物院文物考古研究所、武夷山市博物馆：《武夷山古窑址》，科学出版社，2015年。

根据产品特征，推断该窑的年代为唐晚期到五代。

武夷山母猪山窑址

窑址位于武夷山市兴田镇兴田村南面约200米处，俗称水源垅母猪山的山脚。窑址2008年第三次全国文物普查时发现，现在由于建房修路，窑址已基本破坏殆尽。根据第三次文物普查资料，山体呈不规则形，南高北低。南北长约200米，东西宽约100米，面积约2万平方米，相对高度约20米，坡度约15度。窑址位于西北面山脚处，遗物分布在西北面山脚至半山范围。西北面山脚处有1处废窑堆积层，厚约1米，未发现窑炉，但发现窑砖两块[100]。

产品均为青釉瓷，器形有碗、盘、罐、壶、盆、钵、瓶等。胎体为灰胎，含较多沙粒杂质，较粗松，修胎随意，可见明显的旋坯痕。釉色大多青中泛灰，釉层较薄，有流釉，釉质不佳，光泽度较差，剥釉较严重。采用垫座垫烧及支钉叠烧，碗底常见支钉痕。

根据产品特征，推断该窑的年代为唐晚期到五代。

武夷山碗窑垅窑

窑址位于兴田镇大渚村东际自然村北侧约1000米处，呈东西走向的一个缓山坡上，相对高度30米，东西长60米，南北宽40米，分布面积约2400平方米。废品堆积主要在东南侧山坡，可见窑炉遗迹[101]。

窑址于2009年第三次全国文物普查时发现。产品有青釉瓷、青白釉瓷、黑釉瓷。器形比较单一，青釉瓷器形有碗，青白釉瓷有碗、杯、瓶等，黑釉器形有碗、杯，窑具有匣钵、支钉、垫座、垫饼。

青釉瓷均为灰胎，修胎不规整，旋坯痕较明显。釉色青中发灰、青中偏黄、青中偏褐。施釉方式主要为浸釉法，内壁满釉，外壁多施釉至下腹部，有的可至近足处。釉层较薄，胎釉结合不大紧密，部分有剥釉现象，所见产品均为素面。该窑青釉瓷虽然胎釉质量均不佳，但修足却很精细，足端较平，外墙较直，内墙斜削，非常规整。烧造方式为支钉叠烧，碗内常见6至7个支钉痕。

根据产品特征推断该窑的年代为南宋。

将乐碗碟墩窑

窑址位于将乐县东面的万全乡竹舟村八担自然村南面的金溪北岸边，因山丘远看似一个墩子，又遍布碗碟碎片，当地人将其称为"碗碟

---

[100] 中国国家博物馆水下考古研究中心、福建博物院文物考古研究所、武夷山市博物馆：《武夷山古窑址》，科学出版社，2015年。

[101] 中国国家博物馆水下考古研究中心、福建博物院文物考古研究所、武夷山市博物馆：《武夷山古窑址》，科学出版社，2015年。

墩"。窑址于1988年文物普查时发现，此后又进行了多次调查[102]。窑址分布于4个山丘，分布范围约3.5万平方米，相对高度约20米，共有窑址4处，龙窑20余座，废品堆积20余处，作坊遗址10余处，堆积最厚处约2至3米。

2016年至2017年福建博物院考古研究所、将乐县博物馆对碗碟墩窑址一号窑进行了发掘[103]。一号窑址共揭露3处窑炉遗迹（Iy1、IY2、IY3）、1处作坊遗迹和大量瓷片和窑具。IY2发现七期窑炉遗迹，IY3发现分室龙窑。

根据发掘及调查资料，碗碟墩窑产品丰富，有青釉、青白釉及少量酱黑釉瓷。器形以碗、碟为主，还有盏、盏托、瓶、炉、盒、灯、壶、执壶、温碗、谷仓、瓷塑玩具、器盖等。窑具有匣钵、垫饼、支圈、垫座、火照等。

青釉瓷多为浅灰白胎，胎体细腻坚致，虽淘洗较细致，但仍不彻底，由于胎体颜色较浅，胎体中大多能看到明显深色杂质。相对青白釉和酱黑釉瓷，青釉瓷胎体较厚重，多可见旋坯痕。釉色有青、青灰、青绿、青黄，以青灰为主，釉质细腻莹润，施釉精细均匀，玻璃质感强烈，部分釉层较厚，釉面有失透感，有的可见流釉痕迹，大部分有开片。外壁多施釉至下腹部近足处或腹足交接处，少量精品外壁满釉。装饰方式多样，有刻划花、印花、堆贴等，纹饰有各式花卉纹、莲瓣纹、菊瓣纹、竖条纹、篦划纹、龙虎纹等。

碗碟墩窑有很多产品极具特色，诸如凤首瓶，瓶口塑一凤，造型独特，栩栩如生，乍看与北宋定窑凤首壶和西村窑凤首壶均有相似之处，但细看又相距甚远。碗碟墩窑的盏托，造型各异，有各式花口，并刻划、浮雕、模印各式繁复精美的纹饰，制作精美，在福建地区独树一帜。

根据发掘报告，碗碟墩窑大约创烧于北宋早中期，北宋时期以生产青白釉瓷为主，南宋以生产青釉瓷为主，南宋中期后衰弱。

第四节 福建青釉瓷的外销

福建一面傍海，海岸线长，海港条件优越，地理位置造就了福建得天独厚海外贸易优势。福建瓷器作为海外贸易的重要商品之一，自唐代开始外销。北宋晚期到南宋，福建外销瓷数量庞大，无论是海上沉船，还是海外诸遗址，均能发现福建瓷器的身影。

[102] 李建军，宋经文：《将乐县万全窑古瓷生产情况及相关问题的探讨》，《东南文化》1996年第3期。
[103] 福建博物院，将乐县博物馆：《2016—2017年将乐县碗碟墩一号窑址考古发掘简报》，《福建文博》2017年第4期。

一、初露锋芒——唐五代（8世纪后期至10世纪前期）

福建拥有得天独厚的地理位置优势，早至唐代，瓷器已开始外销，是中国最早生产外销瓷的地区之一。唐五代，福建外销瓷以怀安窑青釉瓷为主，主要销往东亚、东南亚等国家和地区，其中又以销往日本的最多。早年，日本学者尚不了解怀安窑，将怀安窑产品称为"越窑系粗瓷"或"越窑C类"。根据发掘报告，日本太宰府遗址、鸿胪馆遗址群、博多遗址群等重要遗址均有出土"越窑C类"产品，即"怀安窑瓷器"。太宰府遗址出土的怀安窑瓷器年代最早且延续时间最长。太宰府市观世音寺北边的水井、太宰府条坊内八条七至八坊、太宰府政厅前的壕沟等地发现了约八世纪后期的怀安窑瓷器；太宰府观世音寺小子房土坑、太宰府学校院和观世音寺之间的界沟等地发现了数件9世纪中叶至10世纪前期的怀安窑瓷器[104]。鸿胪馆遗址群出土的怀安窑瓷器年代大约集中于9世纪前期至10世纪前期，部分遗址，怀安窑瓷器数量多，占比大，如鸿胪馆遗址群10世纪前期的sk56·61·80·82遗址出土的数百件瓷器中，怀安窑占大多数[105]。日本诸遗址出土的怀安窑瓷器品种较丰富。有碗、盘、盆、罐、执壶、盒、灯盏、器盖等。此外，鸿胪馆遗址SK255还发现部分残片，胎釉工艺跟连江己古窑产品相似，可能是己古窑产品。东南亚也有不少地方出土怀安窑瓷器，但东南亚考古发掘和调查资料相对匮乏，信息较模糊。根据近年的资料，泰国Kho Khao岛、越南占城、越南会安以及义莱等地发现怀安窑瓷器，年代约9世纪左右[106]。但相对日本，数量和品种都较少，大多只有碗、壶等残器数件。

也有学者认为，唐晚期五代厦门窑场的产品也有外销，并从地理位置、窑业发展、海路航线等方面分析了其可能性[107]。虽然目前海外并没有明确的厦门窑场的青釉瓷出土，但笔者认为该分析有其合理性。福建唐代以前人口少，大多地区非常荒凉。唐代，虽然人口大量增加，但仍比较有限。彼时，一般人口数量发展到一定程度，政府才会设置郡县。根据历史沿革，同安曾在公元282年设县，但五世纪中叶前即被废除[108]。自同安县（现同安区）被废后，厦门一直未设县，唐贞元十九年（803年）也仅设了"大同场"，再次设县已到了后晋天福四年（939年）。厦门周边也仅有南安、龙溪、漳浦等县，人口相对有限。但厦门唐代兴起了东烧尾窑、磁灶尾窑、坪边窑、端平山窑、许厝窑、祥露窑等窑场，许厝窑、祥露窑延续至五代，五代又有碗儿墩窑、瑶头窑等窑场兴起。根据许厝窑、祥露窑等窑址的调查或发掘报告，祥露窑遗物分布面积达15000平方米，窑炉遗迹达6处，许厝窑、东烧尾窑遗物分布面

---

[104] 福建省博物馆，日本国博多研究会：《福州怀安窑贸易陶瓷研究》，《福建文博》1999年第2期。

[105] 福建省博物馆，日本国博多研究会：《福州怀安窑贸易陶瓷研究》，《福建文博》1999年第2期。

[106] 福建省博物馆，日本国博多研究会：《福州怀安窑贸易陶瓷研究》，《福建文博》1999年第2期。

[107] 叶文程主编：《厦门窑》，福建美术出版社，2005年9月。

[108] [美]汉斯·比伦斯泰因：《唐末以前福建的开发》，中国地理学会历史地理专业委员会《历史地理》编辑委员会：《历史地理》第五辑，上海人民出版社，1987年。

积也达3000平方米[109]，均有一定规模，产量似乎超过内销所需数量。且厦门具备外销的港口、水路交通条件。因此，很可能当时有一定数量瓷器外销。

二、停滞不前——北宋早期至中期（10世纪后期至11世纪后期）

北宋早期至中期的一百余年，福建青釉瓷海外贸易处于明显低谷。福建瓷器主要外销地区是东亚、东南亚。通过目前已调查发掘的遗址资料，日本鸿胪馆遗址群、博多遗址群10世纪出土的中国瓷器以越窑系青釉瓷为主。怀安窑产品虽也被列入"越窑系"产品，但主要发现于8世纪至10世纪前期。10世纪中后期日本出现的"越窑系"瓷器基本是浙江上虞、慈溪、温州等地所产。11世纪前半期，鸿胪馆遗址群、博多遗址群又发现了景德镇窑青白釉瓷，定窑系白釉瓷。太宰府遗址、鸿胪馆遗址群虽有少量10世纪后期至11世纪前期的遗址发现零星怀安窑瓷器，但通常认为怀安窑延续至五代末年前后，断烧至迟也不会晚于北宋初年，这些零星的怀安窑瓷器运输至日本的时间可能早于遗址的年代。10世纪后期至11世纪后半期，除了零星几件怀安窑瓷器外，发现的福建陶瓷器很少，只有一种被日本称为"陶器C群"的产品，可能是洪塘窑所产的酱褐釉粗瓷和陶器，这类粗器销往日本的时间集中于11世纪至12世纪[110]。11世纪后半期到12世纪前半期，日本把这个时期称为"白瓷时代"（这里的"白瓷"，实际是青白釉瓷），博多遗址群出土的瓷器开始以福建、广东等地窑场生产的为主，据研究，该期福建瓷器以闽清义窑产品为主，还有南安、漳平、漳浦等地窑场的青白釉瓷。博多遗址群该期也出土了少量青釉瓷，包括龙泉窑、松溪九龙窑、汀溪窑等地产品，但据研究，这些青釉瓷的年代大致为北宋晚期至南宋早期[111]。

菲律宾巴朗牙遗迹、马来西亚彭卡兰布加、孙改墓鲁苏等地，沙捞越古邦，泰国洛神的茹鲁，爪哇岛南望等地10世纪至11世纪发现的中国瓷器类型相似，有越窑青釉瓷、潮州窑青白釉瓷、还有一些广东不明窑场的产品[112]。

柬埔寨吴哥地区，包括吴哥城皇宫、皇家浴池、八公寺南等遗址，10世纪后半期中国瓷器见越窑青釉瓷、定窑白釉瓷、钧窑、官窑产品及安徽繁昌窑的青白釉瓷。11世纪后半期见建窑黑釉盏[113]，未见福建青釉瓷。

目前已知北宋沉船有印度尼西亚井里汶沉船、印度尼西亚廖内沉船、印度尼西亚勿里洞沉船。井里汶沉船为北宋早期沉船，后三艘大约年代为北宋晚期，井里汶沉船装载的货品以越窑青釉瓷为主，还有少量

[109] 叶文程主编：《厦门窑》，福建美术出版社，2005年。
[110] 福建省博物馆、日本国博多研究会：《福州怀安窑贸易陶瓷研究》，《福建文博》1999年第2期
[111][日]田中克子《日本博多遗址群出土的贸易陶瓷器及其历史背景——九世纪至十七世纪早期》，《考古学视野中的闽商》，中华书局，2010年。
[112][日]青柳洋子：《东南亚发掘的中国外销瓷器》，《南方文物》2000年第2期。
[113][新加坡]黄慧怡《简介柬埔寨吴哥地区出土的福建宋元陶瓷》，《考古学视野中的闽商》，中华书局，2010年。

安徽窑场的青白釉瓷和北方窑场的白釉瓷，不见福建瓷器。后三艘船发现广西西村窑产品、潮州笔架山窑产品、福建窑场青白釉瓷等[114]，不见福建青釉瓷。

根据上述遗址和沉船资料，基本可以判定，10世纪中期之后至11世纪后半期之前，即约五代怀安窑断烧之后至北宋中期前，福建的瓷器海外贸易几乎停滞。大约于11世纪中期，约相当于北宋中期左右，福建青白釉瓷、黑釉瓷逐步开始外销，约11世纪末至12世纪早期左右，即北宋晚期，青釉瓷才逐步恢复外销。

三、名扬海外——北宋末期至南宋晚期前段（12世纪前期至13世纪前期）

依靠地理优势和丰富的瓷土资源，松溪九龙窑、南平茶洋窑等窑场北宋中期到晚期开始烧造青釉瓷，并逐步外销。北宋晚期，在海外销声匿迹了百余年的福建青釉瓷，此时重新登上了外销的舞台。北宋末期后，福建青釉瓷外销数量迅速增加，一直到南宋晚期前段，福建青釉瓷外销量都很大。从沉船数据考察，发现福建青釉瓷的沉船有：北宋末期到南宋初的鳄鱼岛沉船、北土龟礁一号沉船，据研究船上有松溪九龙窑、晋江磁灶窑等窑场青釉瓷[115]。南宋早期的华光礁一号沉船、布雷克暗沙沉船，南宋中期的丹绒新邦孟阿瑶沉船、哲帕拉沉船、榆亚暗沙沉船、日本仓木琦海底遗址，南宋晚期的圣安东尼奥沉船、爪哇海沉船等[116]，涵盖了目前已发现的北宋末期到南宋晚期的大部分沉船，船上产品涉及闽北、闽南、闽中等多地、多个窑场。森达也在《宋元外销瓷的港口与输出窑口》一文中，统计了开往日本运输瓷器的商船及日本遗址福建瓷器数量占比：福建青釉瓷在所有销往日本的中国瓷器中，占比大约百分之十几至二十几不等[117]。据沉船资料分析，福建青釉瓷在销往东南亚的所有中国瓷器中的数量占比，可能还略多于日本。《梦粱录》载："且如海商之舰，大小不等。大者五千料，可载五六百人；小者二千料至一千料，亦可载二三百人[118]。"按照单位换算，南宋时期的海船大的载重可达300吨。南海一号沉船经测量，长41.8米，宽11米，载重量在200吨左右。南海一号出水一万余件瓷器。南宋朱彧《萍洲可谈》描述北宋末年瓷器出口情况："舶船深阔各数十丈，商人分占贮货，人得数尺许，下以贮物、夜卧其上。货多陶器，大小相套，无少隙地。"[119]此前，欧洲曾发现一艘明代"万历号"沉船，长仅为18米，但估计装载陶瓷器约3万件。2001年发现的越南平顺号沉船，长度

---

[114] 刘未：《北宋海外贸易之考察》，《故宫博物院院刊》，2021年第3期。
[115] 刘未：《北宋海外贸易之考察》，《故宫博物院院刊》，2021年第3期。
[116] 刘未：《中国东南沿海及东南亚地区沉船所见宋元贸易陶瓷》，《考古与文物》2016年第6期。
[117] [日]森达也：《宋元外销瓷的窑口与输出港口》，《考古与文物》2016年第6期。
[118] （南宋）吴自牧：《梦粱录》，卷十二"江海船舰"，二十一世纪出版社集团，2018年。

仅24米，估计装载瓷器约3.4万件[120]。根据南海一号的体量和载重量，按照"大小相套，无少隙地"的装载情况，当时的装载瓷器数量应该远大于出水数量。载重量高达二百吨的船只，按照每船装载百分之十几至二十几福建青釉瓷估算，每艘船只每次至少装载数千件甚至更多青釉瓷。据研究，南宋时期，每年有上千艘类似南海一号的商船进行出海贸易，可见当时福建出口的青釉瓷数量极庞大。

当时，作为重要的海上运输中转站，日本九州岛和冲绳地区发现的中国瓷器尤为丰富。发现福建青釉瓷的遗址包括博多遗址群、鹿儿岛持体松遗址二期、九州南部贸易据点[121]、冲绳岛的胜连城遗址、平安座城遗、西泥城堡遗址、大里村稻服遗址、宫古岛保良遗址[122]等地，年代约为12至13世纪。位于九州北部的博多遗址群是日本11世纪后期至17世纪初最重要的贸易中心，出土的陶瓷器的种类、数量远多于日本其他地区，是研究陶瓷贸易的重要资料。据研究，博多地区11世纪后半期到12世纪前半期，出土瓷器还以福建和广东地区的青白釉瓷为主，但已出现一些青釉瓷，这些青釉瓷年代约为北宋晚期至南宋早期，产自龙泉窑、松溪九龙窑、同安汀溪窑、连江魁岐窑等。12世纪中期以后，日本博多遗址群出土的瓷器面貌完全改变，青釉瓷取代了青白釉瓷成为主要产品，部分遗址出土青釉瓷数量庞大，有的遗址甚至出土了数百件瓷器，全部是青釉瓷。日本将12世纪后半期称作"青瓷时代"[123]。13世纪前期，博多遗址群仍然发现了不少福建青釉瓷，但数量占比和产品质量较此前均有所下降。

福建青釉瓷约于12世纪中期后大量销往东南亚诸岛，可谓遍布东南亚。菲律宾巴拉望岛、婆罗洲、沙涝越[124]，苏门答腊岛东岸的宾当岛附近的卡达奈遗址，马来西亚马六甲河口的本加榄遗址[125]等诸多遗址发现了12至13世纪的福建青釉瓷。柬埔寨诸遗址，如吴哥的吴哥城皇宫、巴戎寺北藏经殿南、十二审判塔北水池、班蒂喀黛寺前柱殿c09殿等遗址[126]普遍都发现福建青釉瓷，年代也集中于12到13世纪，但年代可能较东南亚诸岛略早，涉及庄边窑、南安诸窑场、汀溪窑、磁灶窑等。

西亚、中亚、南亚乃至更远的非洲，发现的福建瓷器以青白釉瓷为主，但也不排除存在少量福建青釉瓷。据安德鲁·乔治·威廉姆森1968年至1971年考古调查采集的瓷片分析，伊朗南部霍尔木兹甘省发现福建德化窑的宋代青白釉瓷[127]，但没有提到福建青釉瓷。也有学者认为，威廉姆森采集的瓷片中被认为龙泉窑产品的，可能掺杂福建的仿龙泉产品[128]。

[119] [南宋]朱彧：《萍洲可谈》，《唐宋史料笔记丛刊：后山谈丛·萍洲可谈》，中华书局，2007年。

[120] 毛敏：《海上丝绸之路沉船与出水瓷器》，《大众考古》2016年第11期。

[121] [日]森达也：《宋元外销瓷的窑口与输出港口》，《考古与文物》，2016年第6期。

[122] [日]山上次男，郑国珍译、黄波校：《冲绳出土的中世纪中国陶瓷——求证中世纪冲绳与中国陶瓷贸易的接点》，《海交史研究》，1988年第2期。

[123] [日]田中克子《日本博多遗址群出土的贸易陶瓷器及其历史背景——九世纪至十七世纪早期》，《考古学视野中的闽商》，中华书局，2010年。

[124] [日]青柳洋子：《东南亚发掘的中国外销瓷器》，《南方文物》2000年第2期。

[125] [美]詹姆斯·瓦特，杨琮、林蔚文译：《东南亚的中国贸易陶瓷器》，《海交史研究》1987年第2期。

[126] [新加坡]黄慧怡《简介柬埔寨吴哥地区出土的福建宋元陶瓷》，《考古学视野中的闽商》，中华书局，2010年。

四、一落千丈——南宋末期后（13世纪后期之后）

福建青釉瓷外销在南宋晚期已呈衰败之势。南宋晚期虽然销量仍较大，但和之前相比已有所减少，且多生产价格低廉，质量较差的涩圈叠烧产品。随着时间推移，海外的青釉瓷市场逐渐被质量更精良的龙泉窑产品占据，南宋末期到元初，福建大量青釉瓷窑场断烧或转烧其他品种。元代，瓷器对外贸易依然很繁荣，甚至比宋代有过之而无不及。马可波罗将泉州港誉为"东方第一大港"。元代常见的福建外销瓷为庄边窑、浦口窑、闽清义窑等窑场所产，常被人称为"青灰釉瓷"的产品，主要外销至东南亚地区，也有部分销往日本和朝鲜半岛，已基本不见那类被称为"珠光青瓷"的青釉刻划花瓷。南宋末至元末的沉船数量较多，有半洋礁一号沉船、白礁一号沉船、北日岩一号水下文物点、文甲大屿沉船、北土龟礁二号沉船、南日岛北日岩一号水下文物点、湄洲岛门峡屿水下文物点、沙洲岛沉船[129]、新安沉船、圣杯屿沉船、莱屿沉船、尼拉维利沉船、大练岛一号沉船、玉龙号沉船、民丹岛沉船、沙都姆岛沉船、枢府沉船、石屿二号沉船、广义一号沉船等[130]。其中，南日岛北日岩一号水下文物点、南日岛北日岩四号水下文物点、湄洲岛门峡屿水下文物点、文甲大屿沉船、北土龟礁二号沉船、石屿二号沉船发现的产品均以上述的庄边窑、浦口窑等窑场粗制瓷，即被很多人称为"青灰釉"的产品为主；半洋礁一号沉船、白礁一号沉船遗物以福建黑釉瓷为主，也有较多福建青白釉瓷。沙洲岛沉船以青白釉瓷为主，其中部分是景德镇所产，部分是福建产品；枢府沉船均为枢府瓷；其余沉船均以龙泉窑青釉瓷为主。

根据海外遗址资料，日本博多遗址群13世纪前半期出土的青釉瓷已经以龙泉窑为主，此时的福建青釉瓷不仅数量变少，质量也开始下降，纹饰减少，制作粗糙。13世纪后半期博多遗址群出土的瓷器就不再见到福建青釉瓷，而是和此前青釉刻划花瓷完全不同的龙泉窑粉青釉瓷，大多数薄胎、厚釉，制作十分精美。这个阶段博多遗址发现的福建瓷器为青白釉及白釉瓷，有德化、莆田、浦城等地的产品。柬埔寨吴哥地区诸遗址，13世纪之后也不见提及福建青釉瓷[131]。菲律宾马尼拉的圣安娜遗址及马来西亚、印度尼西亚、泰国等地的其他遗址13世纪至14世纪出土的瓷器大致相同，包括龙泉窑青釉瓷、景德镇窑青白釉瓷、早期青花瓷及福建瓷器，福建瓷器则主要包括德化或周边的白釉、青白釉产品，磁灶窑的酱黑釉产品等[132]。圣安娜遗址出土的瓷器中，提到一件泉州

---

[127] 故宫博物院考古研究所、英国杜伦大学考古系：《英藏威廉姆森波斯湾北岸调查所获的中国古代瓷片》

[128] [英] 德雷克·康奈特、张然、塞斯·普利斯曼：《近东地区考古遗址发现的龙泉窑瓷器——英国威廉姆森藏品及斯拉夫遗址调查藏品中的龙泉窑青瓷简介》，《龙泉窑研究》，故宫出版社，2011年。

[129] 国家文物局水下文化遗产保护中心、中国国家博物馆、福建博物院、福州市文物考古工作队：《福建沿海水下考古调查报告（1989-2010）》，文物出版社，2017年6月。

[130] 刘未：国东南沿海及东南亚地区沉船所见宋元贸易陶瓷》，《考古与文物》2016年第6期。

[131] [新加坡] 黄慧怡《简介柬埔寨吴哥地区出土的福建宋元陶瓷》，《考古学视野中的闽商》，中华书局，2010年。

窑的青釉军持，当时泉州地区生产军持的主要是晋江磁灶窑，这件军持大概率是磁灶窑的产品。磁灶窑南宋末到元代还有少量青釉器外销，但此类青釉器大多粗糙，似陶似瓷，跟此前福建大量出口的青釉瓷类型风格也不大相同。

　　元代依然烧造青釉瓷的漳浦石寨窑、漳浦竹树山窑、建阳象山窑等窑场，不排除仍有少量外销，但在目前已知沉船和国外遗址资料中，除了提及庄边窑等窑场"青灰釉"及泉州窑青釉军持、磁灶窑青釉瓶，未见提到其他福建窑场青釉瓷。福建瓷器销往东南亚的较多，东南亚的遗址经科学发掘的较少，很多研究仍处空白，福建当时生产青釉瓷的窑场已很少，烧造数量有限，跟龙泉窑当时外销数量相比，应属极小众的，即使有少量出口，也很可能被忽略。

　　明代，政府施行海禁政策，特别是明早期，管控严格，法令严苛，处罚严厉，除了朝贡贸易，民间外销几乎断绝。明代海禁政策给福建制瓷业致命一击。因海禁，明早期至明中期，不仅福建瓷器在海外几乎销声匿迹，中国其他省份的瓷器在海外也发现很少，海外大部分市场被越南、泰国等地的陶瓷器取代。明中期以后，朝廷的控制力逐渐下降，越来越多人铤而走险走私。此时泉州港已衰败，而漳州的诸港口地理位置相对偏远，朝廷难以顾及，嘉靖以后，走私几乎明目张胆，朝廷已无法控制。隆庆年间，朝廷发布政令，开放月港作为对外贸易港口，虽然还有诸多限制，但私人海外贸易至此合法化。月港的所在地漳州，外销优势显著，隆庆开关后，大量窑场兴起，一直延续至清代。如漳州的东溪窑、平和窑。这些窑场主要以烧造青花为主，有的也烧造青釉瓷，如平和花仔楼窑、平和狗头山窑、南靖封门坑窑等。青釉瓷当时虽是小众产品，但在明末至清代外销中也能发现它的踪影。肯尼亚蒙巴萨沉船发现了3片福建青釉瓷残片。"蒙巴萨沉船"是一艘配备了40门大炮的军舰，于1697年葡萄牙人与阿曼阿拉伯人的作战中沉没[133]，船上出水的瓷器是船员官兵的日常用品。说明有一定数量福建青釉瓷外销，且外销地很可能是欧洲或非洲。沉没于清道光年间的泰兴号沉船，是一艘长50余米的巨轮，装载了100余万件中国瓷器。出水瓷器中发现少量福建青釉瓷，包括各式三足炉、筒炉、各式瓶、盘、罐等，经研究，可能是南靖封门坑窑的产品[134]。

[132] [日]青柳洋子：《东南亚发掘的中国外销瓷器》，《南方文物》2000年第2期。

[133] 秦大树、徐华烽、[肯尼亚]默罕默德·玛初拉：《肯尼亚蒙巴萨塔纳号沉船出水的中国瓷器》，《故宫博物院院刊》2014年第2期。

[134] 张立丽：《"泰兴号"沉船发现的封门坑窑陶瓷器》，《福建文博》，2020年第3期。

第二部分
福建墓葬出土
青釉瓷图版

青釉原始瓷尊

青铜时代
高 10.5 厘米　口径 9.2 厘米　足径 7 厘米
政和县熊山街道官湖村佛字山 M1 出土
政和县博物馆藏

　　敞口、尖唇、短束颈、折肩、斜弧腹、喇叭形足，器形不甚规整。颈部饰凹弦纹两道、肩部塑对称双系、划凹弦纹三组，每两组弦纹间划对称水波纹。灰胎，胎体较粗松，可见较多杂质。施青釉，内壁满釉，外壁施釉至足上半部，釉面不匀，釉色青黄。

（供图：政和县博物馆）

青釉原始瓷豆

青铜时代
高 5.9 厘米　口径 10.5 厘米　足径 6.1 厘米
政和县熊山街道官湖村佛字山 M1 出土
政和县博物馆藏

　　敞口、尖唇、折腹、喇叭形足。口沿下方划凹弦纹两道，弦纹上塑两两距离相等的三个条形扁系。灰胎，胎体较粗糙，表面可见较多杂质，内外壁均可见修胎留下的划痕。施青釉，内壁满釉，外壁施釉至足。釉色青绿，釉面不匀，土沁严重。

（供图：政和县博物馆）

青釉原始瓷双耳壶

汉
高15.5厘米　底径11.3厘米
福州荆溪庙后山 M1 出土
福建博物院藏

　　直口、粗长颈、溜肩、弧腹、下腹渐收、平底微凹。肩部划凹弦纹两道，塑对称双系。肩腹模印网格纹。灰胎、施青釉，釉色青灰，釉面不匀，釉层较薄。

（供图：福建博物院）

青釉原始瓷井式罐

汉
高21.5厘米　口径13.5厘米　底径11.8厘米
福州荆溪庙后山 M1 出土
福建博物院藏

　　敞口、直腹、平底微凹。灰胎、胎体较粗松，杂质较多。通体拍印网格纹。施青釉至上腹部，釉层较薄、釉面不匀，带有原始性。

（供图：福建博物院）

青釉原始瓷罐

汉
高 15.1 厘米　口径 11 厘米　底径 9.3 厘米
福州荆溪庙后山 M1 出土
福建博物院藏

　　敞口、溜肩、斜直腹、平底微凹。灰胎，胎体较粗松，杂质较多。通体拍印网格纹。施青釉至上腹部，剥釉严重。

（供图：福建博物院）

青釉熏炉

东汉—三国
高 13.5 厘米　口径 21.5 厘米　底径 18 厘米
福州市西郊洪塘金鸡山 M19 出土
福建博物院藏

　　敛口、鼓腹、平底微凹。器形不甚规整。器身镂孔四排，器底心及四角对称镂孔五个，口、肩、腹部划弦纹。深灰胎，胎质略粗。施青釉至下腹部，釉色青褐，大多已剥落。该器和宁波奉化东汉熹平四年（175年）墓出土一件镂孔香薰较相似，年代应相距不远。

（供图：福建博物院）

青釉簋

东汉—三国
高 12.6 厘米　口径 18 厘米　足径 14.7 厘米
福州市西郊洪塘金鸡山 M19 出土
福建博物院藏

敞口、直腹、喇叭形高足。外壁饰弦纹二道，内底饰凸弦纹二周。灰胎，胎体较粗松厚重，修坯较粗，外壁可见旋坯痕。施青釉，釉色青褐，内壁满釉，外壁施釉至足，剥釉严重。

（供图：福建博物院）

青釉碗

东汉—三国
高 5 厘米　口径 12.1 厘米　底径 6.5 厘米
福州市西郊洪塘金鸡山 M19 出土
福建博物院藏

敞口、斜直腹、平底微凹。外壁口沿下方划凹弦纹一道，内底饰凸弦纹二周。灰胎，胎体较粗松。施青釉，内壁满釉，外壁施釉至下腹部，釉色青褐，剥釉严重。

（供图：福建博物院）

青釉井

三国吴天纪元年（277年）
高 19.5 厘米　口径 12.5 厘米　底径 10.3 厘米
霞浦眉头山西晋天纪元年（277年）墓出土
霞浦县博物馆藏

　　折沿，斜折肩，深直腹，平底微凹。肩部划波浪纹一周，刻划较随意，其下划两道细弦纹。灰胎，胎质较粗糙。施青釉，外壁施釉近底，有流釉。

（供图：霞浦县博物馆）

青釉猪圈

三国吴天纪元年（277年）
猪高 2.8 厘米　长 7.8 厘米
猪圈高 5.3 厘米　口径 10.1 厘米　底径 9.8 厘米
霞浦眉头山西晋天纪元年（277年）墓出土
霞浦县博物馆藏

　　猪圈直口，圆唇，直腹，平底。口沿下方划弦纹两道，中腹部划弦纹两道。圈内塑一猪，长嘴、大耳、长尾，背部凸起，以背脊为中线划对称斜条纹。灰胎。施青釉，外壁施釉近底。釉色青黄、剥釉严重。
　　该器发掘报告原分述为"猪""槽"，根据该青釉猪及槽的形制特征、尺寸、烧造痕迹以及和同期墓葬相似器物的对比，笔者认为该"猪"和"槽"应为一件"青釉猪圈"。

（供图：福建省考古研究院　程珮）

青釉鸡笼

三国吴天纪元年（277年）
高 5.8 厘米　长 10.8 厘米　宽 8.6 厘米
霞浦眉头山西晋天纪元年（277年）墓出土
霞浦县博物馆藏

方形底座，座上塑半圆形鸡笼。前侧镂二孔为门，塑两鸡从门中探出，简洁生动。灰胎，施青釉，釉色青灰，釉面略不匀，有开片，釉质较莹润。

（供图：福建省考古研究院　程珌）

青釉钵

西晋元康六年（296年）
高 6.3 厘米　口径 16 厘米　底径 9.5 厘米
浦城吕处坞 M2 西晋元康六年（296年）墓出土
浦城县博物馆藏

敞口，圆唇，直腹，下腹渐收，平底微凹。外壁口沿下划凹弦纹一道，上腹部印网格纹一周。灰白胎，胎质较疏松。施青釉，内壁满釉，内底心可见三个支钉痕，外壁施釉至下腹部，釉层较薄，釉色呈淡青色，有开片，剥釉严重。

（供图：浦城县博物馆）

青釉双系盘口壶

西晋元康六年（296年）
高 17.8 厘米　口径 12 厘米　底径 10 厘米
浦城吕处坞 M2 西晋元康六年（296年）墓出土
浦城县博物馆藏

　　盘口，粗短颈，丰肩，鼓腹，下腹渐收，平底微凹。盘口划弦纹两道，颈肩交接处划弦纹两道，肩部置半圆形对称双系，上腹部划弦纹一道。灰胎，施青釉至下腹部，釉色青中泛黄，釉面不甚匀净。

（供图：浦城县博物馆）

青釉虎子

西晋元康六年（296年）
高 20.2 厘米　长 22.5 厘米
浦城吕处坞 M3 西晋元康六年（296年）墓出土
浦城县博物馆藏

　　虎子呈茧型，微束腰，腰部划弦纹两道。流圆形上翘，大张口，口沿微束，划弦纹数道。背上有弧形提梁，提梁上划网格纹，下部贴四兽足。灰白胎，胎质较坚致。施青釉，釉质厚薄不均，有开片，釉色不甚均匀，口腹部呈青绿色且较莹润，至腰部尾部则泛黄暗淡，底部无釉。

（供图：浦城县博物馆）

青釉耳杯盘

西晋元康六年（296年）
盘高3.3厘米　口径10.4厘米　底径8.5厘米
浦城吕处坞M1西晋元康六年（296年）墓出土
浦城县博物馆藏

盘敞口、弧腹、平底。盘内底心下凹。内壁饰弦纹一周，内置两个耳杯，耳杯已简化，口沿两侧微凸，表现双耳。灰胎，胎体较松。施青釉，杯内外满釉，盘内壁满釉，外壁施釉近底，外底露胎。釉色青绿，玻璃质感强，开细小纹片，土沁严重，剥釉严重。

（供图：浦城县博物馆）

青釉狗圈

西晋元康六年（296年）
高2.5厘米　口径8.9厘米　底径6.2厘米
浦城吕处坞M1西晋元康六年（296年）墓出土
浦城县博物馆藏

狗圈呈浅碗状，直口、斜直腹、平底微内凹。圈内塑一狗，已残。灰白胎，胎质较坚致。施青釉，釉色青黄，内外壁及狗身均满釉，外底无釉露胎。

（供图：浦城县博物馆）

青釉狗圈

西晋元康九年（299年）

高 2.5 厘米　口径 10.6 厘米

霞浦眉头山 M2 西晋元康九年（299年）墓出土

霞浦县博物馆藏

狗圈呈浅碗状，直口、斜直腹、平底微内凹。圈内塑一狗，呈蹲伏状，生动形象。灰白胎，胎质较坚致。施青釉，釉色青中泛灰黄，内外壁及狗身均满釉，外底无釉露胎，剥釉较严重。

（供图：霞浦县博物馆）

青釉双系盘口壶

西晋元康九年（299年）
高 21.2 厘米　口径 11.2 厘米　底径 11.6 厘米
霞浦眉头山 M1 西晋元康九年（299年）墓出土
霞浦县博物馆藏

　　盘口，喇叭形短颈，丰肩，弧腹，下腹渐收，平底微内凹，盘口饰弦纹两道，肩部置对称半圆形系。肩部至下腹部满布旋坯痕。灰胎，胎体较坚致。施青釉至下腹部，釉色青黄，有开片。

（供图：霞浦县博物馆）

青釉唾壶

西晋元康九年（299年）
高 10 厘米　底径 6 厘米
霞浦眉头山 M1 西晋元康九年（299年）墓出土
霞浦县博物馆藏

　　浅盘口，直颈，溜肩，鼓腹，底部因断残形制不明。肩至腹部依次饰弦纹一道、联珠纹一周、弦纹二道、网格纹一周、弦纹一道、联珠纹一周，腹部贴塑铺首衔环三个。外壁通体施青釉，内壁施釉至盘颈交接处，釉色青中略泛灰，釉质莹润。

（供图：霞浦县博物馆）

青釉狮形插器

西晋元康九年（299年）
高 10.4 厘米　长 14 厘米
霞浦眉头山 M1 西晋元康九年（299年）墓出土
霞浦县博物馆藏

狮呈挺胸蹲伏状，睁眼龇牙，下巴贴塑鬃毛，腹部两侧划羽翼，长尾下垂。内中空，背部竖一圆管。灰白胎，胎质较坚致，通体施青釉，釉色青黄。

（供图：霞浦县博物馆）

青釉狮形插器

西晋元康九年（299年）
高12.5厘米　长18厘米
霞浦眉头山M2西晋元康九年（299年）墓出土
霞浦县博物馆藏

　　狮呈蹲伏状，昂首挺胸，睁眼龇牙，头、颈、背部刻划细密下垂的鬃毛，腹部两侧刻划羽翼，长尾下垂，内中空，背部竖一圆管。灰白胎、胎质较坚致，通体施青釉，釉色青黄。

（供图：霞浦县博物馆）

青釉虎子

西晋元康九年（299年）
高19厘米　长25厘米　口径5.6厘米
霞浦眉头山M1西晋元康九年（299年）墓出土
霞浦县博物馆藏

　　茧型、大圆口，口部贴塑虎头，背上置一提梁，提梁已残，底部贴塑四足，似蹲伏状。腹部两侧划羽翼。灰白胎，胎体坚致。施青釉，釉色青中泛灰。

（供图：霞浦县博物馆）

青釉双系罐

西晋元康九年（299 年）
高 8.5 厘米　口径 7.6 厘米　底径 7.8 厘米
霞浦眉头山 M2 西晋元康九年（299 年）墓出土
霞浦县博物馆藏

　　直口，丰肩，扁鼓腹，下腹渐收，假圈足微外撇。肩部置双系，肩部至下腹部划弦纹四道。灰胎，胎体较坚致。施青釉，釉色青绿，大片釉面因严重土沁，呈土黄色，剥釉严重，仅肩部少量地方可看出原本青绿釉色。

（供图：霞浦县博物馆）

青釉罐

西晋元康九年（299 年）
高 8.8 厘米　口径 8 厘米　底径 7.8 厘米
霞浦眉头山 M2 西晋元康九年（299 年）墓出土
霞浦县博物馆藏

　　直口，厚唇，折肩，斜直腹，平底微凹。口沿模印网格纹，肩部置等距的三乳钉。灰胎，胎体较坚致。施青釉至腹部，釉色青绿，有开片。

（供图：霞浦县博物馆）

青釉三足盆

西晋元康九年（299年）
高 2.5 厘米　口径 10.6 厘米
霞浦眉头山 M1 西晋元康九年（299年）墓出土
霞浦县博物馆藏

　　折沿、弧腹，下腹急收，平底，下腹部贴塑三兽足。折沿上划水波纹，内壁划弦纹两道，中夹水波纹一道，内底心划弦纹两道。外壁自上向下依次饰弦纹、联珠纹、菱形纹带、弦纹、联珠纹，近足处划弦纹一道。腹部菱形纹带处贴塑等距的三个铺首衔环。灰胎，胎体坚硬，工艺精细。施青釉，胎釉结合紧密。内外壁皆满釉，三兽足底部亦有釉，底部几近满釉，仅少部分露胎，应是垫烧痕。

（供图：霞浦县博物馆）

青釉堆塑罐

西晋元康九年（299年）
残高 44.5 厘米　底径 16 厘米
霞浦眉头山 M1 西晋元康九年（299年）墓出土
霞浦县博物馆藏

　　罐上堆塑大部已残，难以窥视全貌。从尚存部分可见分三层。最上层堆塑楼阁，第二层四角堆塑四个小罐、飞鸟、人物，第三层堆塑人物、楼阁。罐溜肩，弧腹，下腹渐收，平底微凹。肩腹部贴塑四神及人物，中腹部模印卷草纹。灰胎，胎体较坚致。施青釉，釉色青黄，剥釉严重。

（供图：霞浦县博物馆）

青釉水盂

西晋元康九年（299年）
高 3.5 厘米　口径 4 厘米
霞浦眉头山 M2 西晋元康九年（299年）墓出土
霞浦县博物馆藏

　　敛口、溜肩、扁腹、平底微凹。口至腹部分别饰弦纹两周及一周网格纹带。灰胎，胎体较坚致。施青釉，内外壁皆满釉，外底露胎。釉质莹润，有开片。

（供图：霞浦县博物馆）

青釉鸡笼

西晋元康九年（299年）
高 5.8 厘米　长 10.8 厘米　宽 8.6 厘米
霞浦眉头山 M2 西晋元康九年（299年）墓出土
霞浦县博物馆藏

　　鸡笼呈半圆柱形，笼顶塑一鸡，蹲坐昂首。笼面作长方形镂空，笼前方作左右对称方形镂空，前饰鸡两只，皆蹲坐展翅。笼面中间饰弦纹三道，右侧饰弦纹二道。灰胎，施青釉，釉面土沁剥釉严重，已看不出本来釉色。

（供图：霞浦县博物馆）

青釉双系盘口壶

西晋元康年（291年—299年）
邵武市水北镇古县村两晋南朝墓群 M4 元康年墓出土

盘口、粗颈、溜肩、鼓腹、下腹渐收、平底微凹，盘口划弦纹两周，肩部饰弦纹三道，贴对称半圆形系。灰胎，胎体较精细，修胎规整。施青釉，釉色青黄、玻璃质感较强、开细碎纹片、剥釉严重。

（供图：福建省考古研究院　陈明忠）

青釉双系罐

西晋元康年（291年—299年）
邵武市水北镇故县村两晋南朝墓群 M4 元康年墓出土

直口、厚唇、溜肩、扁鼓腹、下腹急收、平底微凹，器形较规整。肩部划弦纹一道，置对称半圆形系。灰胎。施青釉、釉面青绿、釉层不匀、有流釉、部分剥釉。

（供图：福建省考古研究院　陈明忠）

青釉双系罐

西晋元康年（291年—299年）

邵武市水北镇故县村两晋南朝墓群M4元康年墓出土

直口，厚唇，溜肩，鼓腹，下腹渐收，平底微凹，器形较规整。口部划弦纹两道，肩部划弦纹一道，置对称半圆形系。灰胎，修坯略草率，腹部可见细密旋坯痕。施青釉至下腹部，釉色青灰，釉层不匀，有流釉。

（供图：福建省考古研究院　陈明忠）

青釉钵

西晋元康年（291年—299年）

邵武市水北镇故县村两晋南朝墓群M4元康年墓出土

直口，厚唇，斜直腹，平底微凹。口沿外划弦纹一道。灰胎，修坯略草率，腹部可见旋坯痕。施青釉至下腹部，釉色青绿，釉层较薄。

（供图：福建省考古研究院　陈明忠）

青釉碗

西晋元康年（291年—299年）

邵武市水北镇故县村两晋南朝墓群 M4 元康年墓出土

敛口，斜弧腹，平底微凹，略变形。灰胎，修坯略草率，腹部可见数道旋坯痕。施青釉至下腹部，釉色青绿。

（供图：福建省考古研究院　陈明忠）

青釉虎子

西晋永兴三年（306年）

高 18 厘米　口径 5 厘米　底径 12.8 厘米

松溪县渭田村茶林果队西晋永兴三年（306年）墓出土

福建博物院藏

球形，丰肩，弧腹，平底微凹。肩部置一管状口，口上贴塑虎头，顶部贴塑弯曲提梁，提梁上划竖条纹，腹部划弦纹两道。灰白胎，胎质不纯，杂质较多。施青釉，釉面不甚均匀，施釉近底，釉色青绿，部分因土沁泛黄，釉面开细小纹片。

（供图：福建博物院）

青釉唾壶

西晋永兴三年（306年）
高 14.5 厘米　口径 10 厘米　足径 10.6 厘米
松溪县渭田村茶林果队西晋永兴三年（306年）墓出土
福建博物院藏

盘口，短束颈，溜肩，垂腹，饼足微凹。器形歪斜变形。灰胎，施青釉，釉色青黄，剥釉严重。

（供图：福建博物院）

青釉钵

西晋永兴三年（306年）
高 12 厘米　口径 16.7 厘米　底径 12.6 厘米
松溪县渭田村茶林果队西晋永兴三年（306年）墓出土
福建博物院藏

敛口，斜弧腹，平底微凹。灰胎，修胎较粗，腹部可见粗细不等旋坯痕。施青釉，内壁满釉，外壁施釉至下腹部，釉色青中略泛灰黄。

（供图：福建博物院）

青釉羊形插器

西晋永嘉五年（311年）
高12厘米　长17.2厘米
闽侯县关口桥头山M4西晋永嘉五年（311年）墓出土
福建博物院藏

羊呈蹲伏状，身躯肥壮，微束腰，四肢蜷曲，昂首张口，两角弯曲。形态憨厚，形象生动。胸腹部和臀部贴塑对称尖角两组，臀部的一侧角残断。胸、腰、臀部分别饰弦纹两道。内中空，背部置一筒状插孔。灰胎，胎体坚致，制作规整。施青釉，釉层较薄，釉面不匀，釉薄处呈青黄色，釉厚处呈青绿色。有流釉。

该羊形插器出土于闽侯关口桥头山M4西晋永嘉五年（311年）墓前土堆中。该墓严重坍塌，几不见随葬品，历史上可能被盗。发掘报告认为该羊形插器是否属于该墓尚存疑问。从该羊形插器的形制、工艺、时代风格等判断应属西晋器物，和西晋永嘉五年（311年）的年代相符，桥头山其他几座墓葬均为南朝墓，且与M4相距数米至数十米远，附近亦没有发现其他墓葬，故认为该羊形插器属M4随葬品的可能性比较大。

（供图：福建博物院）

青釉五联罐

西晋
高 28.5 厘米　口径 7.5 厘米　底径 16.3 厘米
霞浦县龙泉山西晋墓出土
霞浦县博物馆藏

直口、厚唇、短颈、折肩、斜直腹、平底微凹。肩部划弦纹两道，贴塑小罐四个。小罐直口、厚唇、短束颈、扁鼓腹。小罐四周围绕四神、螃蟹等。灰白胎，胎体较粗松。施青釉，釉色青褐，外壁施釉至下腹部，胎釉结合差，剥釉严重。福建地区五联罐甚为罕见。目前仅见闽侯桐口西晋墓、建瓯水南梅仙山东晋晚期墓、南安丰州皇冠山东晋墓等发现的寥寥数件。且上述诸墓发现的五联罐均盘口、长颈、鼓腹，造型似盘口壶，此件折肩、斜直腹似筒形的五联罐福建目前仅见此件。

（供图：霞浦县博物馆）

青釉鸡首壶

西晋晚期—东晋早期
高 17.2 厘米　口径 9.4 厘米　底径 11.4 厘米
将乐县古镛镇龟山新村 M2 出土
将乐县博物馆藏

盘口，丰肩微弧，鼓腹，下腹渐收，平底，肩部划弦纹一道，置两个对称的桥形系，另两侧置鸡首和龙柄。灰白胎，施青釉，釉色青中略泛黄，开细碎纹片，施釉及底，外底露胎，釉层较薄，剥釉严重。

（供图：将乐县博物馆）

青釉褐彩四系盖罐

西晋晚期—东晋早期
高 10.5 厘米　口径 8.8 厘米　底径 8.6 厘米
将乐县古镛镇龟山新村 M2 出土
将乐县博物馆藏

盖子母口，平顶，泥条形钮，折沿，盖沿饰弦纹一周，盖面以盖钮为起点饰放射状褐色点彩。罐直口，溜肩，扁鼓腹，下腹渐收，平底微凹，肩上置四系。灰胎，胎体较坚致。施青釉，釉色青黄，有细碎开片。

（供图：将乐县博物馆）

青釉蛙形水盂

东晋咸康元年（335年）
高6.2厘米　口径2.5厘米　底径4.3厘米
南安市丰州镇华侨中学M2东晋咸康元年（335年）墓出土
福建博物院藏

　　直口、方唇、短颈、丰肩、鼓腹、下腹渐收、平底。肩部贴塑伏卧的蛙，一侧作蛙首和前肢，一侧贴塑后肢，蛙前后肢均划斜线纹。灰白胎。施青釉，釉色青中泛黄，开细碎纹片，剥釉严重。

（供图：福建博物院）

青釉双系盘口壶

东晋永和二年（346年）
高23.8厘米　口径13.8厘米　底径10.6厘米
霞浦眉头山M6东晋永和二年（346年）墓出土
霞浦县博物馆藏

　　盘口，粗短颈，溜肩，鼓腹，下腹渐收，平底微凹。盘口饰弦纹，肩部划弦纹两道，两道弦纹中夹网格纹带一周。两侧对称贴塑半圆形系，一系残断。灰胎，胎体较坚致，施青釉，釉色青黄，釉层较薄，剥釉严重。

（供图：霞浦县博物馆）

青釉狮形插器

东晋永和二年（346年）
高8.8厘米　长13.2厘米
霞浦眉头山M6东晋永和二年（346年）墓出土
霞浦县博物馆藏

狮呈蹲伏状，昂首挺胸，瞠眼龇牙，头、颈、背部刻划细密下垂的鬃毛，腹部两侧刻划卷曲的鬃毛，长尾下垂，内中空，背部竖一圆管，圆管已残。灰白胎，胎质较坚致，通体施青釉，釉色青绿，有土沁。

（供图：霞浦县博物馆）

青釉双系双唇罐

东晋永和三年（347年）
高12厘米　口径7厘米　底径9厘米
建瓯市小桥村鲤鱼山东晋永和三年（347年）墓出土
建瓯市博物馆藏

双唇，束颈，溜肩，鼓腹，下腹渐收，平底微凹，肩部划弦纹两道，置两个对称半圆形系。灰胎，胎体含杂质较多，施青釉至下腹部，釉已剥落殆尽。

（供图：建瓯市博物馆）

青釉双系盘口壶

东晋永和五年（349年）
高 22.1 厘米　口径 13.5 厘米　底径 10.9 厘米
闽侯县荆溪镇庙后山 M2 东晋永和五年（349年）墓出土
福建博物院藏

　　浅盘口、短粗颈、丰肩、鼓腹、下腹渐收。盘口饰粗弦纹两道，肩部饰弦纹一道，贴塑两个对称半圆形系。灰白胎，胎质较粗松，修坯不甚规整，下腹部剥釉处可见数圈旋坯痕。施青釉，釉色青黄，施釉至下腹部，釉层较薄，土沁严重，剥釉严重。

（供图：福建博物院）

青釉双系罐

东晋永和五年（349年）
高 14.1 厘米　口径 14.6 厘米　底径 14.4 厘米
闽侯县荆溪镇庙后山 M2 东晋永和五年（349年）墓出土
福建博物院藏

　　直口、溜肩、弧腹、下腹渐收、平底微凹。肩部置对称半圆形系，器形不甚规整。灰胎，胎质较粗糙，修坯不精细，外壁可见数圈旋坯痕。施青釉，外壁施釉至下腹近底处，釉色青黄，开细碎纹片。

（供图：福建博物院）

青釉钵

东晋永和五年（349年）
高 4.4 厘米　口径 7.1 厘米　底径 5.1 厘米
闽侯县荆溪镇庙后山 M2 东晋永和五年（349 年）墓出土
福建博物院藏

敛口、圆唇、斜弧腹、平底微凹。口沿下方划弦纹两道。灰胎，胎体较粗糙。施青釉，内壁满釉，外壁施釉至下腹部，釉色青中略泛黄，釉层较厚，玻璃质感强，开细碎纹片。

（供图：福建博物院）

青釉褐彩盖罐

东晋永和五年（349年）
通高 14.5 厘米　口径 16.5 厘米　底径 10.4 厘米
闽侯县荆溪镇庙后山 M5 东晋永和五年（349 年）墓出土
福建博物院藏

盖平顶、子母口，盖顶贴塑一兽钮，钮已残。钮外划凹弦纹两周。盖面平顶边缘划弦纹一周，斜面中间划弦纹一周，盖沿划弦纹两周，盖面满釉，饰褐色点彩两周。罐直口、圆唇、溜肩、鼓腹、下腹渐收、平底微凹。肩部划弦纹两周。灰胎。施青釉，釉色青黄。罐外壁施釉近底，釉层较薄，剥釉严重。

（供图：福建博物院）

青釉双系盘口壶

东晋永和八年（352年）
邵武市水北镇故县村两晋南朝墓群 M11 永和八年（352年）墓出土

盘口，短粗颈，溜肩，鼓腹，下腹渐收，平底微凹。口沿划弦纹一道，肩部划弦纹一道，肩部置对称半圆形系。灰胎，胎质较粗，修坯不精，颈、肩、腹部均可见旋坯痕。施青釉至下腹部，釉色青绿。

（供图：福建省考古研究院　陈明忠）

青釉四系罐

东晋永和八年（352年）
邵武市水北镇故县村两晋南朝墓群 M11 永和八年（352年）墓出土

直口，厚唇，溜肩，鼓腹，下腹渐收，平底微凹。口、肩、腹分别划弦纹一道。肩部置两两对称的半圆形四系。灰胎，胎体较坚致。施青釉至下腹部，釉色青黄，釉面不匀，有流釉。

（供图：福建省考古研究院　陈明忠）

青釉碗

东晋永和八年（352年）

邵武市水北镇故县村两晋南朝墓群 M11 东晋永和八年（352年）墓出土

敞口，斜弧腹，平底微凹。外壁口沿下方划弦纹一道。灰胎。施青釉至下腹部，釉色青绿，釉层较薄，土沁严重。

（供图：福建省考古研究院 陈明忠）

青釉盂

东晋永和八年（352年）

邵武市水北镇故县村两晋南朝墓群 M10 东晋永和八年（352年）墓出土

敛口，溜肩，扁鼓腹，下腹急收，平底微凹。口沿外侧划水波纹、一道弦纹，中腹部划弦纹两道。灰胎，胎体略粗松。施青釉，施釉较薄，釉色青绿，土沁较严重，有剥釉。

（供图：福建省考古研究院 陈明忠）

青釉四系罐

东晋兴宁三年（365年）

高 8.2 厘米　口径 8.4 厘米　底径 7.2 厘米

浦城吕处坞会窑东晋兴宁三年（365年）墓出土

浦城县博物馆藏

直口，圆唇，溜肩，鼓腹，下腹渐收，平底微凹。肩部置四系。浅灰胎、胎体较坚致，修坯精细、制作规整。施青釉至近足处，釉色青黄，剥釉严重。

（供图：浦城县博物馆）

青釉褐彩鸡首壶

东晋升平四年（360年）
高 24.1 厘米　口径 8 厘米　底径 11.3 厘米
福州市仓山区乐群路东晋升平四年（360年）墓出土
福建博物院藏

　　盘口、细颈、溜肩、鼓腹、下腹渐收、平底微凹、器形规整。肩部划弦纹一道，置两个对称的半圆形系，另两侧对称置一鸡首和柄，鸡冠、鸡眼及双系点褐彩装饰。灰白胎，胎体坚致、修胎精细。施青釉，釉色青翠，开大小不等纹片，施釉近底，釉面匀净光润。

（供图：福建博物院）

青釉碗

东晋兴宁三年（365年）
高 7 厘米　口径 14 厘米　底径 6 厘米
浦城吕处坞会窑东晋兴宁三年（365年）墓出土
浦城县博物馆藏

敞口、弧腹、假圈足。外壁口沿下方划弦纹一周，足墙划弦纹一周。灰白胎。施青釉至下腹部近足处。釉色青黄，釉质莹润，玻璃质感强，剥釉严重。

（供图：浦城县博物馆）

青釉钵

东晋咸安二年（372年）
高 9.1 厘米　口径 19.6 厘米　底径 13.2 厘米
南安市丰州镇皇冠山 M34 东晋咸安二年（372年）墓出土
南安市博物馆藏

敞口、厚唇、斜直腹、平底微凹。外壁口沿下方饰弦纹三道。灰胎，胎体较粗松。施青釉至下腹部，釉层较薄，有剥釉。

（供图：福建省考古研究院　温松全）

青釉盏

东晋咸安二年（372年）
高 5 厘米　口径 112 厘米　底径 6.6 厘米
南安市丰州镇皇冠山 M34 东晋咸安二年（372年）墓出土
南安市博物馆藏

敞口、厚唇、斜弧腹、平底微凹。器形不规整。外壁口沿下方饰弦纹一道。灰胎，胎体较粗松。施青釉，釉已剥落殆尽。

（供图：福建省考古研究院　温松全）

青釉鸡首壶

东晋咸安二年（372年）
高 23.2 厘米　口径 9.5 厘米　底径 12.5 厘米
南安市丰州镇皇冠山 M34 东晋咸安二年（372年）墓出土
南安市博物馆藏

　　盘口，束颈，溜肩，鼓腹，下腹渐收，平底微凹，肩部两侧置对称桥形系，另两侧对称置一鸡首和柄。器形规整，造型秀美。灰胎、修坯较精细，腹壁见浅细旋坯痕。施青釉及底，釉层较薄，开细小纹片，釉色青黄，局部剥釉。

（供图：福建省考古研究院　温松全）

青釉盏（2件）

东晋咸安二年（372年）
高 3 厘米　口径 8.2 厘米　底径 4.6 厘米
高 2.4 厘米　口径 7.2 厘米　底径 3.6 厘米
南安市丰州镇皇冠山 M34 东晋咸安二年（372年）墓出土
南安市博物馆藏

　　敛口，弧腹，平底微凹，腹部划弦纹一道。灰胎，胎体较粗糙，表面可见较多杂质。施青釉至下腹部，釉已剥落殆尽。

　　敞口，厚唇，折腹，平底微凹。制作较粗糙，器形不规整。灰胎，胎质较粗松。施青釉、釉面可见细小开片，剥釉严重。

（供图：福建省考古研究院　温松全）

青釉盏

东晋太元三年（378年）
高 3.75 厘米　口径 10.8 厘米　底径 4.8 厘米
南安市丰州镇皇冠山 M24 东晋太元三年（378年）墓出土
南安市博物馆藏

直口，圆唇，折腹，平底微凹，器形不甚规整。灰胎，胎质较粗，修胎不精，腹部可见数道旋坯痕。施青釉近底，釉色青绿，釉面较莹润。

（供图：福建省考古研究院　温松全）

青釉四系盘口壶

东晋太元二十一年（396年）
高 20.5 厘米　口径 12.5 厘米　底径 11.8 厘米
漳浦县石榴镇石榴村 M1 东晋太元二十一年（396年）墓出土
漳浦县博物馆藏

盘口，短颈，溜肩，弧腹，平底微凹，器形较规整美观。盘口口沿划弦纹二道，肩部划弦纹四道，置四个半圆形系，肩腹交接处划弦纹二道。灰胎，施青釉，釉色青绿，釉面有大小不等开片。

（供图：漳浦县博物馆）

青釉六系罐

东晋中晚期
邵武市水北镇故县村两晋南朝墓群一区 M11 出土

直口，溜肩，鼓腹，下腹渐收，平底微凹。肩部划弦纹一道，置两两对称的四系，另两侧对称置系。灰白胎，胎体上可见杂质。施青釉，釉色淡青，折角处可见明显积釉，釉面玻璃质感较强，开细碎纹片，部分剥釉。

（供图：福建省考古研究院　陈明忠）

青釉唾壶

东晋中晚期
邵武市水北镇故县村两晋南朝墓群一区 M11 出土

盘口，粗颈，丰肩，扁鼓腹，饼足微凹，颈肩交界处饰弦纹二道。灰胎，施青釉，外壁施釉至足，釉色呈淡青绿色，釉质较莹润，釉面可见大小不等开片，有流釉，足部积釉处玻璃质感强。

（供图：福建省考古研究院　陈明忠）

青釉碗

东晋中晚期
邵武市水北镇故县村两晋南朝墓群一区 M11 出土

敞口，斜腹微弧，饼足。灰胎，胎体较粗糙厚重，修坯不精，腹部可见粗细不等旋坯痕。施青釉，釉色呈淡青灰色，釉层较薄，釉面可见较多深褐色铁斑，可能是胎体中含有含铁量较高的杂质或明火裸烧中杂质附着于釉面上导致。

（供图：福建省考古研究院　陈明忠）

青釉褐彩碗

东晋中晚期
邵武市水北镇故县村两晋南朝墓群一区 M16 出土

敞口、弧腹、平底微凹。口沿外侧划弦纹一道，口沿处点褐色斑点一周。灰胎，胎体较粗糙，施青釉，釉面开细碎纹片，有流釉。

（供图：福建省考古研究院　陈明忠）

青釉唾壶

南朝宋元嘉十五年（438年）
高 19.6 厘米　口径 13.4 厘米　足径 15.4 厘米
政和县石屯镇上林山 M5 南朝宋元嘉十五年（438年）墓出土
政和县博物馆藏

盘口，长束颈，丰肩，扁鼓腹，饼足微凹。灰白胎。通体施青釉，釉色青黄，开细碎纹片，土沁严重，器身大部土沁变色，剥釉严重。

（供图：政和县博物馆）

青釉双系盘口壶

南朝宋元嘉十七年（440年）
高 27.6 厘米　口径 17 厘米　底径 14.3 厘米
福州市晋安区新店镇灰炉头村南朝宋元嘉十七年（440年）墓出土
福建博物院藏

盘口，粗颈，丰肩，鼓腹，下腹渐收，平底微凹。肩部贴塑对称桥形系。器形不甚规整。灰胎，胎体较粗松，修坯较随意，外壁可见深浅不一旋坯痕。施青釉，釉色青黄，釉层较薄，釉面略不均匀，有流釉。

（供图：福建博物院）

青釉双系盖罐

南朝宋元嘉十七年（440年）
高 21.2 厘米　口径 13 厘米　底径 10.3 厘米
福州市晋安区新店镇灰炉头村南朝宋元嘉十七年
（440年）墓出土
福建博物院藏

敞口，短颈，溜肩，鼓腹，下腹渐收，平底微凹。肩部贴塑对称桥形系。附一盖，盖呈伞形，蘑菇形钮。灰胎。施青釉，外壁施釉至下腹部，釉色青黄、有流釉。

（供图：福建博物院）

青釉盖碗

南朝宋元嘉十七年（440年）
通高 15 厘米　口径 16.4 厘米
福州市晋安区新店镇灰炉头村南朝宋元嘉十七年
（440年）墓出土
福建博物院藏

碗敞口，厚唇，弧腹，饼足。附一盖，盖子母口，伞形，蘑菇形钮。器形规整，修胎精细，基本不见修坯痕，修足也很规整。施青釉，碗内外壁均满釉，仅外底露胎，盖面满釉，盖内壁露胎。釉色青黄、施釉略不匀净、开细碎纹片。

（供图：福建博物院）

青釉盘

南朝宋元嘉十七年（440年）
高 2 厘米　口径 15 厘米
福州市晋安区新店镇灰炉头村南朝宋元嘉十七年（440年）墓出土
福建博物院藏

敞口、斜直壁、平底，内底可见明显旋坯痕。灰胎，胎体较坚致。施青釉、内外满釉，仅外底露胎，釉色青黄，釉面可见开片，有流釉，外壁近底处可见明显积釉。

（供图：福建博物院）

青釉五盅盘

南朝宋元嘉十七年（440年）
高 5.4 厘米　口径 19.5 厘米
福州市晋安区新店镇灰炉头村南朝宋元嘉十七年（440年）墓出土
福建博物院藏

盘直口，斜直腹，平底微凹。内粘大小相等的盅五个。盅敞口、弧腹、平底。灰胎，胎体较坚致。施青釉、盘、盅均内外壁满釉，盘外底露胎，釉色青黄，釉面开细碎纹片，流釉明显。

（供图：福建博物院）

青釉带盘三足炉

南朝宋元嘉十七年（440年）
高 8.8 厘米　口径 13 厘米
福州市晋安区新店镇灰炉头村南朝宋元嘉十七年（440年）墓出土
福建博物院藏

炉敞口、圆唇、弧腹、平底。腹足交接处贴塑三足，腹部划弦纹两道。盘敞口、圆唇、斜直腹、平底。盘炉原相连，现已断残分离。灰白胎。施青釉，釉色青黄，开细碎纹片，炉内外壁均满釉，仅外底露胎，盘内壁满釉，外壁施半釉，外底露胎。

（供图：福建博物院）

青釉带盘耳杯

南朝宋元嘉十七年（440年）
高 6
福州市晋安区新店镇灰炉头村南朝宋元嘉十七年（440年）墓出土
福建博物院藏

耳杯呈船形、两头高中间矮，中间低矮处制两凸把以表现双耳，平底，粘于盘上。盘敞口、斜直壁、平底微凹。盘内底饰弦纹一周。灰胎，胎体较厚重。施青釉，杯内外满釉，盘内壁满釉，外壁施釉近底，外底露胎。釉色青黄，釉面开细小纹片。

（供图：福建博物院）

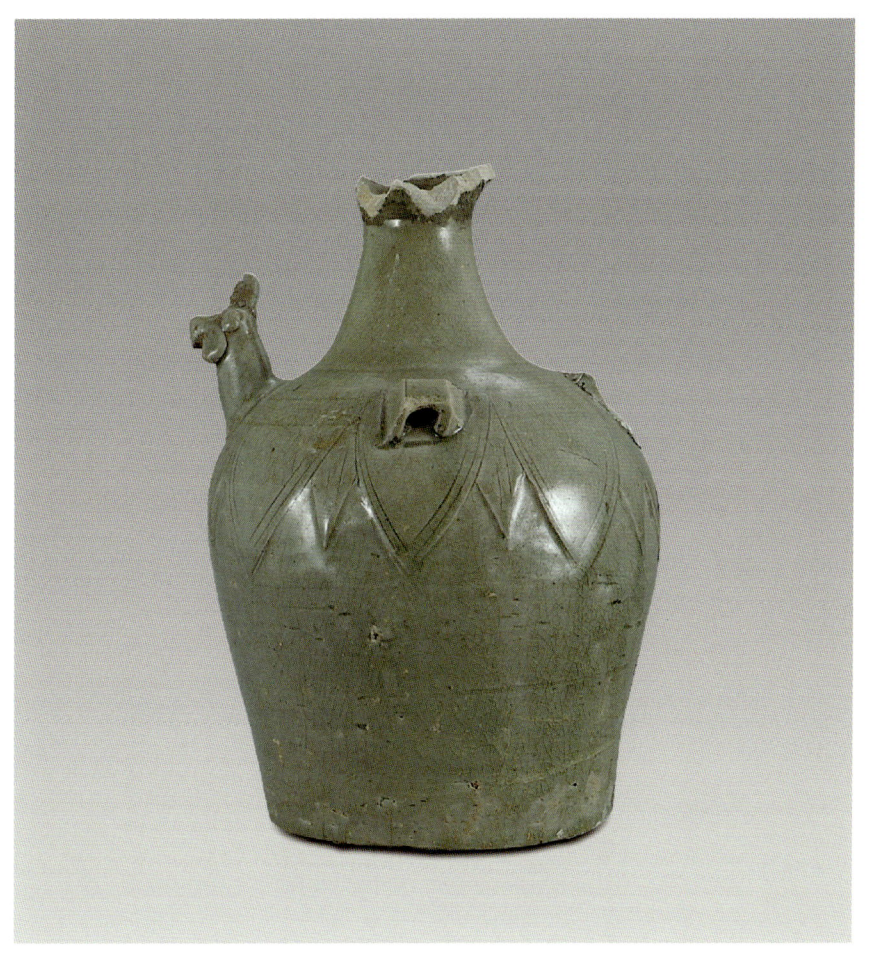

青釉莲瓣纹鸡首壶

南朝宋元嘉二十六年（448年）
残高 26 厘米　底径 13.8 厘米
福州市仓山区长安山南朝宋元嘉二十六年（448年）墓出土
福建博物院藏

　　壶口残缺，细颈，溜肩，弧腹，平底，肩部划弦纹两道，置两个对称的桥形系，另两侧至一鸡首和柄，柄已残失。腹部刻莲瓣纹。灰胎、施青釉，釉色青绿，质地莹润光洁。该鸡首壶造型与1973年慈溪明湖公社采集的，现藏慈溪市博物馆的南朝越窑青釉刻莲瓣纹鸡首壶造型、釉质、纹饰均很相似，应该是浙江窑场的产品。

（供图：福建博物院）

青釉双系罐

南朝宋元嘉二十六年（448年）
高 13.1 厘米　口径 10.6 厘米　底径 8 厘米
福州市仓山区长安山南朝宋元嘉二十六年（448年）墓出土
福建博物院藏

　　敞口、溜肩、鼓腹，下腹渐收，平底微凹，肩部置对称半环形系。灰胎，胎体较厚重。施青釉至下腹部，釉色青黄，釉层较薄。

（供图：福建博物院）

青釉莲瓣纹碗

南朝宋元嘉二十六年（448年）
高9.2厘米　口径15.5厘米　足径7.5厘米
福州市仓山区长安山南朝宋元嘉二十六年（448年）墓出土
福建博物院藏

　　直口，弧腹，饼足微凹。外壁口沿下方划弦纹三道，腹部饰双层莲瓣纹。灰胎，施青釉，釉色青绿，釉面可见大小不等开片，内外满釉，仅外底露胎，土沁较严重。

（供图：福建博物院）

青釉双系盘口壶

南朝宋大明六年（462年）
高27.9厘米　口径11.6厘米　底径12厘米
政和县石屯镇松源村M831（庐塘山M1）南朝宋大明六年（462年）墓出土
政和县博物馆藏

　　盘口，喇叭形颈，丰肩，弧腹，下腹渐收，平底微凹。肩部贴对称二系。灰胎，胎体较坚致。施青釉至下腹部，釉色青黄，釉面光润平滑，有开片。

（供图：政和县博物馆）

青釉盅

南朝宋大明六年（462年）
高5.4厘米　口径8.7厘米　足径4.9厘米
政和县石屯镇松源村M831（庐塘山M1）南朝宋大明六年（462年）墓出土
政和县博物馆藏

　　直口微敛、弧腹、饼足。浅灰胎，胎体较坚致。施青釉至下腹部，釉色青中泛黄、釉层较厚、有流釉、玻璃质感强、开细碎纹片。

（供图：政和县博物馆）

青釉莲瓣纹碗

南朝宋大明六年（462年）
高14.7厘米　口径23.6厘米　足径12.5厘米
政和县石屯镇松源村M831（庐塘山M1）南朝宋大明六年（462年）墓出土
政和县博物馆藏

　　直口、弧腹、饼足。外壁口沿下饰弦纹两道，外壁饰双重莲瓣纹，每瓣莲瓣边缘划弦纹三道。灰白胎，修胎较精细。施青釉，外壁施釉至足端，内底心及外底无釉。釉色呈淡青色，开细碎纹片，玻璃质感强，流釉明显，足端积釉明显，外底可见积釉的釉珠，剥釉严重。
　　从胎釉纹饰风格判断，该碗是洪州窑产品，同类莲瓣碗亦多见于江西南朝墓葬。

（供图：政和县博物馆）

青釉博山炉

南朝齐永明四年（486年）
通高16.5厘米　口径8.8厘米
福州市仓山区桃花山师大附中内南朝齐永明四年
（486年）墓出土
福建博物院藏

　　炉分盖和座两部分，盖呈半圆形，其上分布数层镂孔，贴塑火焰纹。座呈浅盘形，敞口、直腹、平底。盘内塑半圆形炉体，炉子母口。灰胎，胎体较坚致。施青釉，釉色青黄，开细碎纹片，外底、炉内壁、盖内壁无釉，余皆满釉，剥釉较严重。

（供图：福建博物院）

青釉唾壶

南朝齐永明四年（486年）

高8.2厘米　口径7.2厘米　足径7.5厘米

福州市仓山区桃花山师大附中内南朝齐永明四年（486年）墓出土

福建博物院藏

　　盘口，短颈，溜肩，扁腹，饼足。灰胎，胎体较坚致。施青釉，釉色青黄，釉面玻璃质感较强、开细碎纹片，剥釉较严重。

（供图：福建博物院）

青釉双系盘口壶

南朝齐永明七年（489年）

高30.6厘米　口径15厘米　底径4.5厘米

福州市仓山区桃花山师大附中内M1南朝齐永明七年（489年）墓出土

福建博物院藏

　　盘口、粗短颈，溜肩，鼓腹，下腹渐收，平底微凹，器形规整。盘口划弦纹两道，肩部置两个对称系。灰胎，胎体较坚致。施青釉，施釉至下腹部，釉层较薄。

（供图：福建博物院）

青釉四系罐

南朝齐永明七年（489年）
高 21 厘米　口径 9.4 厘米　底径 11.9 厘米
福州市仓山区桃花山师大附中内 M1 南朝齐永明七年（489年）墓出土
福建博物院藏

　　敞口、短颈、圆折肩、斜直腹、平底微凹。肩部贴塑四个系，器形较规整。灰胎，胎体较坚致，修胎规整。施青釉，釉色青灰，施釉至下腹部，开细碎纹片，口肩部釉面可见大量窑粘。

（供图：福建博物院）

青釉双系罐

南朝齐永明七年（489年）
高 19.5 厘米　口径 13.8 厘米　底径 11.3 厘米
福州市仓山区桃花山师大附中内 M1 南朝齐永明七年（486年）墓出土
福建博物院藏

　　敞口、厚唇、溜肩、鼓腹、下腹渐收、平底微凹。肩部置对称系，器形规整。灰胎，施青釉至下腹部，釉层不匀。

（供图：福建博物院）

青釉托盘三足炉

南朝齐永明七年（489 年）
通高 8.1 厘米　口径 9 厘米
福州市仓山区桃花山师大附中内 M1 南朝齐永明七年（489 年）墓出土
福建博物院藏

　　炉敞口、弧腹、平底。下腹部贴塑三足。盘敞口、厚唇、斜弧腹、平底。炉盘相粘。灰胎，胎体杂质较多。施青釉，釉色青绿，施釉较随意，炉外壁满釉，仅外底露胎，内壁大部无釉，口沿处可见数条流釉至内底。盘内底心无釉，外壁施半釉，有流釉，釉面可见多处窑粘。

（供图：福建博物院）

青釉三足砚

南朝齐永明七年（489 年）
高 5 厘米　口径 16.1 厘米　底径 15.5 厘米
福州市仓山区桃花山师大附中内 M1 南朝齐永明七年（489 年）墓出土
福建博物院藏

　　砚呈浅盘形，敞口、斜直腹、平底、内底微凸、三蹄足。灰胎。施青釉，釉色青黄，有开片，外壁、底、足均满釉，内底无釉，可见支钉痕。

（供图：福建博物院）

青釉莲瓣纹盘

南朝齐永明七年（489年）
高 3.3 厘米　口径 14.4 厘米　足径 7 厘米
福州市仓山区桃花山师大附中内 M1 南朝齐永明七年（489年）墓出土
福建博物院藏

敞口、弧腹、饼足。外底可见旋坯痕数圈。内壁划弦纹一道，刻划莲瓣纹，内底心划弦纹两周，其内模印三层圆圈八个作莲心。内底可见三个支钉痕，呈三角对称。灰白胎，胎体较坚致。施青釉，釉色青黄，玻璃质感强，有明显开片。釉层口沿处较薄，近底处逐渐增厚，内底、外底近足处有明显积釉。

该盘从胎釉及纹饰风格看是洪州窑产品，福建沿海地区南朝墓出土的洪州窑瓷器为数不多，此为较典型的一件。

（供图：福建博物院）

青釉双系盖罐

南朝齐永明七年（489年）
通高 11.5 厘米　口径 9 厘米　底径 6 厘米
福州市仓山区桃花山师大附中内 M2 南朝齐永明七年（489年）墓出土
福建博物院藏

罐敞口、短颈、溜肩、鼓腹、下腹渐收、平底微凹。肩部贴塑对称系。盖子母口、平顶，顶部置三环形系。灰胎。施青釉，盖面满釉，罐外壁施釉至下腹部。釉色青灰，釉面开大小不等纹片。

（供图：福建博物院）

青釉托盘三足炉

南朝齐隆昌元年（494年）
通高 9.5 厘米　炉口径 13.4 厘米　底径 8 厘米
盘口径 15.8 厘米　底径 14 厘米
晋江市池店镇霞福村 98JCM1 南朝齐隆昌元年墓出土
晋江市博物馆藏

炉敞口、厚唇、弧腹、平底。腹底交接处粘三足。下承一托盘。盘敞口、直腹、平底。足盘原粘连，现已残断分离。灰白胎。施青釉，釉色青黄，剥釉严重。

（供图：晋江市博物馆）

青釉灶

南朝梁天监五年（506年）
高 9.2 厘米　长 11.2 厘米　宽 9.4 厘米
建瓯市小松镇穆墩村南朝梁天监五年（506年）墓出土
福建博物院藏

灶呈三角形，形似船头，头尖而上翘，灶面镂三孔，上置甑、锅、罐，罐内置以杵，锅内有一勺。灶一侧塑一人，手扶灶面。灶尾塑一双层阶梯状挡火墙。下方开一口，口部置柴火两根。口边一侧放置一罐，另一侧塑一人，似在捏塑食物，生动活泼。灰白胎，胎质较粗松。施青釉，底部露胎，釉面玻璃质感强、开细小纹片，剥釉严重。

（供图：福建博物院）

青釉槅

南朝梁天监五年（506年）
高 3.1 厘米　口径 15.5 厘米　底径 15 厘米
建瓯市小松镇穆墩村南朝梁天监五年（506年）墓出土
福建博物院藏

直口、斜直壁、平底微凹。槅共九格，分里外两层，里层置大小相等的三格，外层平均分六格。灰胎，胎体坚致。施青釉，釉色青黄，开细碎纹片，剥釉严重。

（供图：福建博物院）

青釉鐎斗

南朝梁天监五年（506年）
高 6.1 厘米　口径 9.7 厘米
建瓯市小松镇穆墩村南朝梁天监五年（506年）墓出土
福建博物院藏

折沿、厚唇、弧腹、饼足，足腹交接处贴三兽足。口腹一侧贴一柄。灰胎，胎体较坚致。施青釉，内壁满釉，外壁施釉至下腹部近足处，釉层较厚，开细碎纹片，玻璃质感强，流釉明显。

（供图：福建博物院）

青釉托盘三足炉

南朝梁天监五年（506年）
高 7 厘米　口径 8.6 厘米
建瓯市小松镇穆墩村南朝梁天监五年（506年）墓出土
福建博物院藏

炉直口、厚唇、直壁、平底。腹底交接处粘三蹄足。下承一托盘。盘敞口、直壁、平底。灰胎，施青釉、釉色青黄、玻璃质感强、开细碎纹片、剥釉严重。

（供图：福建博物院）

青釉三足砚

南朝梁天监五年（506年）
高 3.7 厘米　口径 14.2 厘米
建瓯市小松镇穆墩村南朝梁天监五年（506年）墓出土
福建博物院藏

砚呈浅盘形、直口、直腹，近足处起一凸棱，平底、三蹄足、内底微凸。灰胎。施青釉，釉色青黄、有开片。外壁及外底均满釉，三足施釉至足端、内底无釉，外底可见数个支钉痕。

（供图：福建博物院）

青釉双系盘口壶

南朝梁天监十一年（512年）
高33.7厘米　口径14.9厘米　底径13厘米
南安市丰州镇皇冠山M12南朝梁天监十一年（512年）墓出土
南安市博物馆藏

盘口，短颈，溜肩，鼓腹，下腹渐收，平底微凹，口沿处划弦纹三道，肩部塑对称半圆形系，器形不甚规整。灰胎。施青釉，釉面不匀，剥釉严重。

（供图：福建省考古研究院　温松全）

青釉四系罐

南朝梁天监十一年（512年）
高25.2厘米　口径12.5厘米　底径12.4厘米
南安市丰州镇皇冠山M12南朝梁天监十一年（512年）墓出土
南安市博物馆藏

直口，厚唇，溜肩，鼓腹，下腹渐收，肩部塑两两对称半圆形四系。灰胎，肩腹可见旋坯痕。施青釉，釉色青绿，釉面较匀净，土沁严重。

（供图：福建省考古研究院　温松全）

青釉双系小罐

南朝梁天监十一年（512年）
高 7.65 厘米　口径 6.6 厘米　底径 5 厘米
南安市丰州镇皇冠山 M12 南朝梁天监十一年（512年）墓出土
南安市博物馆藏

　　直口，厚唇，丰肩，鼓腹，下腹渐收，平底微凹。肩部置对称半圆形系。灰胎。施青釉至下腹部，釉色青褐，剥釉严重。

（供图：福建省考古研究院　温松全）

青釉碗（2件）

南朝梁天监十一年（512年）
高 7.6 厘米　口径 12.4 厘米　足径 5.2 厘米
高 8 厘米　口径 12.6 厘米　足径 5.3 厘米
南安市丰州镇皇冠山 M12 南朝梁天监十一年（512年）墓出土
南安市博物馆藏

　　直口，圆唇，弧腹，饼足微凹。修坯不精，腹部满布旋坯痕。灰胎。施青釉近足，釉面较薄，釉色青黄、开细碎纹片，有剥釉。

　　直口，圆唇，弧腹，饼足微凹。口沿外侧饰弦纹两道，内侧饰弦纹一道。灰胎，修胎较精。施青釉，施釉近足，釉面较薄，釉层不匀，有流釉、釉下端形成深青褐色釉珠。

（供图：福建省考古研究院　温松全）

青釉杯（2件）

南朝梁天监十一年（512年）
高3.7厘米　口径7.1厘米　足径3厘米
高3.9厘米　口径7厘米　足径3.1厘米
南安市丰州镇皇冠山M12南朝梁天监十一年（512年）墓出土
南安市博物馆藏

　　直口，弧腹，饼足。灰胎，修胎规整。施青釉至下腹近足处，釉色青绿，玻璃质感强，有开片。
　　直口，弧腹，饼足。灰胎，修胎规整，胎体较薄。施青釉，釉色青绿，施釉近足，釉层较薄，釉面不甚均匀，开细碎纹片，有流釉，在足端形成积釉，积釉处玻璃质感强。

（供图：福建省考古研究院　温松全）

青釉钵

南朝梁天监十一年（512年）
高8.7厘米　口径14.8厘米　底径6.6厘米
南安市丰州镇皇冠山M12南朝梁天监十一年（512年）墓出土
南安市博物馆藏

　　口沿外卷，溜肩，弧腹，下腹渐收，平底微凹。灰胎，施青釉至下腹近足处，釉色青灰，釉面不匀，剥釉严重。

（供图：福建省考古研究院　温松全）

青釉钵

南朝梁天监十一年（512年）
高 8 厘米　口径 10 厘米　底径 5.1 厘米
南安市丰州镇皇冠山 M12 南朝梁天监十一年（512年）墓出土
南安市博物馆藏

敛口，鼓腹，下腹渐收，平底微凹。灰胎，修胎较精细。施青釉至下腹部，釉色青灰，开细碎纹片，有流釉，釉端积釉处呈青褐色，剥釉较严重。

（供图：福建省考古研究院　温松全）

青釉托杯

南朝梁天监十一年（512年）
高 7.4 厘米　口径 7.1 厘米　足径 7 厘米
南安市丰州镇皇冠山 M12 南朝梁天监十一年（512年）墓出土
南安市博物馆藏

杯、盘相连，杯直口，圆唇，弧腹，实足粘于盘上，盘敞口，浅腹，饼形实足。杯、盘均变形，口沿不圆。灰胎，胎体厚重，杂质较多。施青釉，施釉及足，釉面不均，釉色青中泛褐黄。

（供图：福建省考古研究院　温松全）

青釉托杯

南朝梁天监十一年（512年）
通高10厘米　杯口径12.7厘米　托口径17.4厘米　托足径9.2厘米
南安市丰州镇皇冠山M12南朝梁天监十一年（512年）墓出土
南安市博物馆藏

盘敞口，浅弧腹，平底。外壁口沿下划弦纹二道，内壁口沿下、腹部、内底心分别饰弦纹二道。内底心起一圆柱，中承一杯，杯直口，弧腹，外壁口沿下划弦纹三道。灰胎，修坯不精，外壁可见旋坯痕。施青釉，釉色青黄，施釉不匀。杯、盘均内壁满釉，外壁施釉至下腹近足处。

（供图：福建省考古研究院　温松全）

青釉托盘

南朝梁天监十一年（512年）
高2.8厘米　口径19厘米　底径10.2厘米
南安市丰州镇皇冠山M12南朝梁天监十一年（512年）墓出土
南安市博物馆藏

敞口，厚唇，弧腹，平底微凹，内壁划弦纹两道，内底心起一圆柱形托圈。灰胎，修坯较随意，外壁可见数道旋坯痕。施青釉，釉色青褐，剥釉严重。

（供图：福建省考古研究院　温松全）

青釉唾壶

南朝梁天监十一年（512年）
高9.6厘米　口径7.1厘米　足径5.4厘米
南安市丰州镇皇冠山M12南朝梁天监十一年墓出土
南安市博物馆藏

　　盘口、粗短颈、溜肩、扁鼓腹、饼足微凹，变形严重。灰胎，施青釉，釉色青黄，釉层较薄，剥釉严重。

（供图：福建省考古研究院　温松全）

青釉四管插器

南朝梁天监十一年（512年）
通高12厘米　底径9.1厘米　插管口径2.4厘米
南安市丰州镇皇冠山M12南朝梁天监十一年（512年）墓出土
南安市博物馆藏

　　插器分两层，上部为一方形台，方形台上置四管，下部为一圆形台座，座似杯形，内中空。灰胎，胎体较坚致。施青釉，施釉及底，釉色青黄，剥釉严重。

（供图：福建省考古研究院　温松全）

青釉博山炉

南朝梁天监十一年（512年）
通高 13.6 厘米　底径 10.8 厘米
南安市丰州镇皇冠山 M12 南朝梁天监十一年（512年）墓出土
南安市博物馆藏

炉分盖和座两部分，盖呈半圆形，盖面贴塑火焰三层。座呈浅盘形，口微撇，圆唇，直腹，平底。盘内底起一圆台，其上塑半圆形炉体，炉子母口。灰胎。施青釉，釉色青黄，施釉及底，外底、炉内壁、盖内壁无釉，釉面不甚均匀，有流釉、盖沿及炉底均形成积釉一周，积釉处呈青褐色。

（供图：福建省考古研究院　温松全）

青釉砚

南朝梁天监十一年（512年）
高 3.5 厘米　口径 11.4 厘米
南安市丰州镇皇冠山 M12 南朝梁天监十一年（512年）墓出土
南安市博物馆藏

直口，斜直腹，平底。底部贴塑五足。砚面呈圆形，略凸起。灰胎，胎体较粗松。施青釉，釉已剥落殆尽。

（供图：福建省考古研究院　温松全）

青釉龙柄鐎斗

南朝梁天监十一年（512年）
高 13.5 厘米　口径 10.6 厘米　底径 6.9 厘米
南安市丰州镇皇冠山 M12 南朝梁天监十一年（512年）墓出土
南安市博物馆藏

　　折沿，直腹，平底。底部贴塑三足，腹部一侧贴塑一龙柄。灰胎，施青釉，釉色青灰，内外满釉，剥釉严重。

（供图：福建省考古研究院　温松全）

青釉虎子

南朝梁天监十一年（512年）
高 12.3 厘米　口径 3.8 厘米　长 16.4 厘米
宽 10.4 厘米
南安市丰州镇皇冠山 M12 南朝梁天监十一年（512年）墓出土
南安市博物馆藏

　　虎子呈昂首蹲坐状，口部贴塑虎头。虎尾弯曲作把，形态生动。灰胎，施青釉，釉色青绿，土沁严重。

（供图：福建省考古研究院　温松全）

青釉莲瓣纹鸡首壶

南朝宋齐
高 25 厘米　口径 9.1 厘米　底径 12.3 厘米
福州市晋安区东门外省二轻局工业机械厂南朝墓出土
福建博物院藏

　　盘口、喇叭形细长颈、溜肩、弧腹、平底微凹，肩部置两个对称的桥形系，另两侧至一鸡首和柄。肩部划弦纹一道、腹部刻划莲瓣纹。灰胎、施青釉、釉色青绿、质地莹润光洁。该鸡首壶造型与1973年慈溪明湖公社采集的，现藏慈溪市博物馆的南朝越窑青釉刻莲瓣纹鸡首壶造型、釉质、纹饰均很相似，应该是浙江窑场的产品。

（供图：福建博物院）

青釉五盅盘

南朝宋齐
高 5.2 厘米　口径 19.8 厘米　底径 17 厘米
政和县石屯镇松源村 M832（庐塘山 M2）南朝墓出土
政和县博物馆藏

　　盘直口、斜弧腹、平底微凹。内粘大小相等的盅五个。盅敞口、弧腹、平底。灰胎、胎体较坚致。施青釉、釉色青黄、盘、盅均内外壁满釉，盘外底露胎，可见五个支烧痕，剥釉较严重。

（供图：政和县博物馆）

青釉博山炉

南朝齐
通高 19 厘米　口径 9.9 厘米　底径 11.4 厘米
闽侯县荆溪镇关口村桥头山 M2 南朝齐墓出土
福建博物院藏

　　炉分盖和座两部分，盖呈半圆形，盖面分布两层镂孔，其上贴塑火焰。座呈浅盘形，敞口、圆唇、直腹、平底。盘内底起一束腰形圆台，其上塑半圆形炉体，炉子母口。灰胎，胎体较坚致。施青釉，釉色青黄，外底、炉内壁、盖内壁无釉，余皆满釉。

（供图：福建博物院）

青釉六系罐

南朝梁
高 24 厘米　口径 16.5 厘米　底径 18.3 厘米
政和县石屯镇松源村 M833（庐塘山 M3）南朝墓出土
政和县博物馆藏

　　直口、溜肩、弧腹，下腹渐收，平底微凹。肩部划弦纹两道，对称置两组四个桥形系，另两侧对称置两个桥形系。灰白胎，胎质较坚致细腻，外壁满釉，仅外底露胎。釉色青黄，釉质莹润，玻璃质感强，开细碎纹片，剥釉严重。
　　从器形及胎釉特征判断，该罐应是洪州窑产品。

（供图：政和县博物馆）

青釉四系盖罐

南朝梁

通高 19.2 厘米　口径 9 厘米　底径 12 厘米

政和县石屯镇松源村 M833（庐塘山 M3）南朝墓出土

政和县博物馆藏

　　罐直口。丰肩、鼓腹，下腹渐收，平底微凹。肩部划弦纹一道，置四个桥形系，器形规整挺拔。盖方形钮，盖面微弧，饰弦纹三道。灰胎，胎体坚致。施青釉，外壁满釉，釉色青中泛黄，开细小纹片，盖严重剥釉，罐近底处剥釉。从器形及胎釉特征判断，该罐应是洪州窑产品。

（供图：政和县博物馆）

青釉瓶

南朝梁

高 20.5 厘米　口径 6.8 厘米　足径 7.7 厘米

政和县石屯镇松源村 M833（庐塘山 M3）南朝墓出土

政和县博物馆藏

　　撇口，喇叭形细长颈，溜肩，圆鼓腹，下腹渐收，假圈足外撇。灰白胎，胎体较坚致细腻。施青釉，外壁满釉，仅外底露胎，内壁施釉至颈部，釉色青黄，釉质莹润，玻璃质感强，有开片，部分剥釉。该瓶与江西省清江县山前公社 M1 南朝墓出土的青釉瓶非常相似，是典型的洪州窑产品。

（供图：政和县博物馆）

青釉博山炉

南朝梁
高 15.9 厘米　底径 8.8 厘米
政和县石屯镇松源村 M833（庐塘山 M3）南朝墓出土
政和县博物馆藏

　　浅盘形底座，盘敞口，直腹，平底。盘心塑一束腰立柱，立柱上塑一空心锥形炉体，炉体贴塑莲瓣一周，顶端塑一飞鸟。灰白胎，施青釉，釉质莹润，玻璃质感强，开细碎纹片，剥釉严重。该博山炉从器形及胎釉特征判断，应是洪州窑产品，此类博山炉亦多见于江西南朝墓。

（供图：政和县博物馆）

青釉托杯

南朝梁
高 6.8 厘米　口径 6 厘米　足径 5.5 厘米
政和县石屯镇松源村 M833（庐塘山 M3）南朝墓出土
政和县博物馆藏

　　杯、盘相连，杯直口，弧腹，实足粘于盘上，盘敞口，浅腹，饼形实足。灰胎，胎体厚重，杂质较多。施青釉，内外壁满釉，外底露胎。釉色青中泛褐黄，开细小纹片。

（供图：政和县博物馆）

青釉灯

南朝梁
高6.4厘米　口径10.6厘米　底径9.8厘米
政和县石屯镇松源村M833（庐塘山M3）南朝墓出土
政和县博物馆藏

　　灯呈浅盘形，直口，斜直腹，平底。盘中塑一凸起的圆环，圆环一侧塑一圆柱，圆柱上塑两小环。灰胎，施青釉，釉色青黄，玻璃质感强，开细碎纹片，剥釉严重。该灯从器形及胎釉特征判断，应是洪州窑产品。

（供图：政和县博物馆）

青釉灯

南朝梁
高6.2厘米　口径11厘米　底径8.3厘米
政和县石屯镇松源村M833（庐塘山M3）南朝墓出土
政和县博物馆藏

　　敞口，斜直壁，平底，盘中塑一空心圆柱，盘沿一侧贴塑一锥形柄。灰白胎，施青釉，釉色青黄，有开片，剥釉严重。该灯盏与江西省吉安县南朝齐永明十一年（493年）墓出土的洪州窑青釉灯盏造型一样，胎釉相似，应是洪州窑产品。

（供图：政和县博物馆）

青釉带盘耳杯

南朝梁

高 3.6 厘米　底径 9.8 厘米

政和县石屯镇松源村 M833（庐塘山 M3）南朝墓出土

政和县博物馆藏

　　盘敞口，斜直壁，平底微凹。盘内底饰凸弦纹一周，内置两个耳杯，耳杯已简化成船形，两头高中间矮，中间低矮处两侧微凸，抽象表现双耳。灰胎，胎体较厚重。施青釉，杯内外满釉，盘内壁满釉，外壁施釉近底，外底露胎。釉色青黄，玻璃质感强，开细小纹片，剥釉严重。该带盘耳杯和江西省吉安县南朝齐永明十一年（493年）墓出土的带盘耳杯极相似，应是洪州窑产品。

（供图：政和县博物馆）

青釉槅

南朝梁

高 3.2 厘米　口径 16 厘米　底径 15.9 厘米

政和县石屯镇松源村 M833（庐塘山 M3）南朝墓出土

政和县博物馆藏

　　直口，斜直壁，平底微凹。槅共九格，分里外两层，里层置大小相等三格，外层平均分六格。灰胎，胎体坚致。施青釉，釉色青黄，开细碎纹片，剥釉严重。

（供图：政和县博物馆）

青釉瓢尊

南朝梁

高 6.5 厘米　口径 10 厘米　足径 6.4 厘米

政和县石屯镇松源村 M834（虎咬垄山 M1）南朝墓出土

政和县博物馆藏

　　直口，圆唇，弧腹，饼足微凹，口沿一侧贴一锥形柄，柄微弯曲。灰胎，施青釉，釉色青黄，内壁满釉，外壁施釉至下腹部，釉面玻璃质感强，开细碎纹片，剥釉严重。该瓢尊从器形及胎釉特征判断，应是洪州窑产品。

（供图：政和县博物馆）

青釉仙人骑蛙双管插器

南朝中晚期
高 14.6 厘米
福州市鼓楼区老鼠山南朝墓出土
福建博物院藏

座为一趴坐青蛙,青蛙通体饰圆圈纹。一个仙人骑坐蛙上,仙人两手各托一人。头顶一座,座上塑双空心插管。灰胎,施青釉,釉色青绿微泛黄,釉面不匀。

(供图:福建博物院)

青釉五盅盘

南朝中晚期
高 3.7 厘米　口径 16.2 厘米　底径 14.7 厘米
政和县石屯镇松源村凤凰山 M54 南朝墓出土
政和县博物馆藏

盘直口、斜直腹、平底微凹。内粘大小相等的盅五个。盅敞口、弧腹、平底，内底划弦纹一道。灰胎，胎体较粗松。施青釉，釉色青黄，盘、盅均内外壁满釉，盘外底露胎，可见五个支烧痕，剥釉严重。

（供图：政和县博物馆）

青釉莲瓣纹碗

南朝中晚期
高 8 厘米　口径 14.5 厘米　足径 6 厘米
浦城县石陂镇石陂小学南朝墓出土
浦城县博物馆藏

直口、圆唇、弧腹、饼足。外壁口沿下饰弦纹两道，腹部饰双层莲瓣纹。灰白胎，施青釉，釉色青绿，釉面玻璃质感强，满布细碎开片，剥釉严重。

（供图：浦城县博物馆）

青釉碗

南朝中晚期
高 5.4 厘米　口径 11.4 厘米　足径 4.2 厘米
浦城县石陂镇石陂小学南朝墓出土
浦城县博物馆藏

　　敞口，弧腹，宽圈足。内壁口沿下饰弦纹两道，内底饰弦纹两组，每组两道。灰白胎，施青釉，釉色青绿，釉面玻璃质感强，开细碎纹片，土沁严重，剥釉严重。

（供图：浦城县博物馆）

青釉盏

南朝中晚期
高 4.8 厘米　口径 7 厘米　足径 2.8 厘米
浦城县石陂镇石陂小学南朝墓出土
浦城县博物馆藏

　　直口，弧腹，宽圈足。外壁口沿下饰弦纹一道。灰白胎。施青釉。釉色青绿，釉面玻璃质感较强，满布开片，土沁严重，剥釉严重，外壁釉几乎剥落殆尽。

（供图：浦城县博物馆）

青釉盏

南朝中晚期
高 4.5 厘米　口径 7 厘米　足径 2.6 厘米
浦城县石陂镇石陂小学南朝墓出土
浦城县博物馆藏

　　直口，厚唇，弧腹，饼足。腹部饰凸弦纹一道。灰白胎。施青釉。釉色青绿，釉面玻璃质感较强，开细碎纹片，土沁严重，剥釉严重。

（供图：浦城县博物馆）

青釉灯

南朝晚期
高 15 厘米　盘径 14.1 厘米
闽侯县荆溪镇荆山南朝墓出土
福建博物院藏

　　浅盘形底座，盘敞口，厚唇，斜直腹，平底。盘心塑一六角形立柱，柱顶端塑一莲心，两侧各塑一半圆环。柱中下部塑对称莲瓣。灰胎，胎体较坚致，施青釉，釉色青绿，釉面不匀，有开片。

（供图：福建博物院）

青釉十足砚

南朝晚期
高 6.6 厘米　口径 20.8 厘米　底径 21.5 厘米
闽侯县荆溪镇荆山南朝墓出土
福建博物院藏

砚直口，厚唇，平底微凹，砚面呈圆形，微凸起，外壁粘十蹄足，每足上均划弦纹二道。灰胎、胎体较坚致，内底和外底均可见旋坯痕。施青釉、釉色青黄、釉层较厚、釉质莹润，有开片，除内底无釉外、余均满釉。外底可见七个支钉痕。

（供图：福建博物院）

青釉四系罐

南朝晚期
高 24 厘米　口径 10.5 厘米　底径 13.8 厘米
闽侯县南屿镇官山北端南朝墓出土
福建博物院藏

　　直口，溜肩，鼓腹，下腹渐收，器形圆润丰满，肩部划弦纹两道，置两两对称四系，一侧两系之间划二字，似是"全斌"。器身可见多道旋坯痕。灰胎，胎体较厚重。施青釉近足，釉色青中泛灰黄，釉面不匀。

（供图：福建博物院）

青釉灯

南朝晚期
高19.5厘米 底径14.2厘米
闽侯县南屿镇官山北端南朝墓出土
福建博物院藏

座呈盘形、敞口、圆唇、直壁、平底。盘心塑一覆莲形台座，座上塑八角形台柱。台柱顶端塑一飞鸟，两侧分别塑对称的双层圆环。台柱底部贴塑对称三瓣莲花。灰白胎，胎体较坚致。施青釉，釉色青黄，釉层较薄。内外满釉，仅外底露胎。

此类灯俗称"莲花灯"，出现于南朝晚期。"莲花灯"刚出现时制作精致，台柱多见八角形，其上的贴塑也制作精细、造型秀美。该件器物应能称作南朝晚期莲花灯的代表作。南朝末期到唐初，多见圆柱形，托盘发展成饼形底座，三瓣莲花也更加随意抽象。唐早期以后，制作越来越草率，台柱呈圆锥形，不见圆形钮，其上部随意塑两个环，底部莲瓣仅用贴塑两个三角状凸起抽象表示，已全无早期莲花灯的精致秀美之感。

（供图：福建博物院）

炉分盖和座两部分。盖呈圆锥形，盖顶贴塑一人面，其下贴塑双层莲瓣，盖面贴塑繁密的花卉、烟气，并刻划莲纹。座呈圆盘状，撇口，圆唇，直腹，平底。盘内底起一圆台，其上塑半圆形炉体，炉子母口。灰胎，胎体较坚致。施青釉，釉色青黄，外底、炉内壁、盖内壁无釉，余皆满釉。福建地区南朝墓葬出土的博山炉多为福建本地窑口生产，底座及盖多见半圆形，盖面粘贴火焰状山峰。这件博山炉应为福建本地产品，器形与常见的福建产品略不同，且制作十分精细，纹饰也很精致，目前仅见此一件，十分珍贵难得。

（供图：福建博物院）

青釉博山炉

南朝晚期

高21.7厘米　口径7.1厘米　底径10.9厘米

闽侯县南屿镇官山北端南朝墓出土

福建博物院藏

青釉莲瓣纹盘

南朝晚期
高 3.3 厘米　口径 22.3 厘米
闽侯县南屿镇官山北端南朝墓出土
福建博物院藏

　　敞口、弧腹、饼足。内壁刻划弦纹及莲瓣纹，内底心模印八个三层圆圈以示莲心，内底可见四个支钉痕。灰白胎、施青釉、釉色青绿、开细碎纹片，部分剥釉。

（供图：福建博物院）

青釉四管插器

南朝晚期
高 17.3 厘米　底径 11.8 厘米
闽侯县南屿镇官山北端南朝墓出土
福建博物院藏

　　插器分三层，上部为一方形台，方形台上置四管，每管中部划弦纹两道，中部为一鼓形台，下部为三层阶梯型圆形台座，台座内中空。造型美观，制作精美。灰胎，胎体较坚致。施青釉，外底露胎，余均满釉、釉色青绿、釉面开细小纹片，釉质均匀莹润。

（供图：福建博物院）

青釉唾壶

南朝晚期
高 8.8 厘米　口径 8.6 厘米　足径 7.3 厘米
闽侯县南屿镇官山北端南朝墓出土
福建博物院藏

盘口，短粗颈，溜肩，扁腹，饼足。灰胎，修胎略粗糙，肩腹部隐约可见数道旋坯痕。施青釉至足端，釉色青灰，釉面不匀，开细碎纹片。

（供图：福建博物院）

青釉龙柄鐎斗

南朝晚期
高 13.7 厘米　口径 12 厘米
闽侯县南屿镇官山北端南朝墓出土
福建博物院藏

折沿，直腹，平底。底部贴塑三足，器形规整秀美。一侧贴一龙柄。灰胎，施青釉，釉色青灰，内外满釉，外底可见六个支钉痕。

（供图：福建博物院）

青釉虎子

南朝晚期
高 15 厘米
闽侯县南屿镇官山北端南朝墓出土
福建博物院藏

虎子昂首，蹲坐，口部贴塑虎头。虎尾弯曲作把。器形规整，形态生动。灰胎，施青釉，釉色青绿，土沁严重。

（供图：福建博物院）

青釉托碗

南朝晚期
高 9.7 厘米　口径 11.9 厘米　底径 10.6 厘米
闽侯县南屿镇官山北端南朝墓出土
福建博物院藏

盘敞口，弧腹，平底。内底划弦纹二道，内底心起一圆柱，中承一碗，碗敞口，弧腹，外壁口沿下划弦纹二道，碗、盘粘连。灰胎，胎体较坚致。施青釉，釉色青灰，施釉不匀。碗、盘均内壁满釉，外壁施釉至下腹近足处。

（供图：福建博物院）

青釉双系盘口壶

南朝晚期
高 33.4 厘米　口径 11.8 厘米　底径 12.2 厘米
福州市龙岭小学 M1 南朝墓出土
福州市台江区博物馆藏

深盘口、喇叭形细颈、溜肩、鼓腹、下腹渐收、平底微凹。盘口口沿和底端分别划弦纹两道、颈部和颈肩交界处分别饰凸弦纹两道，肩部置对称双系。器形规整硬朗，造型美观。灰胎，胎体坚致。施青釉，釉色青中微泛黄，釉面匀净。

（供图：福州市台江区博物馆）

青釉双系罐

南朝晚期
高 7 厘米　口径 6 厘米　底径 5.4 厘米
福州市龙岭小学 M2 南朝墓出土
福州市台江区博物馆藏

直口、厚唇、溜肩、斜弧腹、平底微凹。肩部置对称双系。灰胎，胎体较厚重，修胎略粗，下腹部可见旋坯痕。施青釉，釉色青灰，釉层较厚，施釉至底，外底露胎。

（供图：福州市台江区博物馆）

青釉四管插器

南朝晚期
通高14.3厘米　底径10.4厘米
福州市龙岭小学M2南朝墓出土
福州市台江区博物馆藏

　　插器分两层，上部为一方形台，方形台上置四管，下部为三层阶梯型圆形台座，台座内中空。灰胎，胎体较坚致。施青釉，施釉至近底处，釉色青绿，釉质均匀莹润。

（供图：福州市台江区博物馆）

青釉托碗

南朝晚期
通高11.8厘米　足径9.4厘米
碗口径11.4厘米　盘口径16.4厘米
福州市龙岭小学M2南朝墓出土
福州市台江区博物馆藏

　　碗、盘相连，碗直口，弧腹，实足粘于盘上，盘敞口，浅腹，饼形实足。灰胎，胎体较坚致。施青釉，碗内外满釉，盘内壁满釉、外壁施釉至下腹部，外底露胎。釉色青绿，有开片。

（供图：福州市台江区博物馆）

青釉博山炉

南朝晚期
高 14.5 厘米　口径 9.5 厘米　底径 14.5 厘米
福州市马佬山 M1 南朝墓出土
福建博物院藏

炉分盖和座两部分，盖呈半圆形，其上贴塑两层火焰，顶端塑一伞形钮。座呈浅盘形、直口、斜直腹、平底。盘内底起一圆柱形台座，其上塑半圆形炉体，炉子母口。灰胎，胎体较坚致。施青釉，釉色青黄、釉面不匀，外底、炉内壁、盖内壁无釉，余皆满釉。

（供图：福建博物院）

青釉虎子

南朝晚期
高 14 厘米　长 17 厘米
福州市建新镇阳岐山 M1 南朝晚期墓出土
福建博物院藏

虎子昂首、蹲坐、管状口，口部贴塑虎头。虎尾弯曲作把。器形规整、形态生动。灰白胎，施青釉、釉色青绿。

（供图：福建博物院）

青釉六系盘口壶

南朝晚期
高 28 厘米　口径 11.3 厘米　底径 11 厘米
福州市洪塘金鸡山 M6 南朝墓出土
福建博物院藏

　　深盘口、喇叭形细颈、溜肩、鼓腹、下腹渐收、平底微凹。盘口口沿划弦纹一道，底端划弦纹两道，颈部饰凸弦纹两道，颈肩交接处划弦纹两道，肩部两侧置对称系，另两侧饰两两对称的四系。器形规整，造型美观。灰胎，胎体坚致。施青釉，釉色青绿，釉面可见开片。

（供图：福建博物院）

青釉博山炉

南朝晚期
高 18.3 厘米　底径 10.4 厘米
福州市洪塘金鸡山 M11 南朝墓出土
福建博物院藏

炉分上下两部分，下部分为浅盘形座，喇叭形高足。上部分椭圆形炉体，上下部分粘连。炉体顶端塑一人，人旁塑一齿形围栏。炉面镂孔数个，贴塑莲瓣数片。灰胎，施青釉。釉色青绿，釉面不匀，部分因土沁泛黄。

此件博山炉与福建南朝墓常见博山炉造型略有差异，此类造型目前仅见此件。

（供图：福建博物院）

青釉瓶

南朝晚期
高 18.3 厘米　口径 5.8 厘米　足径 6.9 厘米
福州市洪塘金鸡山 M14 南朝墓出土
福建博物院藏

　　敞口、细长颈、溜肩、直腹、饼足。颈部中段饰弦纹三道，颈肩处饰弦纹三组，每组两道。灰胎，修胎略粗，肩腹部可见粗细不等旋坯痕。施青釉至腹足交接处，釉色青灰、釉层较薄。

（供图：福建博物院）

青釉虎子

南朝晚期
高 19 厘米　长 28.5 厘米　口径 7.4 厘米
福州市洪塘金鸡山 M14 南朝墓出土
福建博物院藏

　　虎子昂首、蹲坐、管状口，口部贴塑虎头，腿部划方格纹。虎尾弯曲成扭结形把。器形规整、形态生动。灰白胎，施青釉、釉色青黄。

（供图：福建博物院）

青釉卷草纹双系盘口壶

南朝晚期
高 29.5 厘米　口径 12.5 厘米　底径 10.8 厘米
福州市北郊天才山农学院工地南朝墓出土
福建博物院藏

盘口，厚唇，细长颈，溜肩，鼓腹，下腹渐收，平底微凹。颈部饰弦纹两组，一组三道，一组两道，颈肩相接处饰凸弦纹两道，肩部置对称双系，肩部及上腹部由弦纹及卷草纹组成两组纹饰带。灰胎，胎体厚重，露胎处可见旋坯痕。施青釉至下腹部，釉色青绿，釉面不匀，部分剥釉。

福建南朝墓葬发现的盘口壶，大多素面或在盘口、颈肩等部位饰简单弦纹数道，此类饰卷草纹的极罕见。

（供图：福建博物院）

青釉带流双系罐

南朝晚期
高 21 厘米　口径 9.8 厘米　底径 11.3 厘米
永春县桃城镇留安村北南朝墓出土
永春县博物馆藏

　　直口，厚唇，溜肩，弧腹，下腹渐收，平底微凹。肩部贴对称系，另一侧置一圆柱形短流。灰胎，器形较规整，修坯较精，腹部可见隐约旋坯痕。施青釉至下腹部，釉色青中带灰黄，剥釉严重。

（供图：永春县博物馆）

青釉四管插器

南朝晚期
通高 10.8 厘米　底径 8 厘米
永春县桃城镇留安村北南朝墓出土
永春县博物馆藏

　　双层圆形台座，台座上塑一粗短圆柱，圆柱上塑四个空心圆管。圆管四周贴塑莲瓣。灰胎，施青釉，釉色青绿，釉面不匀净，部分有积釉，积釉处开片明显。

（供图：永春县博物馆）

青釉带流双系罐

南朝
高16.8厘米 口径8.7厘米 底径10.8厘米
福州市鼓楼区乌山南朝墓出土
福建博物院藏

　　直口，溜肩，弧腹，下腹渐收，平底微凹。肩部贴两个对称系，另一侧贴一圆柱形短流，器形较规整。灰胎，肩腹部可见粗细不等旋坯痕。施青釉近底，釉色青灰。

（供图：福建博物院）

青釉双唇罐

南朝
高27厘米 内口径11厘米 外口径17厘米
底径11厘米
福州市鼓楼区乌山南朝墓出土
福建博物院藏

　　内口沿直口，厚唇，外口沿敞口，溜肩，鼓腹，平底微凹。肩部置对称双系，器形不规整。灰胎，胎体较粗松。施青釉，釉色青灰，釉面不匀，釉层较薄，有流釉。

（供图：福建博物院）

青釉莲瓣纹碗

南朝
高4.5厘米　口径8.8厘米　足径3.8厘米
福州市洪塘金鸡山M1南朝墓出土
福建博物院藏

　　直口，弧腹，饼足。内壁划莲瓣纹。灰胎，修胎不精，外壁可见数道旋坯痕。施青釉，釉色青灰，内壁满釉，外壁施釉至腹足交接处。釉面平滑，釉质较好。

（供图：福建博物院）

青釉莲瓣纹罐

南朝
高 10 厘米　口径 5.5 厘米　底径 2.5 厘米
福州市洪塘金鸡山 M1 南朝墓出土
福建博物院藏

　　直口，厚唇，短颈，溜肩，弧腹，下腹渐收，平底微凹。肩部划弦纹两道、贴塑四系。腹部凸雕双层莲瓣。灰胎，胎体较粗松。下腹露胎处可见旋坯痕。施青釉至下腹部，莲瓣处可见积釉、釉色青黄，剥釉严重。

（供图：福建博物院）

青釉鸡首壶

南朝
高 20.5 厘米　口径 8.2 厘米　底径 12.5 厘米
福州市洪塘金鸡山 M1 南朝墓出土
福建博物院藏

盘口、束颈、溜肩、鼓腹、下腹渐收、平底微凹，肩部两侧置对称桥形系，另两侧至一鸡首和柄。器形规整，造型秀美。灰胎。施青釉近底，釉层较薄，土沁严重，局部剥釉。

该鸡首壶和南安丰州镇东晋咸安二年（372年）墓出土的鸡首壶、温州市双屿镇牛岭村东晋永和七年（351年）墓出土的鸡首壶造型相似，不排除是东晋时期生产的产品，在南朝时期用于随葬，亦很有可能是浙江窑场的产品。

（供图：福建博物院）

青釉砚

南朝
高 7.3 厘米　口径 20.5 厘米　底径 21.3 厘米
南安市丰州镇皇冠山 M1 南朝墓出土

砚直口、直壁、平底微凹，砚面呈圆形、凸起，外壁粘八蹄足，每足上均划弦纹二道。灰白胎，胎体较坚致。施青釉，釉面遭严重土沁，大多呈土黄色，仅小面积可见青绿釉色。除砚面无釉外，余均满釉。

（供图：福建省考古研究院　温松全）

青釉灯

南朝
高 14.1 厘米　盘口径 13.4 厘米　底径 10.2 厘米
南安市丰州镇皇冠山 M9 南朝墓出土
南安市博物馆藏

　　浅盘形底座，敞口，斜直腹，平底微凹。盘心竖一高圆柱。柱顶一侧贴塑相黏连的双环，柱底一侧贴塑三瓣莲瓣。灰胎，胎体较坚致。施青釉，釉色青黄，开细小纹片，釉面不匀，盘外壁下部可见积釉痕。

（供图：福建省考古研究院　温松全）

青釉灯

南朝
高 14 厘米　盘口径 12.5 厘米　底径 9.4 厘米
南安市丰州镇皇冠山 M10 南朝墓出土
南安市博物馆藏

　　浅盘形底座，盘敞口，斜直腹，平底微凹。盘心竖一高圆柱。柱顶端塑一锥形体，似花蕊，其上刻划细密三角形小花瓣。柱顶一侧贴塑相黏连的双环，柱底一侧贴塑四瓣莲瓣，莲瓣造型生动秀美。灰胎，胎体较坚致。施青釉，釉色青绿，釉面匀静，开细小纹片，部分因土沁泛黄，有剥釉。

（供图：福建省考古研究院　温松全）

青釉五管插器

南朝
残高 15.7 厘米　插管口径 3.8 厘米　底径 16.9 厘米
南安市丰州镇皇冠山 M10 南朝墓出土
南安市博物馆藏

　　插器分四层，底层为饼形底座，上塑一圆柱形台座，台座上塑一鼓形台，为第三层，鼓形台四周围坐力士，托举最上层空心圆柱形五管。五管周围贴塑莲瓣一周，莲瓣大多已残。灰胎，胎体较粗糙。部分圆管外壁可见细密旋坯痕。施青釉、釉色青绿、釉层较厚，玻璃质感强，可见细碎开片。剥釉严重。

　　该插器造型繁复、新颖。目前所见插器以四管为多，五管较少见，且为数个力士托举插器的造型仅见此件。

(供图：福建省考古研究院　温松全)

青釉博山炉

南朝
通高 14.8 厘米　盘口径 11.4 厘米
炉座杯口径 6 厘米　底径 9.4 厘米
南安市丰州镇皇冠山 M10 南朝墓出土
南安市博物馆藏

　　炉分盖和座两部分，盖呈半椭圆形，盖顶贴塑一椭圆形钮，钮周围塑一圈圆形齿形口围栏，似模拟火焰状。盖面贴塑火焰三层。座呈浅盘形、敞口、直腹、平底。盘内底起一圆台，其上塑半圆形炉体，炉子母口。灰胎。施青釉，釉色青黄，施釉及底，外底、炉内壁、盖内壁无釉，釉面较薄，土沁严重，部分剥釉。

（供图：福建省考古研究院　温松全）

青釉鸡首壶

南朝
高 40.3 厘米　口径 13.3 厘米　底径 18 厘米
南安市丰州镇皇冠山 M17 南朝墓出土
南安市博物馆藏

　　盘口，细长束颈、溜肩、鼓腹、下腹渐收、平底微凹，肩部划弦纹一道，置对称桥形系，另两侧置一鸡首和曲形柄。鸡首生动、器形规整、造型秀美。灰胎、修坯较精细。施青釉及底、釉色青黄，开细小纹片，土沁严重，剥釉严重。

（供图：福建省考古研究院　温松全）

青釉带流双系罐

南朝
高 21.8 厘米　口径 11 厘米　底径 11.2 厘米
南安市丰州镇皇冠山 M17 南朝墓出土
南安市博物馆藏

　　直口，溜肩，鼓腹，下腹渐收，平底微凹。肩部置对称半圆形双系，另一侧置一圆柱形短流。灰胎，修坯不精，胎体可见粗细不等旋坯痕。施青釉，土沁严重，已难看出原本釉色，剥釉严重。

（供图：福建省考古研究院　温松全）

青釉莲瓣纹唾壶

南朝
高 17.3 厘米　口径 12.6 厘米　足径 17.6 厘米
南安市丰州镇皇冠山 M17 南朝墓出土
南安市博物馆藏

　　盘口，束颈，溜肩，扁鼓腹，饼足，肩腹部划双层莲瓣纹，造型规整，纹饰精美。灰胎，胎体较坚致。施青釉至足端，釉色青绿，釉面匀静。

（供图：福建省考古研究院　温松全）

青釉虎子

南朝
高 21 厘米　口径 6.5 厘米　足径 12.8 厘米
南安市丰州镇皇冠山 M17 南朝墓出土
南安市博物馆藏

　　虎子呈球形、溜肩、弧腹、下腹渐收、平底微凹。肩部置一管状口，口上贴塑虎头，顶部贴塑弯曲提梁。肩部饰弦纹两组、每组两道。灰白胎，胎体较坚致。施青釉，施釉近底，釉色青黄，釉面不甚均匀，开细小纹片。

（供图：福建省考古研究院　温松全）

青釉莲瓣纹盘

南朝
高 3.2 厘米　口径 24.1 厘米　底径 14 厘米
政和县石屯镇蝴蝶街村蝴蝶街后山 M4 南朝墓出土
政和县博物馆藏

　　敞口、弧腹、平底，内底刻划十个莲芯和双层莲瓣纹。灰白胎，施青釉，釉色呈青黄色，有开片，内壁满釉、外壁施釉近底，土沁严重，部分釉面剥落。

　　该盘与江西省吉安县南朝齐永明十一年（493年）墓出土的洪州窑青釉莲瓣纹盘造型、纹饰大致相同，应是洪州窑产品。

（供图：政和县博物馆）

青釉莲瓣纹托盘

南朝
高 4 厘米　口径 20.7 厘米　足径 10.2 厘米
建瓯市水西山 M1 南朝墓出土
福建博物院藏

敞口、弧腹、饼足。内底起一圆柱形托圈。内壁刻划双层莲瓣纹。灰白胎、施青釉、釉面玻璃质感较强，开细碎纹片，流釉明显，内壁及外壁上半部釉层较薄，呈淡青色，内壁下部及内底纹饰处积釉明显，呈青绿色。剥釉较严重。

该托盘与江西省吉安县南朝齐永明十一年（493年）墓出土的洪州窑青釉莲瓣纹托盘造型、纹饰、胎釉特征基本相同，应是洪州窑产品。

（供图：福建博物院）

青釉莲瓣纹五盅盘

南朝

盘：高4厘米　口径23.2厘米　底径13.6厘米

盅：高3.7—3.9厘米　口径7.6—8.4厘米
　　足径3.5—4.3厘米

建瓯市水西山M1南朝墓出土

福建博物院藏

　　盘敞口，弧腹，平底。内壁刻划双层莲瓣纹，内底模印数个四层圆圈以示莲心。盘内置五盅，五盅大小略有差异，敞口，弧腹，饼足。灰胎，施青釉，釉色青黄，盘内外壁满釉，仅底部露胎。盅内壁满釉，外壁施釉至足。釉色青黄，釉面玻璃质感强，开细碎纹片，剥釉严重。

　　该五盅盘和常见的五盅盘不同，常见的五盅盘五盅一般粘连于盘内烧成，此五盅盘和盅均是单独成器，后配成五盅盘随葬。从胎釉纹饰特征判断，该套盅盘是洪州窑产品。

（供图：福建博物院）

青釉双系盘口壶

南朝晚期—唐初
高 32 厘米　口径 13.4 厘米　底径 10.5 厘米
闽侯县荆溪镇杜武山墓出土
福建博物院藏

　　盘口、粗颈、溜肩、鼓腹、下腹渐收、平底微凹。盘口外侧饰弦纹三道，肩部饰对称双系，另两侧饰对称乳丁纹。灰胎，胎体中杂质较多。施青釉近底，釉色呈淡青绿色略泛灰，釉面开细碎纹片。

（供图：福建博物院）

青釉双系罐

南朝晚期—唐初
高 8 厘米　口径 4.6 厘米　底径 5.6 厘米
闽侯县荆溪镇杜武山墓出土
福建博物院藏

　　直口、溜肩、鼓腹、下腹渐收、平底微凹。肩部置对称双系。灰胎，施青釉，釉色青中略泛黄，釉质玻璃质感较强，釉面开细碎纹片，腹部可见流釉痕迹。

（供图：福建博物院）

青釉四管插器

南朝晚期—唐初
高 17 厘米　底径 5 厘米
闽侯县荆溪镇杜武山墓出土
福建博物院藏

　　双层圆形台座，台座上塑一圆柱，圆柱上塑四个空心圆管，圆管中间略凸起，似鼓形。圆管四周贴塑莲瓣。器形较规整秀美。灰胎，胎体较坚致。施青釉，釉色青中泛黄，釉面玻璃质感较强，部分有积釉，釉面可见明显开片。

（供图：福建博物院）

青釉灯

南朝晚期—唐初
残高 16 厘米　口径 14.7 厘米　底径 9.2 厘米
闽侯县荆溪镇杜武山墓出土
福建博物院藏

　　座呈盘形，敞口，圆唇，斜直壁，平底。盘心塑八角形台柱。台柱顶端塑一钮，钮上部已残。台柱上部两侧塑对称圆环。台柱底部贴塑对称三瓣莲花。灰胎，施青釉，釉色淡青绿略泛灰，釉面不匀，釉厚处可见明显开片，内外满釉，仅外底露胎。

（供图：福建博物院）

青釉虎子

高 14.5 厘米　长 12.2 厘米　口径 4 厘米
闽侯县荆溪镇杜武山墓出土
福建博物院藏

虎子昂首、蹲坐、管状口、口部贴塑虎头。虎尾弯曲作把，形象生动。灰白胎，修胎不规整。施青釉，釉色青黄，釉面不匀，玻璃质感强、开细碎纹片。

（供图：福建博物院）

青釉龙柄鐎斗

南朝晚期—唐初
最高 11.4 厘米　口径 11.5 厘米　底径 9 厘米
闽侯县荆溪镇杜武山墓出土
福建博物院藏

撇口、直腹、平底，腹底交接处贴塑三足，腹部粘龙形柄。灰白胎，施青釉，釉色呈淡青绿色，釉面较莹润，有大小不等开片，有流釉。

（供图：福建博物院）

青釉博山炉

南朝晚期—唐初
高13厘米　盘口径13厘米　炉口径6.3厘米
底径7.5厘米
闽侯县荆溪镇杜武山墓出土
福建博物院藏

　　炉分盖和座两部分。盖呈半圆形，其上贴塑两层火焰，顶端塑一伞形钮，近盖缘处贴塑乳钉状钮。座呈浅盘形、敞口、斜直腹、平底。盘内底起一圆柱形台座，其上塑半圆形炉体，炉子母口。灰胎，施青釉，釉色青灰，釉面开大小不等纹片，炉盖外壁、炉体外壁及盘内壁满釉，盘外壁施釉近底，外底、炉内壁、盖内壁无釉。

（供图：福建博物院）

青釉四足砚

南朝晚期—唐初
高4厘米　口径12.7厘米　底径14.9厘米
闽侯县荆溪镇杜武山墓出土
福建博物院藏

　　砚直口、斜折肩、直壁、平底微凹，砚面呈圆形凸起状，外壁粘四蹄足。灰白胎，胎体较坚致。施青釉，釉色青灰，釉面不匀，有流釉和积釉。

（供图：福建博物院）

青釉托碗

南朝晚期—唐初
高9.8厘米　口径11.9厘米　足径9.3厘米
闽侯县荆溪镇杜武山墓出土
福建博物院藏

　　盘敞口，弧腹，饼足，内底划弦纹二道，内底心起一圆柱，中承一碗，碗直口，弧腹，碗、盘粘连。灰胎，碗、盘外壁隐约可见旋坯痕。施青釉，釉色呈淡青绿色，施釉不匀。碗内底心露胎，内底可见明显粘砂，外壁满釉，盘内壁满釉，外壁施釉至腹足交接处。

（供图：福建博物院）

青釉托杯

南朝晚期—唐初
高8.5厘米　口径6.2厘米　足径6.7厘米
闽侯县荆溪镇杜武山墓出土
福建博物院藏

　　杯、盘相连，杯直口、弧腹，喇叭形高足连于盘上。盘直口，浅腹，饼形实足，盘内底、杯盘交接处分别划弦纹两道。灰胎，杯内底和盘内底均可见较多沙粒，施青釉，釉色呈淡灰青色，内外满釉，仅足外底露胎，釉面较薄，杯、盘折角处可见明显积釉。

（供图：福建博物院）

青釉五盅盘

南朝晚期—唐初
高 6 厘米　口径 18.1 厘米　底径 16.5 厘米
闽侯县荆溪镇杜武山墓出土
福建博物院藏

　　盘直口、直腹、平底，外壁凸起一周。盘内粘五盅，盅直口、斜弧腹、饼足，盅口略高出盘口。灰胎、施青釉，釉色青绿微泛灰，有开片，釉面不匀。

（供图：福建博物院）

青釉双系盘口壶

南朝晚期—唐初
高 36.5 厘米　口径 14.8 厘米　底径 13.6 厘米
福州市洪塘金鸡山 M10 出土
福建博物院藏

　　盘口、粗颈、溜肩、鼓腹、下腹渐收、平底微凹。盘口饰弦纹两道，肩部置对称双系。灰胎，制作较随意，肩腹部可见粗细不等修坯痕。施青釉至下腹部，釉色青灰。

（供图：福建博物院）

青釉高足杯

南朝晚期—唐初
高 10.5 厘米　口径 11.1 厘米　足径 7.5 厘米
福州市洪塘金鸡山 M10 出土
福建博物院藏

直口、弧腹、喇叭形高足。外壁口沿下饰弦纹两周，足底缘饰凸弦纹一周。灰胎，施青釉，内外满釉，釉色青黄，外底露胎。

（供图：福建博物院）

青釉五足砚

南朝晚期—唐初
高 4 厘米　口径 10.6 厘米　底径 10.5 厘米
福州市洪塘金鸡山 M10 出土
福建博物院藏

砚直口、平底微凹，砚面呈圆形，微凸起，外壁粘五个三角形足。灰胎，施青釉，釉色青黄，土沁严重，部分剥釉。

（供图：福建博物院）

青釉灯

南朝晚期—唐初
高12厘米　足径6.6厘米
福州市洪塘金鸡山M10出土
福建博物院藏

浅盘形底座，盘敞口，斜直腹，饼足。盘心竖一高圆柱。柱顶端贴塑一椎形体，似花蕊，柱顶贴塑对称双环，柱底两侧贴塑对称三瓣莲瓣。灰胎，胎体较坚致。施青釉，釉色青灰，釉层较薄，釉面不匀。

（供图：福建博物院）

青釉四管插器

南朝晚期—唐初
高12.5厘米　底径7.4厘米
福州市洪塘金鸡山M10出土
福建博物院藏

双层阶梯型圆形台座，台座内中空，台座上竖起一杯形托座，托座上承方形台，台上置四管，两管间贴塑莲瓣。灰胎。施青釉，施釉至近足处，釉色青灰。

（供图：福建博物院）

青釉虎子

隋开皇十二年（592年）
高10.4厘米　长11.8厘米　宽9.7厘米
晋江市池店镇霞福村M2出土
晋江市博物馆藏

　　虎子昂首、圆腹、大张口、蹲坐、尾部弯曲成把，口部贴塑双眼和耳以示虎头。灰胎，施青釉，釉色呈淡青灰色，土沁严重，剥釉严重。

（供图：晋江市博物馆）

青釉三足炉

隋开皇十二年（592年）
高6.4厘米　口径9厘米
晋江市池店镇霞福村M2出土
晋江市博物馆藏

　　敞口、厚唇、弧腹、平底。腹部划弦纹二周，贴塑三兽足，每足上均划弦纹三道。灰胎，胎体较粗松，施青釉，釉色呈淡青灰色，釉面开细碎纹片。

（供图：晋江市博物馆）

青釉托盘

隋开皇十二年（592年）
高 2.9 厘米　口径 10.6 厘米　足径 7.4 厘米
晋江市池店镇霞福村 M2 出土
晋江市博物馆藏

敞口，弧腹，饼足。内壁划弦纹一周。内底起一圆柱形托圈，托圈高于盘口。灰胎。施青釉，土沁严重，釉已剥落殆尽。

（供图：晋江市博物馆）

青釉插器

隋开皇十二年（592年）
高 8.9 厘米　足径 7.5 厘米
晋江市池店镇霞福村 M2 出土
晋江市博物馆藏

敞口，斜弧腹，饼足。内底起一圆柱形插管，管呈锯齿状敞口。灰胎，施青釉，釉面开细碎纹片，土沁严重，釉面大多因土沁呈黄色、剥釉严重。

（供图：晋江市博物馆）

青釉四管插器

隋开皇十七年（597年）
通高 11.2 厘米　插管口径 2.4 厘米　底径 6.5 厘米
惠安县涂寨镇曾厝村 M1 隋开皇十七年（597年）墓出土
惠安县博物馆藏

　　插器分上下两层，上层为四根空心圆柱形管，两管间贴塑莲瓣一瓣，下层为三层圆柱形台座。灰胎，施青釉近底，釉面青黄，釉层不匀。

（供图：惠安县博物馆）

青釉双复系盘口壶

隋开皇十七年（597年）
高 28.7 厘米　口径 12.6 厘米　底径 10 厘米
惠安县涂寨镇曾厝村 M2 隋开皇十七年（597年）墓出土
惠安县博物馆藏

　　盘口，束颈，溜肩，鼓腹，下腹渐收，平底微凹。肩部对称贴塑两组，每组两个半圆形系。灰胎，胎体较粗糙，制作随意，可见修坯痕、窑粘、窑裂等多种瑕疵。施青釉，外壁施釉至下腹部，釉色青灰、釉面施釉不匀。

（供图：惠安县博物馆）

青釉六系罐

隋开皇十七年（597年）
高 27.6 厘米　口径 11.3 厘米　底径 14.5 厘米
惠安县涂寨镇曾厝村 M2 隋开皇十七年（597年）墓出土
惠安县博物馆藏

直口，溜肩，鼓腹，下腹渐收，器形圆润丰满，肩部划弦纹两道，两侧置对称的半圆形系，另两侧置对称双复系。器身可见多道旋坯痕。灰胎。施青釉至下腹部，釉色青中泛灰黄。

（供图：惠安县博物馆）

青釉双系罐

隋开皇十七年（597年）
高 5.5 厘米　口径 5.2 厘米　底径 4 厘米
惠安县涂寨镇曾厝村 M2 隋开皇十七年（597年）墓出土
惠安县博物馆藏

直口，溜肩，鼓腹，下腹渐收，平底。肩部置对称双系。灰胎，胎体较粗糙。施青釉至下腹部，釉已剥落殆尽。

（供图：惠安县博物馆）

青釉钵

隋开皇十七年（597年）
高 5.8 厘米　口径 7.5 厘米　底径 4 厘米
惠安县涂寨镇曾厝村 M2 隋开皇十七年（597年）墓出土
惠安县博物馆藏

敛口，溜肩，深弧腹，下腹渐收，平底。外壁口沿下划弦纹二道。灰胎，胎体较粗糙。施青釉，内壁满釉，外壁施釉至下腹部，釉色青黄，开细碎纹片，有流釉。

（供图：惠安县博物馆）

青釉唾壶

隋开皇十七年（597年）
高 6.8 厘米　口径 5.5 厘米　足径 4.7 厘米
惠安县涂寨镇曾厝村 M2 隋开皇十七年（597年）墓出土
惠安县博物馆藏

盘口，束颈，溜肩，鼓腹，饼足微凹，器形不甚规整。灰胎，胎体粗糙，修胎随意。施青釉，施釉近底，釉色青中泛黄褐色，剥釉严重。

（供图：惠安县博物馆）

青釉瓶

隋开皇十七年（597年）

高12厘米　口径2.9厘米　足径4.2厘米

惠安县涂寨镇曾厝村M2隋开皇十七年（597年）墓出土

惠安县博物馆藏

　　直口，短颈，溜肩，扁鼓腹，下腹渐收，饼足，器形不规整。灰胎，胎体粗糙，修胎随意，腹部多处凹凸不平，下腹可见旋坯痕。施青釉至近足处，釉色青黄，剥釉严重。

（供图：惠安县博物馆）

青釉托杯

隋开皇十七年（597年）

通高4.6厘米　杯口径5.5厘米　托口径9.3厘米　足径6厘米

惠安县涂寨镇曾厝村M2隋开皇十七年（597年）墓出土

惠安县博物馆藏

　　杯盘相连，杯直口，弧腹，饼足，足部粘连在盘上。盘敞口，浅腹，饼足。盘内壁口沿、腹部分别饰弦纹两道，器形不规整。灰胎，胎体可见较多杂质。施青釉，釉色青黄，杯内外满釉，盘内壁满釉，外壁施釉近底，釉色青黄，釉质较差，剥釉严重。

（供图：惠安县博物馆）

青釉插器

隋开皇十七年（597年）
高9.8厘米　口径4.3厘米　足径5.7厘米
惠安县涂寨镇曾厝村M2隋开皇十七年（597年）墓出土
惠安县博物馆藏

单管，口沿沿呈花形，略外撇管外壁饰纹二道。盘形底座，撇口、弧腹、饼足。灰胎，胎体较粗糙，可见旋坯痕，施青釉，剥釉严重。

（供图：惠安县博物馆）

青釉五盅盘

隋开皇十七年（597年）
高2.8厘米　盅口径3.8厘米　盘口径12.5厘米
底径6厘米
惠安县涂寨镇曾厝村M2隋开皇十七年（597年）墓出土
惠安县博物馆藏

盘敞口，折腹，平底微凹。盘内置五个小盅，盅敞口、弧腹、平底，粘于盘底。盅口略高于盘口。灰白胎，胎体较粗松，杂质较多。施青釉，釉色青黄，釉层较薄，剥釉严重。

（供图：惠安县博物馆）

青釉鐎斗

隋开皇十七年（597年）
高9.6厘米　口径9.2厘米
惠安县涂寨镇曾厝村M2隋开皇十七年（597年）墓出土
惠安县博物馆藏

撇口，直腹，平底，底部粘三蹄足，腹部粘一柄。灰白胎，胎体较粗松，杂质较多。施青釉，釉已剥落殆尽。

（供图：惠安县博物馆）

青釉唾壶

隋
高7.8厘米　口径5.6厘米　足径4.7厘米
晋江市池店镇霞福村M1隋墓出土
晋江市博物馆藏

盘口，束颈，溜肩，扁鼓腹，饼足。灰胎，胎体较粗糙。施青釉，釉色青绿，釉面开细小纹片，施釉至腹足交接处，土沁严重，剥釉严重。

（供图：晋江市博物馆）

青釉托杯

隋
高 5.5 厘米　杯口径 6.4 厘米　托口径 10 厘米
足径 7.1 厘米
晋江市池店镇霞福村 M1 隋墓出土
晋江市博物馆藏

杯盘相连，杯直口、弧腹、饼足，足部粘连在盘上，外壁口沿下饰弦纹两道。盘敛口、圆唇、弧腹、饼足。灰胎，胎体较粗糙厚重，修坯较粗，胎体上可见粗细不等旋坯痕。施青釉，釉色青灰，土沁严重，剥釉严重。

（供图：晋江市博物馆）

青釉双系罐

隋
高 7.7 厘米　口径 6.4 厘米　底径 6.6 厘米
晋江市池店镇霞福村 M3 隋墓出土
晋江市博物馆藏

敞口、溜肩、弧腹、下腹渐收、平底微凹。肩部置对称双系，灰胎，胎体较粗糙，修坯较粗。施青釉至下腹部，釉色青绿，釉面开细小纹片，剥釉严重。

（供图：晋江市博物馆）

青釉钵

隋

高 6.3 厘米　口径 7.5 厘米

晋江市池店镇霞福村 M3 隋墓出土

晋江市博物馆藏

　　敛口，溜肩，鼓腹，平底。灰胎，胎体较粗糙。口肩饰弦纹三组，每组两道。灰胎，胎体较粗糙，杂质较多。施青釉，釉色青绿，釉面不均匀，开细小纹片，土沁严重，部分剥釉。

（供图：晋江市博物馆）

青釉灯

隋

高 12.4 厘米　盘口径 7.2 厘米　足径 5.5 厘米

晋江市池店镇霞福村 M3 隋墓出土

晋江市博物馆藏

　　浅盘形底座，盘敞口，弧腹，饼足。盘心竖一高圆柱。柱顶端塑一锥形体。柱上部微束，一侧贴塑相黏连的双环，柱底一侧贴塑三瓣莲瓣。灰胎、施青釉、釉色青绿，开细小纹片，有剥釉。

（供图：晋江市博物馆）

青釉高足杯

隋
高9.5厘米 口径9.8厘米 足径7.5厘米
晋江市池店镇霞福村M3隋墓出土
晋江市博物馆藏

直口，弧腹，喇叭形高足。外壁口沿下饰弦纹两周。灰胎，施青釉，土沁严重，几乎看不出本来釉色，剥釉严重。

（供图：晋江市博物馆）

青釉瓶

隋
高6.2厘米 口径2.9厘米
晋江市池店镇霞福村M3隋墓出土
晋江市博物馆藏

敞口，短束颈，溜肩，扁鼓腹，饼足，器形不甚规整。灰胎，胎体较粗糙，修胎随意，下腹可见旋坯痕。施青釉至足，釉色青绿，釉层厚薄不均，开细碎纹片，部分剥釉。

（供图：晋江市博物馆）

第二部分 福建墓葬出土青釉瓷图版 | 195

青釉龙柄鐎斗

隋
最高 9.4 厘米　口径 9.4 厘米
晋江市池店镇霞福村 M3 隋墓出土
晋江市博物馆藏

　　折沿，直腹，平底，腹足交接处粘三蹄足，腹部粘一龙柄。灰胎，胎体较粗糙。施青釉、釉色青灰、釉面可见细碎开片、土沁严重、剥釉严重。

（供图：晋江市博物馆）

青釉印花高足盘

隋
高 6 厘米　口径 16.5 厘米　足径 10.4 厘米
将乐县古镛镇张公村罗布山隋墓出土
将乐县博物馆藏

　　敞口，折腰，喇叭形高圈足。灰白胎，胎质较坚致细腻，内底模印朵花纹。施青釉，内外壁均满釉，仅外底露胎。釉色青黄，玻璃质感强，有开片，剥釉明显。该盘造型、胎体、釉面、纹饰均具有洪州窑的特点。

（供图：将乐县博物馆）

青釉印花钵

隋—唐初
高 4.4 厘米　口径 11.9 厘米　底径 3.9 厘米
武夷山市黄土鸣山 M4 出土
武夷山市博物馆藏

敞口、弧腹、平底微凹。内壁划弦纹六道，内底心印花草纹。施青釉，内壁满釉，外壁施釉至下腹部，釉色青黄，剥釉严重。

这件印花钵的装饰纹样见于洪州窑，洪州窑隋至唐初的杯、钵一类的小件器也常见在外壁或内壁划三至六道细密弦纹的装饰方法。目前，武夷山本地及周边，未发现生产此类产品的窑场，这件钵很可能产自洪州窑。

福建隋唐墓葬出土的随葬青瓷以本地生产为主，且大多是制作粗糙的明器。目前福建隋唐墓葬所见较典型的洪州窑印花产品仅见此钵和上述将乐县罗布山隋唐墓出土的高足盘。此件钵制作较精美，在福建隋唐墓中难得一见。

（供图：武夷山市博物馆）

青釉双系罐

唐贞观四年（630 年）
高 5.2 厘米　口径 7 厘米　底径 4.9 厘米
晋江市内坑镇割州村唐贞观四年（630 年）墓出土
晋江市博物馆藏

敞口、溜肩、扁鼓腹、下腹渐收、平底。肩部置对称双系。灰胎，胎质粗糙，制作随意，烧成温度较低。施青釉至下腹部，釉已剥落殆尽。

（供图：晋江市博物馆）

青釉双管插器

唐贞观二十一年（648年）
通高 4.5 厘米　底径 6.4 厘米
永春县金峰山 M4 唐贞观二十一年（648年）墓出土
福建博物院藏

双管、饼形底座。制作随意，器形不规整。灰胎，胎体粗糙。施青釉，釉已剥落殆尽。

（供图：福建博物院）

青釉砚

唐贞观二十一年（648年）
通高 2.8 厘米　口径 8.5 厘米　底径 7 厘米
永春县金峰山 M4 唐贞观二十一年（648年）墓出土
福建博物院藏

直口、直腹、平底。底部贴塑六足。砚面凸起，制作较随意，造型不甚规整。灰白胎，胎体较粗松。施青釉，釉已剥落殆尽。

（供图：福建博物院）

青釉双系盘口壶

唐永徽二年（651年）
高 25.3 厘米　口径 12 厘米　底径 11.8 厘米
永春县金峰山唐永徽二年（651年）墓出土
福建博物院藏

　　盘口，短颈，溜肩，鼓腹，下腹渐收。肩部贴塑对称双系，腹部划弦纹一道。灰胎，修胎较规整，不见旋坯痕。施青釉至腹部，釉色青绿，釉质较莹润，釉层不匀净。

（供图：福建博物院）

青釉双系罐

唐永徽二年（651年）
高 4.3 厘米　口径 5 厘米　底径 3.2 厘米
永春县金峰山唐永徽二年（651年）墓出土
福建博物院藏

　　敞口，厚唇，溜肩，鼓腹，下腹渐收，平底。肩部置对称双系。灰白胎，胎体较粗松。施青釉至下腹部，釉色青灰，釉层不均匀，釉面可见较多窑粘和杂质。

（供图：福建博物院）

青釉盂

唐永徽二年（651年）
高 3.8 厘米　口径 4.7 厘米　底径 3.2 厘米
永春县金峰山唐永徽二年（651年）墓出土
福建博物院藏

　　敛口，溜肩，鼓腹，下腹渐收，平底微凹。腹部划弦纹两道。灰胎，胎体较粗糙。施青釉，内壁满釉，外壁施釉至下腹部，釉色青灰，釉面开细碎纹片，有剥釉。

（供图：福建博物院）

青釉唾壶

唐永徽二年（651年）
高 6.5 厘米　口径 3.7 厘米　底径 3.4 厘米
永春县金峰山唐永徽二年（651年）墓出土
福建博物院藏

　　盘口，束颈，溜肩，鼓腹，下腹渐收，平底，制作随意，器形不甚规整。灰胎，胎体粗糙。施青釉至下腹部，釉色青黄，施釉不均，釉面可见较多杂质。

（供图：福建博物院）

青釉托杯

唐永徽二年（651年）
高8.7厘米　口径13.7厘米　盏口径6.8厘米
足径8.7厘米
永春县金峰山唐永徽二年（651年）墓出土
福建博物院藏

　　托盘呈浅盘形，直口，折腹，喇叭形高足。盘心置一小盏，盏敞口，弧腹，底部与盘粘连。灰胎。施青釉，釉色青绿，有流釉，釉厚处玻璃质感强，有开片。

（供图：福建博物院）

青釉托杯

唐永徽二年（651年）
通高6.2厘米　口径8.2厘米　足径4.3厘米
永春县金峰山唐永徽二年（651年）墓出土
福建博物院藏

　　杯敞口，厚唇，弧腹。托座敞口，厚唇，饼足微凹，杯、座相连。灰胎，胎体粗糙。施青釉，釉色青黄，釉层较薄，釉面不匀。

（供图：福建博物院）

青釉五盅盘

唐永徽二年（651年）
高 4.3 厘米　口径 15.2 厘米　底径 4.5 厘米
永春县金峰山唐永徽二年（651年）墓出土
福建博物院藏

　　盘直口，直腹，平底。盘内置五个小盅，盅直口，弧腹，平底，底部粘于盘底。盅口略高于盘口。灰胎，胎体较粗松。施青釉，釉色青灰，盅内底积釉。

（供图：福建博物院）

青釉瓶

唐永徽二年（651年）
高 7.4 厘米　口径 2.1 厘米　底径 3 厘米
永春县金峰山唐永徽二年（651年）墓出土
福建博物院藏

　　敞口，长颈，溜肩，鼓腹，平底。肩部、腹部各刻划弦纹两道。灰白胎，胎体较粗糙。施青釉至下腹部，釉色青灰，釉层不均匀，釉面可见较多窑粘。

（供图：福建博物院）

青釉六足砚

唐永徽二年（651年）
通高 2 厘米　口径 8 厘米
永春县金峰山唐永徽二年（651年）墓出土
福建博物院藏

　　直口、直腹、平底。底部贴塑六足。砚面凸起，制作较随意，造型不甚规整。灰白胎，胎体较粗松。施青釉，釉已剥落殆尽。

（供图：福建博物院）

青釉砚

唐永徽二年（651年）
高 4 厘米　口径 10.5 厘米　底径 12.5 厘米
永春县金峰山唐永徽二年（651年）墓出土
福建博物院藏

　　砚圆形，敞口，直腹，喇叭形足。砚面凸起。足壁划两组，每组两道弦纹，两组弦纹中镂六个长方形圆孔，间饰六组山形纹。灰胎。胎体较粗糙，釉面露胎处可见大量杂质，足端亦有大量杂质和窑粘。施青釉，釉色青灰，砚面无釉。

（供图：福建博物院）

第二部分　福建墓葬出土青釉瓷图版 | 203

青釉插器

唐永徽二年（651年）
通高9.3厘米　插管口径3.4厘米　盘口径12.4厘米　足径9.5厘米
永春县金峰山唐永徽二年（651年）墓出土
福建博物院藏

浅盘形，直口，折腹，喇叭形高足。盘心塑一圆柱，圆柱口沿呈锯齿形。灰胎。施青釉，釉色青绿，釉厚处玻璃质感强，有开片。

（供图：福建博物院）

青釉灯

唐永徽二年（651年）
通高9厘米　足径4厘米
永春县金峰山唐永徽二年（651年）墓出土
福建博物院藏

浅盘形座，浅盘敞口，浅腹，饼足。盘中塑圆柱，柱上部塑对称半圆形环，器形不甚规整。灰胎。施青釉，釉色青灰，釉面不匀。

（供图：福建博物院）

青釉三足炉

唐永徽二年（651年）
通高 4.3 厘米　口径 7 厘米
永春县金峰山唐永徽二年（651年）墓出土
福建博物院藏

敞口，弧腹，平底。下腹部近足处贴三足，制作随意，器形不规整。灰白胎，胎体较粗糙。施青釉，釉色呈淡灰青色，有开片。

（供图：福建博物院）

青釉虎子

唐永徽二年（651年）
高 9.3 厘米　长 14 厘米
永春县金峰山唐永徽二年（651年）墓出土
福建博物院藏

虎子呈蹲伏状，前肢前伸，后肢微曲，尾部前伸成柄。灰白胎，胎体较粗松。制作较随意，器形不规整。施青釉，釉色青灰，施釉随意。

（供图：福建博物院）

第二部分　福建墓葬出土青釉瓷图版 | 205

青釉四系罐

唐乾封二年（667年）
高 21.4 厘米　口径 11.3 厘米　底径 11.5 厘米
安溪县后垵村唐乾封二年（667年）墓出土
厦门市博物馆藏

　　敞口，厚唇，短颈，溜肩，鼓腹，下腹渐收，平底微凹。颈肩交接处划凹弦纹三道，肩部划两组，每组两道凹弦纹，两侧置对称双复系，另两侧置对称乳丁。灰白胎，修胎较精细规整。施青釉至下腹部，土沁严重，釉色因土沁泛黄，剥釉严重。

（供图：厦门市博物馆）

青釉四系罐

唐乾封二年（667年）
高 22.7 厘米　口径 10.9 厘米　底径 11.4 厘米
安溪县后垵村唐乾封二年（667年）墓出土
厦门市博物馆藏

　　敞口，溜肩，弧腹，下腹渐收，平底微凹。肩部置两两对称四系，肩部至上腹部饰三组，每组两道凹弦纹。灰白胎，修胎较精细。施青釉，釉已剥落殆尽。

（供图：厦门市博物馆）

青釉插器

唐乾封二年（667年）
高6.5厘米　口径4.8厘米　底径5.8厘米
安溪县后垵村唐乾封二年（667年）墓出土
厦门市博物馆藏

敞口、浅腹、平底。内底起一圆柱形插管，管呈锯齿状敞口。灰白胎、施青釉、土沁严重，釉已剥落殆尽。

（供图：厦门市博物馆）

青釉钵

唐上元二年（675年）
高5.3厘米　口径14.6厘米　底径6.4厘米
将乐县古镛镇桃村机砖厂M1唐上元二年（676年）墓出土
将乐县博物馆藏

敞口、弧腹、饼足。灰胎。施青釉，内壁满釉、外壁施半釉，釉色青黄，施釉较随意，剥釉严重。

（供图：将乐县博物馆）

青釉双系盘口壶

唐上元三年（676年）
高34.5厘米　口径15厘米　底径13厘米
莆田市城厢区下郑村唐上元三年（676年）墓出土
福建博物院藏

　　浅盘口，短粗颈，溜肩，鼓腹，下腹渐收，平底微凹。肩部置两个对称的半圆形系。灰胎，修坯不精，外壁可见多条宽窄、深浅不一的旋坯痕。施青釉至下腹部，釉色青褐，釉面不均。

（供图：福建博物院）

青釉四系罐

唐上元三年（676年）
高19.5厘米　口径8.4厘米　底径11.5厘米
莆田市城厢区下郑村唐上元三年（676年）墓出土
福建博物院藏

　　直口，溜肩，弧腹，下腹渐收，平底微凹。肩部划弦纹两道，置两两对称半圆形四系。灰胎，修坯不精，腹部可见明显旋坯痕。施青釉，釉色青灰，釉面不匀。

（供图：福建博物院）

青釉双系罐

唐上元三年（676年）
高 7 厘米　口径 6.3 厘米　底径 3.8 厘米
莆田市城厢区下郑村唐上元三年（676年）墓出土
福建博物院藏

　　敞口、短颈、溜肩、弧腹、下腹渐收、平底微凹。肩部置对称双系。胎体粗糙，修坯随意，可见细密旋坯痕。施青釉至下腹部，釉已剥落殆尽。

（供图：福建博物院）

青釉托杯

唐上元三年（676年）
通高 6 厘米　口径 8.8 厘米　底径 4.5 厘米
莆田市城厢区下郑村唐上元二年（676年）墓出土
福建博物院藏

　　杯敞口、弧腹。托座敞口、斜弧壁、平底微凹。杯、座相连。灰白胎，胎体粗糙。施青釉，釉色青黄，有开片。

（供图：福建博物院）

青釉盂

唐上元三年（676年）
高 3.4 厘米　口径 6.6 厘米
莆田市城厢区下郑村唐上元三年（676年）墓出土
福建博物院藏

　　卷沿、厚唇、弧腹、下腹斜收、平底。制作较随意，器形不规整。灰胎，胎体较厚重粗糙，修胎不精，可见深浅不一的旋坯痕。施青釉至下腹近足处，釉色青黄，剥釉严重。

（供图：福建博物院）

青釉钵

唐上元三年（676年）
高 4 厘米　口径 6.4 厘米
莆田市城厢区下郑村唐上元三年（676年）墓出土
福建博物院藏

　　敛口、鼓腹、平底微凹。胎体较粗松，施青釉，釉已剥落殆尽。

（供图：福建博物院）

青釉五盅盘

唐上元三年（676年）

高 4 厘米　口径 16.5 厘米

莆田市城厢区下郑村唐上元三年（676年）墓出土

福建博物院藏

　　盘直口、直腹、平底。盘内置五个小盅。盅敞口、浅腹、固定在盘中。灰白胎，胎体较粗松，施青釉，釉呈青灰，釉质较差，剥釉严重。

（供图：福建博物院）

青釉三足盘

唐上元三年（676年）

高 3 厘米　口径 9.3 厘米

莆田市城厢区下郑村唐上元三年（676年）墓出土

福建博物院藏

　　敞口、直壁、平底。腹足交接处粘三足。灰胎，胎体较粗松，制作随意。施青釉，釉色青褐，釉几乎剥落殆尽。

（供图：福建博物院）

青釉唾壶

唐上元三年（676年）
高6.5厘米　口径3.9厘米　底径4.1厘米
莆田市城厢区下郑村唐上元三年（676年）墓出土
福建博物院藏

　　盘口，束颈，溜肩，鼓腹，平底微凹。灰白胎，胎体较粗松，修坯随意，腹部可见细密旋坯痕。施青釉至下腹部，釉色青黄，剥釉严重。

（供图：福建博物院）

青釉虎子

唐上元三年（676年）
高7.5厘米　长8.5厘米
莆田市城厢区下郑村唐上元三年（676年）墓出土
福建博物院藏

　　虎子似茧型，圆管口，口两侧塑虎头。虎尾部弯曲成柄。底部贴塑抽象四足。灰褐色胎，胎体粗糙，制作随意。施青釉，釉已剥落殆尽。

（供图：福建博物院）

青釉灯

唐上元三年（676年）
高9厘米
莆田市城厢区下郑村唐上元三年（676年）墓出土
福建博物院藏

　　浅盘形座，浅盘敞口，斜弧腹，平底。盘中塑一锥形柱，柱上部塑对称半圆形环，下部饰对称莲瓣。器形较抽象随意。灰胎。施青釉，釉几剥落殆尽。

（供图：福建博物院）

青釉盅

唐上元三年（676年）
高3.1厘米　口径6.8厘米　底径3.2厘米
永春县第八中学唐上元三年（676年）墓出土
永春县博物馆藏

　　敞口，弧腹，平底。灰白胎，胎体较粗糙，施青釉，釉色呈青灰色，釉质较差，厚薄不一。

（供图：永春县博物馆）

青釉插器

唐上元三年（676年）

高 6 厘米　口径 4 厘米　底径 4.2 厘米

永春县第八中学唐上元三年（676年）墓出土

永春县博物馆藏

　　盘形底座、敞口、斜直腹、平底，盘中塑一圆柱形插管，管两侧塑对称双环。灰白胎，胎体较粗糙厚重，制作随意。施青釉，釉几乎剥落殆尽。

（供图：永春县博物馆）

青釉四系罐

唐大中十年（856年）

高 33.4 厘米　口径 14.4 厘米　底径 12.8 厘米

厦门市仙岳路陈元通墓出土

厦门市博物馆藏

　　直口、短颈、溜肩、鼓腹、下腹渐收。肩部置四系。灰胎，胎体较粗糙，可见较多沙粒，修坯较随意，可见粗细不等旋坯痕。施青釉至腹部，釉色青黄，釉面厚薄不匀，有流釉。

（供图：厦门市博物馆）

青釉四系罐

唐大中十年（856年）
高33.4厘米　口径12.8厘米　底径11.2厘米
厦门市仙岳路陈元通墓出土
厦门市博物馆藏

　　直口、短颈、溜肩、鼓腹、下腹斜收。肩部置四系。灰胎，胎体较粗糙，可见较多沙粒，修坯较随意，可见粗细不等旋坯痕。施青釉至腹部，釉色青灰，釉面厚薄不匀，有流釉。

（供图：厦门市博物馆）

青釉双系罐

唐大中十年（856年）
高12厘米　口径8.8厘米　足径6.5厘米
厦门市仙岳路陈元通墓出土
厦门市博物馆藏

　　敞口、短颈、溜肩、弧腹、下腹渐收、饼足。肩部置对称双系，腹部划弦纹一道。灰胎，胎体较粗糙，表面可见较多气孔和沙粒。施青釉至下腹部，釉色青绿，釉面不匀。

（供图：厦门市博物馆）

青釉碗

唐大中十年（856年）
高 7.2 厘米　口径 21 厘米　足径 12.8 厘米
厦门市仙岳路陈元通墓出土
厦门市博物馆藏

　　撇口，斜弧腹，宽圈足。内壁起凸棱四道，器形较规整秀美。灰胎，修胎较细致。施青釉，内壁满釉，外壁施釉至足端，釉色青绿，釉面厚薄不均，开细碎纹片，有流釉。

（供图：厦门市博物馆）

青釉谷仓

唐大中十年（856年）
通高 91 厘米　高 67.5 厘米　口径 59 厘米
底径 44 厘米
厦门市仙岳路陈元通墓出土
厦门市博物馆藏

　　直口，深直腹，平底。口沿下饰半圆形对称四个小系，腹部饰两两对称复系四个。半圆形盖，伞形纽。盖沿外侧饰对称小系四个。灰胎。胎体较粗糙，表面可见较多杂质及气孔。施青釉，器身施釉至下腹部，盖面施半釉。釉色青灰，剥釉严重。

（供图：厦门市博物馆）

青釉双系罐

唐咸通三年（862年）
高10.6厘米　口径8.8厘米　足径6.8厘米
厦门市仙岳路汪氏墓出土
厦门市博物馆藏

　　敞口，厚唇，溜肩，弧腹，下腹渐收，饼足。肩部置对称双系。灰胎，胎体较粗糙厚重，可见较多沙粒和气孔。施青釉，釉色青绿，釉面不匀，开细碎纹片，有流釉，积釉处玻璃质感较强，土沁、剥釉严重。

（供图：厦门市博物馆）

青釉碗

唐咸通三年（862年）
高6.5厘米　口径20厘米　足径11厘米
厦门市仙岳路汪氏墓出土
厦门市博物馆藏

　　敞口，斜直腹，饼足，内壁起凸棱四道。灰胎，胎体较厚重。施青釉，釉色青绿，釉面不匀，开细碎纹片，有流釉。

（供图：厦门市博物馆）

青釉三管插器

唐初
通高 10.2 厘米　底径 5.9 厘米
福州市晋安区康山南侧唐墓出土
福建博物院藏

　　三层圆柱形台座，最上层台座上塑三根空心圆柱形插管。灰胎，胎体较粗糙。施青釉，釉色青灰。南朝晚期至唐代插器多见单管、双管、四管，三管较罕见。

（供图：福建博物院）

青釉灯

唐初
高 12.7 厘米　盘口径 9.5 厘米　足径 5.5 厘米
霞浦县沙江镇古县村 M1 唐墓出土
霞浦县博物馆藏

　　盘形座，盘敞口，斜弧腹、饼足。盘中塑一锥形柱，柱顶塑一锥形顶，柱上部两侧塑对称半圆形环，下部两侧饰对称三瓣莲瓣。灰胎、胎体较粗糙，可见较多杂质。施青釉，釉色青灰。

（供图：霞浦县博物馆）

青釉双系罐

唐早期
高 6.3 厘米　口径 5.3 厘米　底径 4 厘米
福州市建新镇阳岐山 M2 唐墓出土
福建博物院藏

直口、厚唇、溜肩、鼓腹、下腹渐收、平底微凹。肩部置对称双系。灰胎，胎体含较多杂质和砂粒。施青釉、釉色灰青，釉层略不均匀。

（供图：福建博物院）

青釉碗

唐早期
高 3.3 厘米　口径 9.5 厘米　足径 4 厘米
福州市建新镇阳岐山 M2 唐墓出土
福建博物院藏

敞口、弧腹、饼足。灰胎，胎体较粗糙，施青釉近底，釉色青中泛灰黄，釉面可见较多杂质。

（供图：福建博物院）

青釉五盅盘

唐早期

高 3.7 厘米　口径 11 厘米　底径 9 厘米

福州市建新镇阳岐山 M2 唐墓出土

福建博物院藏

盘直口、直腹、平底，外壁饰弦纹一道。盘内粘五盅、盅直口、直腹、平底，盅口高出盘口。灰胎，胎体较粗糙。施青釉，釉色青灰、釉面不匀。

（供图：福建博物院）

青釉虎子

唐早期

高 6.5 厘米

福州市建新镇阳岐山 M2 唐墓出土

福建博物院藏

虎子呈昂首蹲坐状，管状口，口部贴塑虎头，虎尾弯曲作把，底部贴塑四足，制作较随意，虎头、尾、四足均较抽象。灰胎，胎体较粗糙，施青釉，釉色青绿，釉面不匀。

（供图：福建博物院）

青釉三足砚

唐早期
高1.8厘米　口径8厘米
福州市建新镇阳岐山 M2 唐墓出土
福建博物院藏

砚呈浅盘形，直口，微折腹，平底。下腹部贴塑三锥形足。灰胎，胎体粗糙。施青釉，釉色青灰。

（供图：福建博物院）

青釉花口托杯

唐早期
高6.2厘米　口径6厘米　足径4.2厘米
福州市建新镇阳岐山 M2 唐墓出土
福建博物院藏

杯呈齿形花口，弧腹，平底黏连于座上。座呈盘形，敞口，斜弧腹，饼足微外撇。杯、座相连处饰弦纹两道。灰胎，胎体粗糙，可见较多砂粒。修坯不精，可见旋坯痕。施青釉近足，釉色青中泛灰黄，釉质较差。

（供图：福建博物院）

青釉单管插器

唐早期
高 6.7 厘米 口径 2.5 厘米 底径 4.5 厘米
福州市建新镇阳岐山 M2 唐墓出土
福建博物院藏

饼形底。中间塑一空心圆管，圆管略呈鼓形，中部凸起。制作较粗糙，器形不甚规整。灰胎，施青釉，釉色青中泛灰黄，釉面不匀。

（供图：福建博物院）

青釉灯

唐早期
高 10.8 厘米 口径 7 厘米 足径 4.5 厘米
福州市建新镇阳岐山 M2 唐墓出土
福建博物院藏

浅盘形座，浅盘敞口、斜弧腹、饼足。盘中塑一锥形柱，柱上部塑对称半圆形环、下部两侧塑莲瓣。器形较抽象，莲瓣捏制随意、不规整。灰胎。施青釉、釉色青黄。

（供图：福建博物院）

青釉二盅盘

唐早期
最高4.3厘米　盘口径12厘米　盘底径5厘米
盅高2.6厘米　盅口径4.6厘米
惠安县螺阳镇东峰村上村M1出土
惠安县博物馆藏

　　盘直口，斜弧腹，下腹渐收，平底。盘内粘二盅，盅直口，弧腹，平底，盅口高出盘口。灰胎，胎体较粗糙，杂质很多。施青釉，釉呈青褐色，釉层薄，釉质较差，剥釉严重。

（供图：惠安县博物馆）

青釉七盅盘

唐早期
高4厘米　盘口径20厘米　盘底径7.8厘米　盅口径6厘米
惠安县螺阳镇东峰村上村M1出土
惠安县博物馆藏

　　盘直口，弧腹，平底。盘内置七个浅盅。盅敞口，浅腹，固定在大盘中。灰白胎，胎体较粗松，施青釉，釉呈青灰褐色，釉质较差，剥釉严重。

（供图：惠安县博物馆）

青釉砚

唐早期
高1.5厘米　口径6厘米　底径5.8厘米
惠安县螺阳镇东峰村上村M1出土
惠安县博物馆藏

　　砚圆形，敞口，直腹，平底微凹，砚面凸起。灰胎，胎体较厚重粗糙。施青釉，釉色青褐，几乎剥落殆尽。

（供图：惠安县博物馆）

青釉烛台

唐早期
高 7.1 厘米　口径 4.8 厘米　足径 5.3 厘米
惠安县螺阳镇东峰村上村 M1 出土
惠安县博物馆藏

烛台呈浅盘形、束颈、折肩、喇叭形实足。灰胎，胎体较粗糙厚重，施青釉，釉色青褐，釉层较薄，釉质较差，剥釉严重。

（供图：惠安县博物馆）

青釉碗

唐中期
高 6.7 厘米　口径 16.3 厘米　足径 6.5 厘米
福州市晋安区登云水库 M5 出土
福建博物院藏

撇口、弧腹、玉璧底。灰胎，胎体较坚致，外壁剥釉处可见细密旋坯痕。修足精细，玉璧底规整硬朗。施青釉，内壁满釉，外壁施釉至下腹部，开细碎纹片，内底心形成天青色窑变，外壁流釉明显，下腹部釉层边缘形成数个釉珠。

福建唐墓出土器物大多为小件冥器，制作粗糙。此件碗造型规整、制作精细、器形较大，显然有实用功能，在福建唐墓出土器物中十分罕见。

（供图：福建博物院）

青釉双复系盘口壶

唐晚期
高 28.6 厘米　口径 15.3 厘米　底径 9.8 厘米
武夷山市三姑旅游开发区擎日山旁唐墓出土
武夷山市博物馆藏

　　盘口，粗颈，溜肩，鼓腹，下腹渐收，平底微凹。肩部一侧置两个半圆形系，另一侧对称置两个半圆形系。灰胎，胎体较粗糙。施青釉，内壁仅盘口施釉，外壁施釉至腹部，釉色青黄，釉面不匀。

（供图：武夷山市博物馆）

青釉罐

唐晚期
高 42.8 厘米　口径 23.2 厘米　底径 13.4 厘米
武夷山市三姑旅游开发区擎日山旁唐墓出土
武夷山市博物馆藏

　　直口，厚唇，溜肩，鼓腹，下腹急收，平底微凹。灰胎，胎体较粗糙，修坯不精，肩腹部可见数道不规整旋坯痕。施青釉，釉色青褐，釉面不匀。

（供图：武夷山市博物馆）

青釉褐彩双系罐

唐晚期
高 16.2 厘米　口径 9.5 厘米　底径 10.3 厘米
武夷山市三姑旅游开发区擎日山旁唐墓出土
武夷山市博物馆藏

　　直口、厚唇、溜肩、斜直腹、平底。灰白胎，胎质较细腻。施青釉至下腹部，肩腹部点褐彩。釉彩几乎剥落殆尽。

（供图：武夷山市博物馆）

青釉碗

唐晚期
高 4.3 厘米　口径 15.1 厘米　足径 6.4 厘米
武夷山市三姑旅游开发区擎日山旁唐墓出土
武夷山市博物馆藏

　　敞口、斜直腹、玉璧底，造型秀美。灰胎，修坯较精，修足细致，玉璧底规整美观。施青釉，釉色青绿，内外满釉，釉面匀净，部分剥釉。

（供图：武夷山市博物馆）

青釉双系盘口壶

唐晚期—五代
高 22.5 厘米　底径 7.8 厘米
武夷山市吴屯乡大浑村唐墓出土
武夷山市博物馆藏

　　盘口、粗颈、溜肩、弧腹、下腹渐收、平底微凹。肩部置对称双系。器形略歪斜。灰胎，修胎较精细。施青釉，釉色青黄，釉面较匀净，土沁严重，部分剥釉。

（供图：武夷山市博物馆）

青釉碗

唐晚期—五代
高 6.3 厘米　口径 16.2 厘米　足径 7 厘米
武夷山市吴屯乡大浑村唐墓出土
武夷山市博物馆藏

　　敞口、斜直腹、饼足微凹。灰胎，胎体较粗糙。施青釉，内底可见四个支烧痕，釉色青绿、釉面不匀。
　　该碗和武夷山晚唐五代窑址出土的碗较相似，可能为本地产品。

（供图：武夷山市博物馆）

第二部分　福建墓葬出土青釉瓷图版 | 227

青釉瓶

后唐长兴元年（930 年）
高 20.2 厘米　口径 8.6 厘米　足径 6 厘米
福州市新店镇战坂莲花峰五代闽国刘华墓出土
福建博物院藏

敞口、厚唇、粗颈、溜肩、弧腹、下腹渐收、饼足微凹。灰胎。施青釉至下腹部，釉色青黄，釉层较薄。

（供图：福建博物院）

青釉盖罐

五代后周广顺二年（952 年）
通高 16.5 厘米　口径 6 厘米　足径 7.8 厘米
福州市鼓楼区洪山镇马坑山后周广顺二年（952 年）墓出土
福建博物院藏

罐直口，溜肩，鼓腹，下腹渐收，饼足微凹。盖平顶微弧，直壁。灰胎，胎体较粗糙。施青釉，外壁施釉至下腹部，釉色青黄，釉质较差，釉面不匀，有开片。

（供图：福建博物院）

青釉堆贴盘龙水波纹双系盘口瓶

北宋咸平六年（1003年）
高47厘米　口径18.3厘米　足径10.8厘米
建瓯市东门油库宋咸平六年（1003年）墓出土
建瓯市博物馆藏

　　浅盘口，束颈，溜肩，鼓腹，下腹渐收，圈足。肩部贴塑对称半圆形系，双系下方塑一龙，龙身纤细，身体满饰鳞片，昂首、舞爪，盘踞于肩部。肩腹由上至下分别贴塑水波纹三道，水波纹间划云纹。灰胎，修胎略粗，腹部可见粗细不等旋坯痕。施青釉，施釉至下腹部，釉色青黄，釉面不匀净，部分有流釉。

（供图：建瓯市博物馆）

青釉葵口盏托、盏

北宋咸平六年（1003年）
盏托：高3.3厘米　口径12.6厘米　足径7.5厘米
盏：高4.9厘米　口径8.1厘米　足径4.24厘米
建瓯市东门油库宋咸平六年（1003年）墓出土
建瓯市博物馆藏

　　盏托呈浅盘形，葵口、折沿、折腹、高圈足外撇。盏托中间起一托座，座高于口沿，呈双层圆柱形，内中空。造型规整秀美，精细利落。灰白胎，胎体较坚致。施青釉，釉色青黄，仅足端露胎，余皆满釉。

　　盏呈六瓣花形，敞口、弧腹、喇叭形高圈足。器形精致秀美。灰白胎，胎体坚致。内底心模印花卉纹。施青釉，釉色青绿，除足端无釉外，余皆满釉。

（供图：建瓯市博物馆）

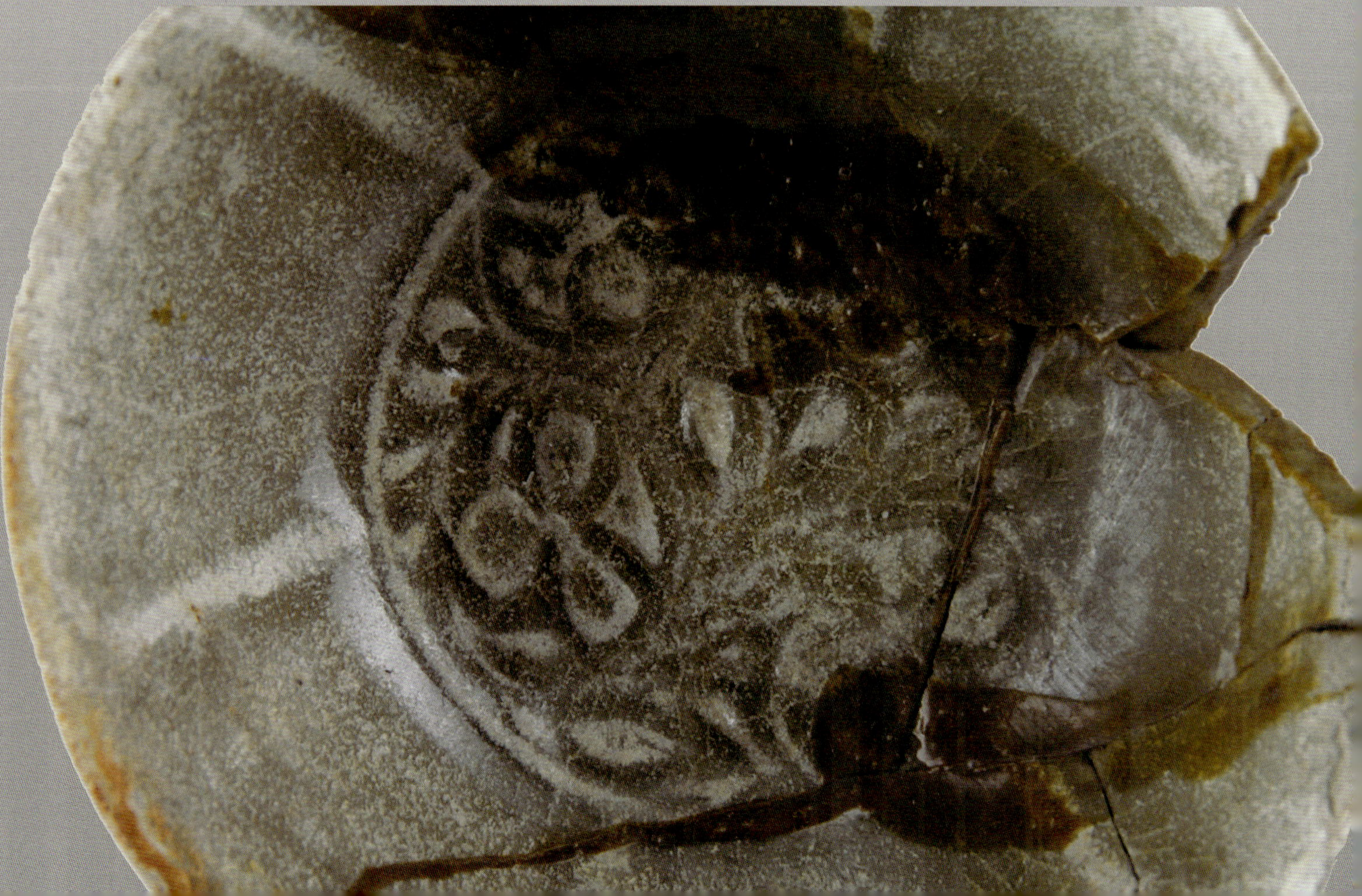

青釉双系盖瓶

北宋大中祥符二年（1009年）
通高26.1厘米　口径9.8厘米　足径7.2厘米
建瓯市城郊水南罐头厂M2大中祥符二年（1009年）墓出土
建瓯市博物馆藏

　　浅盘形子母口，粗颈，溜肩，鼓腹，下腹渐收，圈足。肩部贴塑对称半圆形系，腹部贴塑水波纹两道。盖伞形纽，盖面贴塑水波纹一道。灰胎，胎体较粗糙厚重。施青釉，釉下涂抹数片褐色斑块。施釉至下腹部近足处，釉面可见大小不等的开片。

（供图：建瓯市博物馆）

青釉褐彩盖罐

北宋大中祥符二年（1009年）
通高43厘米　口径9.8厘米　足径12.3厘米
建瓯市城郊水南罐头厂M2大中祥符二年（1009年）墓出土
建瓯市博物馆藏

　　撇口、圆唇、短颈、溜肩、鼓腹、下腹渐收、圈足。肩部贴塑立体水波纹一道，肩至上腹部贴塑水波纹三周。蘑菇形盖，伞形纽，纽边贴塑立体水波纹一道，盖面贴塑水波纹一道。灰胎，胎体较厚重。施青釉至下腹部，釉色青灰，釉下饰数片褐色斑块。

（供图：建瓯市博物馆）

青釉盖罐

北宋熙宁五年（1072年）
高8.2厘米　口径4.6厘米　足径4.6厘米
福州市鼓楼区祭酒岭金牛山北宋熙宁五年（1072年）墓出土
福建博物院藏

　　盖平顶，子母口。罐直口，粗颈、溜肩、鼓腹，下腹渐收，圈足。灰胎，胎体粗糙，制作较随意，可见大量旋坯痕，修足也较随意，足端宽窄不一。施青釉，釉色青灰，釉质较差。烧造亦较粗糙，釉面可见大量杂质及窑粘。

（供图：福建博物院）

青釉执壶

北宋元丰三年（1080年）
高 14.6 厘米　口径 7.2 厘米　足径 5.6 厘米
建阳区麻沙镇北宋元丰三年（1080年）墓出土
南平市建阳区博物馆藏

撇口，粗长颈，溜肩，鼓腹，下腹渐收，饼足，一则置一弯流，另一侧对称置一曲柄。灰胎，施青釉至下腹部，釉色青灰，釉质较差。

（供图：南平市建阳区博物馆）

青釉褐彩谷仓

北宋政和八年（1118年）
高 51 厘米　口径 23.6 厘米　底径 13 厘米
南平市建阳区莒口北宋政和八年（1118年）墓出土
南平市建阳区博物馆藏

直口，溜肩，斜弧腹，平底。上腹部和下腹部分别塑水波纹一周，腹部贴塑两条竖条纹与两条水波纹相连。腹部以褐彩书写"千秋万岁""一二三四五""仓库""整合八年十二月"等文字。灰胎，胎体较粗糙，施青釉，釉色青灰，釉质较差。

（供图：南平市建阳区博物馆）

青釉刻划花碗

北宋中晚期
高 6.4 厘米　口径 15.8 厘米　足径 4.6 厘米
顺昌县大坪林场宋墓出土
福建博物院藏

敞口、弧腹、圈足。外壁刻划竖条纹，内壁饰篦划纹及抽象云气纹，器形规整。灰白胎，胎体较坚致。施青釉，内壁满釉，外壁施釉至足端，釉色青灰，釉面开细碎纹片。

（供图：福建博物院）

青釉刻划花碗

北宋中晚期
高 6.4 厘米　口径 15.8 厘米　足径 4.6 厘米
顺昌县大坪林场宋墓出土
福建博物院藏

撇口、斜弧腹、圈足。外壁刻划竖条纹，内壁饰篦划纹及抽象卷草纹。灰白胎，胎体较坚致，器形规整。施青釉，内壁满釉，外壁施釉至足端，釉色青灰，釉面开细碎纹片。

（供图：福建博物院）

青釉凤首执壶

北宋
高 28.7 厘米　口径 4.5 厘米　足径 8 厘米
顺昌县埔上镇连坑村九龙山宋墓出土
福建博物院藏

　　凤首口，凤弯尖喙，圆眼、高冠。竹节形细长颈，溜肩，弧腹，下腹渐收，圈足。肩部一侧塑一细长流，一侧塑一曲柄。灰白胎，胎体坚致，制作精美。施青釉，外壁施釉至足端，釉色呈淡青色，釉质细腻，光亮匀净。

（供图：福建博物院）

青釉谷仓

北宋

高 49 厘米　口径 25 厘米　底径 14.5 厘米

顺昌县埔上镇连坑村九龙山宋墓出土

福建博物院藏

直口，口沿下起凸棱一周，溜肩、直腹、下腹渐收。肩部划花叶纹，上腹部贴塑水波纹，腹部刻划莲纹及大门。大门上贴塑门锁及乳丁。下腹部贴塑凸弦纹一周及双层莲瓣纹。盖贴塑双层五翘角五脊屋顶，屋檐呈波浪形，盖顶饰宝珠钮。灰白胎，胎体较坚致。施青釉，外壁施釉至足，釉色青黄，开细碎纹片。

（供图：福建博物院）

青釉多角盖罐

北宋
高 56 厘米　口径 11 厘米　底径 13.4 厘米
顺昌县埔上镇连坑村九龙山宋墓出土
福建博物院藏

　　罐直口、折肩，五层弧腹，每层贴塑五个尖角。罐带盖，盖贴塑楼阁，楼阁有四拱门，屋顶塑五脊，双层五翘角，宝珠钮。灰白胎。施青釉，外壁施釉至腹足交接处，口沿及内壁无釉。釉色青黄，有开片，部分剥釉。

（供图：福建博物院）

青釉瓜棱罐

北宋

高 7.2 厘米　口径 3.8 厘米　底径 3.9 厘米

顺昌县大干镇大干村宋墓出土

福建博物院藏

　　敞口、短颈、溜肩、斜直腹、平底微凹，腹部压印五道瓜棱。灰白胎。施青釉、釉色青黄、釉层较莹润，有开片。

(供图：福建博物院)

青釉执壶

北宋

高 7.4 厘米　口径 3.7 厘米　足径 5 厘米

顺昌县大干镇大干村宋墓出土

福建博物院藏

　　直口、短颈、丰肩、鼓腹、下腹渐收、圈足。肩部划弦纹二道，一侧置一弯流，另一侧置一柄。灰白胎、胎体较坚致。施青釉至腹足交接处，釉色青灰、釉面莹润。

(供图：福建博物院)

青釉盏托

北宋
高 4.1 厘米　足径 4 厘米
顺昌县大干镇大干村宋墓出土
福建博物院藏

　　盏托呈浅盘形，敛口，折腹，高圈足。盘心起一圆柱形托座，托座满布旋纹。灰白胎，胎体较粗松，修足不精，足端宽窄不一。施青釉，下腹部及圈足无釉，余皆满釉，釉色青黄，釉质较莹润。

（供图：福建博物院）

青釉谷仓

北宋
高 48 厘米　口径 25 厘米　底径 12.5 厘米
顺昌县大干镇大干村宋墓出土
福建博物院藏

　　子母口，深直腹，下腹渐收。上腹和下腹部分别贴塑水波纹一周，腹部刻划花卉纹。盖贴塑双层三角形五脊屋顶，盖顶饰宝珠钮。灰白胎，胎体较坚致。施青釉，外壁施釉至足，釉色青黄，釉层较薄，部分剥釉。

（供图：福建博物院）

青釉双系盘口壶

北宋
高35.6厘米 口径16.7厘米 底径9.5厘米
政和县东平镇凤头村下凤山宋墓出土
政和县博物馆藏

盘口，粗颈，丰肩，鼓腹，下腹渐收，平底。肩部贴对称双系，划弦纹三道。灰胎，胎体较厚重，修坯不精，腹部可见旋坯痕。施青釉至下腹部，釉色青黄，有剥釉。

（供图：政和县博物馆）

青釉龙纹双系堆塑瓶

北宋
高39.1厘米 口径15.4厘米 底径10.1厘米
政和县东平镇凤头村下凤山宋墓出土
政和县博物馆藏

浅盘口，束颈，溜肩，直腹微弧，下腹渐收，平底。肩部贴塑对称双系，颈肩部划龙纹，龙昂首张口，躯体细长，以波浪纹抽象表示鳞片。中腹部、下腹部贴塑水波纹。灰白胎，修胎不精，器身可见粗细不等的多处旋坯痕。施青釉，釉色青黄，釉层较薄，剥釉严重。

（供图：政和县博物馆）

青釉盖罐

北宋

通高 14.1 厘米　口径 1.5 厘米　底径 5 厘米

政和县熊山街道稻香村宋墓出土

政和县博物馆藏

　　直口、溜肩、直腹、下腹渐收、平底微凹，器形不甚规整。盖呈弧形，子母口，泥条状弧形钮。灰白胎。施青釉至下腹部近底处，釉色青黄，釉面不均，轻微剥釉。

（供图：政和县博物馆）

青釉盘

北宋末—南宋

高 4.5 厘米　口径 19.2 厘米　足径 5.8 厘米

福州市鼓楼区圣王山 M3 宋墓出土

福建博物院藏

　　敞口、弧腹、圈足。灰胎，施青釉，釉色青绿，釉质莹润，釉面开大小不等纹片，内外满釉，内底有明显积釉，外底露胎，露胎处可见墨书"正"字。

（供图：福建博物院）

青釉盖罐

南宋淳祐八年（1248年）
高 59 厘米　口径 37 厘米　足径 24 厘米
厦门市湖里区吕厝王德华墓出土
厦门市博物馆藏

　　伞形盖、宝珠形钮，盖面贴塑水波纹二道。罐子母口、弧腹、饼足。上腹部及下腹部分别饰水波纹一道。腹部划楼阁一座。灰白胎、盖施釉至近沿处，罐施青釉至下腹近足处，釉色青灰，釉层不匀。

（供图：厦门市博物馆）

青釉葵口碟

南宋中期
高1.3厘米 口径7.4厘米 足径2.4厘米
武夷山市（崇安）造纸厂宋墓出土
武夷山市博物馆藏

葵口，浅弧腹，浅圈足，造型规整优美。白胎，胎体淘洗略粗，露胎处可见较多黑色杂质。修坯略草率，外壁近底露胎处可见数道深浅不一旋坯痕，修足亦较草率，仅随意浅挖一周。施青釉，内壁满釉，外壁施半釉，釉色青褐，厚薄略不均，釉质较莹润，釉厚处玻璃质感强，釉面开细碎纹片。

（供图：武夷山市博物馆）

青釉褐彩狗

南宋中期
高8.7厘米 长13.4厘米 宽5.8厘米
武夷山市（崇安）造纸厂宋墓出土
武夷山市博物馆藏

狗呈蹲伏状、圆眼、竖耳、嘴微张、尾上翘。四足划弦纹两组以示关节。灰白胎，施青釉，头部、腿部饰褐彩。狗制作简单随意，却栩栩如生，憨厚可爱。

（供图：武夷山市博物馆）

青釉鸡

南宋
高 10.2 厘米
顺昌县洋墩杨家坪宋墓出土
福建博物院藏

鸡高冠，昂首，圆眼，长颈，双翅后展，长腿。灰白胎，露胎处呈橙红色。施青釉至足。釉色青绿，釉层较厚，有开片。制作随意，却栩栩如生。

（供图：福建博物院）

青釉人俑

南宋
高 10.4 厘米
顺昌县洋墩杨家坪宋墓出土
福建博物院藏

俑戴帽，身着长衫，睁眼平视，拱手而立。灰白胎，露胎处呈橙黄色。施青釉至人俑腰腿处，釉层较厚，釉色青绿。

（供图：福建博物院）

青釉执壶

南宋
高 16.2 厘米　口径 3.5 厘米　足径 6.7 厘米
将乐县万全乡吴地宋墓出土
将乐县博物馆藏

　　直口、细长颈、溜肩、弧腹、圈足。肩部划弦纹一道，一侧置一弯曲长流，一侧置一把。腹部饰菊瓣纹。灰白胎，胎体较坚致。施青釉至腹足交界处，釉色青灰。

　　该壶具有明显将乐碗碟墩窑的特征，应是碗碟墩窑的产品。

（将乐县博物馆藏）

青釉执壶

南宋
高 13.8 厘米　口径 6.5 厘米　足径 5.8 厘米
将乐县万全乡吴地宋墓出土
将乐县博物馆藏

卷沿、盘口、束颈、丰肩、鼓腹、圈足。肩部饰弦纹一道，一侧置一弯流，另一侧置一曲柄。灰白胎、施青釉，釉色青灰，有流釉。

（供图：将乐县博物馆）

青釉谷仓

南宋
高 28 厘米　足径 9.4 厘米
将乐县万全乡吴地宋墓出土
将乐县博物馆藏

宝珠形钮、伞形盖，贴塑竖直水波纹四道。盖、罐相连，罐深直腹。腹中开一窗，窗四周贴塑水波纹及乳丁纹。腹部两侧、窗两侧及正后侧分别贴塑竖直条纹四道，似是屋脊。灰白胎、施青釉，釉色青灰。

（供图：将乐县博物馆）

青釉双系罐

宋
高9.2厘米 口径9.8厘米 底径5.2厘米
政和县石屯镇长城村宋墓出土
政和县博物馆藏

直口、厚唇、粗短颈、溜肩、弧腹、下腹渐收。肩部置对称半圆形系。灰胎，修坯不精，器身旋坯痕明显。施青釉至下腹部，釉色青绿。

（供图：政和县博物馆）

青釉刻划花碗

宋
高5.8厘米 口径15.6厘米 足径4.7厘米
政和县石屯镇长城村宋墓出土
政和县博物馆藏

敞口、斜弧腹、圈足。内壁饰篦划纹及抽象卷草纹，外壁划竖条纹。灰白胎，施青釉，釉色青黄，施釉至足，釉面不匀。

（供图：政和县博物馆）

青釉刻划花碗

宋
高 4.7 厘米　口径 12.3 厘米　足径 3.3 厘米
政和县东平镇新口村宋墓出土
政和县博物馆藏

撇口，斜直腹，圈足，器形规整。内壁划两层花卉纹，花瓣内饰以篦划纹，纹饰规整流畅，秀丽美观。灰白胎，胎体较坚致，施青釉至足，釉色青绿，釉面匀净光亮。

（供图：政和县博物馆）

青釉褐彩堆贴水波纹五角罐

宋
高 26.7 厘米　口径 9 厘米　底径 9.6 厘米
政和县铁山镇铁山村宋墓出土
政和县博物馆藏

直口，溜肩，弧腹，下腹渐收，平底微凹，造型较规整。肩腹部堆贴水波纹三道，肩部水波纹处贴塑弯角五个。肩部及弯角处随意绘褐斑数块。灰白胎，施青釉，釉色青黄，外壁满釉，釉层较均匀。

（供图：政和县博物馆）

青釉印花菊瓣纹碗

宋
高 4.8 厘米　口径 11.2 厘米　足径 3 厘米
邵武市沿山镇宋墓出土
福建博物院藏

　　撇口、斜弧腹、圈足。内壁模印菊瓣纹，外壁划竖条纹。灰胎，胎质细腻，胎体较轻薄，略变形。施青釉，内外壁及外底均满釉，仅足端露胎。

（供图：福建博物院）

青釉印花缠枝牡丹纹碗

宋
高 3.9 厘米　口径 16.5 厘米　足径 4.7 厘米
邵武市沿山镇宋墓出土
福建博物院藏

　　撇口、浅弧腹、圈足，内壁模印缠枝牡丹纹，造型规整，纹饰精细，赏心悦目。灰白胎，胎体轻薄坚致。施青釉，内壁满釉，外壁施釉至足外墙，釉色青绿。

（供图：福建博物院）

青釉碗

宋
高8.4厘米　口径18.6厘米　足径5.6厘米
邵武市沿山镇宋墓出土
福建博物院藏

撇口、深弧腹、圈足，造型规整秀美。灰白胎，胎体较坚致。施青釉，内壁满釉，外壁施釉至腹足交接处，釉色青绿，釉层较厚，釉质莹润，釉面可见开片。

（供图：福建博物院）

青釉菊瓣纹碗

宋
高6厘米　口径12厘米　足径4.4厘米
邵武市沿山镇宋墓出土
福建博物院藏

敞口、弧腹、圈足，外壁划菊瓣纹。灰胎，胎体较坚致。施青釉，内壁满釉，外壁施釉近足端。釉色青绿，釉层较厚，釉质莹润。

（供图：福建博物院）

青釉双系罐

宋
高9.3厘米　口径6.7厘米　径5.9厘米
邵武市沿山镇宋墓出土
福建博物院藏

　　直口、厚唇、短颈、溜肩、弧腹、饼足微凹。肩部置对称系。灰胎，胎体较厚重。施青釉至下腹部，釉色青绿，釉面可见细小开片，土沁严重，几乎看不出原本釉色。

（供图：福建博物院）

青釉盒

宋
高3.3厘米　口径11.7厘米　底径5.7厘米
连江县南塘镇虎头山M2宋墓出土
福建博物院藏

　　盒原有盖，盖已失。盒子母口，弧腹，内贴塑荷叶、莲蓬。荷叶茎将盒分成三个区间，每个区间塑一浅盏。盏敞口、弧腹，粘于盒内。灰白胎，施青釉，釉色青灰。

（供图：福建博物院）

青釉菊瓣盏

元

高 5.8 厘米　口径 9.8 厘米　足径 3.1 厘米

将乐县水南镇积善村 M1 元墓出土

将乐县博物馆藏

花口、深弧腹、圈足。器身制成菊瓣形、制作规整、造型美观。灰白胎、胎体坚致。施青釉，内壁满釉，外壁施釉至足外壁，釉色青灰、釉层较厚。该盏是较典型的龙泉窑产品。

（供图：将乐县博物馆）

青釉印双鱼纹洗

元

高 4.9 厘米　口径 13.2 厘米　足径 6.5 厘米

将乐县水南镇积善村 M1 元墓出土

将乐县博物馆藏

折沿、斜弧腹、圈足。灰胎、胎体坚致。外壁刻划莲瓣纹，内底心贴塑双鱼纹。施青釉，内外满釉，仅足端露胎，釉色青绿泛灰，釉质莹润光亮，有开片。该洗是较典型的龙泉窑产品。

（供图：将乐县博物馆）

青釉三足炉

元
高 4 厘米　口径 11.2 厘米　足径 6.4 厘米
将乐县古镛镇下张公村新村元墓出土
将乐县博物馆藏

敛口、扁腹、下腹渐收、饼足。腹足交接处贴兽形三足。浅灰胎，胎体坚致。施青釉，外壁满釉，仅外底及部分足墙露胎，内底心露胎无釉。釉色青绿，发色纯正，釉质莹润，有开片。

（供图：将乐县博物馆）

青釉双环耳扁瓶

元
高 24.2 厘米　口径 5.8 厘米　足径 8.6 厘米
将乐县古镛镇下张公村新村元墓出土
将乐县博物馆藏

长方形盘口、细长颈、扁腹、喇叭形高圈足。颈部贴双耳衔环。环一侧粘于耳部，一侧粘于肩部。灰胎，胎体较坚致。腹部模印纹饰，纹饰模糊不清，圈足模印蕉叶纹。施青釉，釉层较厚，外壁满釉。

（供图：将乐县博物馆）

青釉褐彩双环耳瓶（2件）

元
高 26.5 厘米　口径 6.4 厘米　足径 8.8 厘米
高 26.5 厘米　口径 6.3 厘米　足径 8.9 厘米
南平市尤坑村元墓出土
南平市博物馆藏

敞口、长颈、溜肩、垂腹、圈足。颈部饰对称方形耳，双耳下分别塑一环，上腹部、中腹部分别饰凸弦纹一周。灰胎、胎体较坚致，施青釉至足端，釉面饰不规则褐彩斑点，釉色青绿、釉层较厚、釉质莹润、釉面开大小不等纹片。该瓶制作精良，应是龙泉窑产品。

（供图：南平市博物馆）

青釉碗

元
高 10.2 厘米　口径 20.5 厘米　足径 7.5 厘米
南平市尤坑村元墓出土
南平市博物馆藏

敞口、弧腹、圈足。灰胎，胎体坚致，修坯精细。施青釉，内外满釉，仅外底心刮釉露胎一周。釉色青绿，釉层较厚，釉面莹润，开大小不等纹片。

（供图：南平市博物馆）

青釉人形烛台

元
残高 19.5 厘米　底长 9.4 厘米　底宽 6 厘米
南平市尤坑村元墓出土
南平市博物馆藏

烛台呈站立人形，头已残，身着窄袖束腰长衫，衣摆上饰花卉纹，两手交叠于胸前，托举烛台。灰胎，胎体较坚致。施青釉，釉色青绿，釉层较厚，釉面开大小不等纹片。从胎釉工艺判断，该烛台是龙泉窑产品。

（供图：南平市博物馆）

青釉三足炉

元
高 6.1 厘米　口径 9 厘米　底径 7.5 厘米
政和县星溪乡林屯村元墓出土
政和县博物馆藏

敞口、平沿、直腹、圈足。腹壁下端承三蹄足。腹壁饰粗凹弦纹两道。灰胎，胎体坚致。施青釉，釉色青绿，釉层较厚，釉面莹润，内外满釉，仅足端露胎。

（供图：政和县博物馆）

青釉菊瓣纹碗

元
高 5.8 厘米　口径 10.2 厘米　足径 4.4 厘米
政和县东平镇官山元墓左室出土
政和县博物馆藏

敞口、弧腹、圈足。内底心印花卉一朵。外壁划菊瓣纹，菊瓣纹划制随意，不甚规整。灰白胎，胎体较坚致。施青釉，釉色青绿，内外壁满釉，仅外底露胎。

（供图：政和县博物馆）

青釉碗

元
高 6.5 厘米　口径 12.4 厘米　足径 5 厘米
政和县东平镇官山元墓右室出土
政和县博物馆藏

敞口，弧腹，圈足。灰胎，胎体较厚重。施青釉，釉层较厚，釉色青绿，开细碎纹片，内壁满釉，外壁施釉至足，釉端有流釉。

（供图：政和县博物馆）

青釉三足炉

元末—明初
通高 9 厘米　口径 7.4 厘米
浦城县富岭镇富岭村东面牛栏坪 M1 出土
浦城县博物馆藏

折沿、短束颈、扁鼓腹、双竖耳、分裆三柱形足。颈部模印回纹、腹部印花卉纹，纹饰较模糊。灰胎，胎体较坚致厚重，施青釉，釉色青绿，釉层肥厚，釉质莹润光亮，除足端外余皆满釉。

（供图：浦城县文物保护中心　杨军）

青釉双环耳瓶（2件）

元末—明初
高13厘米　口径4.4厘米　足径4.4厘米
高13.2厘米　口径4.5厘米　足径4.5厘米
浦城县富岭镇富岭村东面牛栏坪M1出土
浦城县博物馆藏

　　敞口，长束颈，弧腹，下腹渐收，圈足。颈、腹部各饰凸弦纹一道，颈肩部塑对称方形耳，耳中各塑一环。灰白胎，胎体较坚致。施青釉，釉色青绿，釉面肥厚均匀，釉层莹润，除足端外余皆满釉。

（供图：浦城县文物保护中心　杨军）

青釉荷叶盖罐

元末—明初
通高 6.7 厘米　罐高 5.4 厘米　口径 5 厘米
底径 4.6 厘米
浦城县富岭镇富岭村东面牛栏坪 M1 出土
浦城县博物馆藏

　　直口、溜肩、弧腹、圈足。圆弧形盖、圆形钮，盖顶模印荷叶纹。灰胎，胎体较坚致厚重，修胎不甚精细，腹壁可见旋坯痕。施青釉至足端，釉色青绿、釉层肥厚莹润，盖面积釉处有开片。

（供图：浦城县文物保护中心　杨军）

青釉盖罐

元末—明初
通高 7.3 厘米　罐高 5.6 厘米　口径 4 厘米
底径 4.6 厘米
浦城县富岭镇富岭村东面牛栏坪 M1 出土
浦城县博物馆藏

　　直口、溜肩、弧腹、圈足。圆弧形盖。灰胎，胎体较坚致厚重，修胎不甚精细，腹壁可见旋坯痕。施青釉至足端，釉色青绿，釉层肥厚。

（供图：浦城县文物保护中心　杨军）

青釉盖罐（2件）

元末—明初

通高6.8厘米　罐高5.6厘米　口径4.2厘米
底径4.4厘米
通高6.8厘米　罐高5.8厘米　口径5.2厘米
底径4.6厘米
浦城县富岭镇富岭村东面牛栏坪M1出土
浦城县博物馆藏

　　直口，溜肩，弧腹，圈足。圆弧形盖。灰胎，胎体较坚致厚重，修胎不甚精细，腹壁可见旋坯痕。施青釉至足端，釉色青绿，釉层肥厚莹润，积釉处有开片。

（供图：浦城县文物保护中心　杨军）

酱釉罐（带青釉盖）（2件）

元末—明初
通高6.3厘米　罐高4.8厘米　口径5.4厘米
足径3.6厘米
通高8厘米　罐高4.2厘米　口径4.9厘米
足径3.1厘米
浦城县富岭镇富岭村东面牛栏坪M1出土
浦城县博物馆藏

　　直口，溜肩，弧腹，圈足。圆弧形盖、盖面模印花卉纹，纹饰不甚清晰。灰胎、胎体较坚致，修胎不甚精细、腹壁可见旋坯痕。罐身施酱釉至足、釉呈酱褐色，釉面较光亮匀净。罐盖施青釉、釉色青绿、釉层肥厚。

（供图：浦城县文物保护中心　杨军）

青釉堆塑罐

明嘉靖十六年（1537年）
柘荣县东源乡甲溪村西侧出土
通高 27.5 厘米　口径 6 厘米
柘荣县博物馆藏

　　罐带盖，盖呈屋檐式，坡顶，塑四条屋脊，卷沿，宝珠形钮。罐直口，短颈，溜肩，鼓腹，下腹渐收，圈足。肩部塑四根立柱及围栏。肩、腹部分别饰凸弦纹两道。一侧腹部堆塑墓碑，碑呈屋檐式，屋顶饰飞鸟五只。碑两侧分塑人、狗、飞鸟、青龙、白虎、朱雀、玄武等。碑前塑一香炉，炉两侧塑立柱及围栏。腹部另一侧阴刻文字"嘉靖十六年丁酉太岁六月庚申月立造黄金口阴出子孙做大人有名高住吉利"。灰白胎，胎质较粗。施青釉至下腹部近足处，足部、口沿、墓碑外露胎。釉色青灰，釉面不匀，有流釉，纹饰及堆塑处有明显积釉。

（供图：柘荣县博物馆）

青釉双耳带盖三足炉

明嘉靖二十年（1541年）
通高 22.2 厘米　口径 11.1 厘米
将乐县古镛镇龟山新村封山 M1 明嘉靖二十年（1541年）墓出土
将乐县博物馆藏

　　盖平顶微弧，盖面饰凸弦纹一周，顶部贴一狮钮，狮子蹲坐，吐舌戏球，生动活泼。炉折沿、短粗颈、溜肩、扁鼓腹，下腹贴三兽足。颈肩相接处起一凸棱，肩部贴对称的冲天耳，另一侧挖一圆形通气孔，炉底亦挖一圆形通气孔。灰白胎，胎体较坚致。施青釉、釉色青绿，釉层较厚，釉质莹润。

（供图：将乐县博物馆）

青釉烛台

明嘉靖二十年（1541年）
通高 26 厘米　口径 10.9 厘米
将乐县古镛镇龟山新村封山 M1 明嘉靖二十年（1541年）墓出土
将乐县博物馆藏

烛台分上下两层，上层呈浅盘形，敞口，弧腹，盘心塑一圆柱，圆柱中插一锥形铁杆。下层呈折腹碗形，敞口，折腹，口沿及腹部分别饰弦纹一道，两层间以细长柱相连。钟形高足。灰胎，胎体较坚致。施青釉，釉色青黄、釉层较厚。

（供图：将乐博物馆）

青釉碗

明嘉靖二十二年（1543年）
高 4.9 厘米　口径 14.4 厘米　足径 6 厘米
南平市建阳区明嘉靖二十二年（1543年）墓出土
福建博物院藏

敞口、厚唇、斜直腹微弧、圈足。灰胎，胎体较厚重。施青釉，外壁施釉至腹足交接处，内底心刮釉一周，可见垫烧痕。釉色青灰，釉层较厚，露胎处可见明显火石红色。

（供图：福建博物院）

青釉印花花卉纹爵杯

明万历八年（1580年）
高7.3厘米　长13.3厘米　宽6.1厘米
将乐县古镛镇龟山新村封山明万历八年（1580年）墓出土
将乐县博物馆藏

　　口呈葫芦状，一侧较尖，为爵杯的"尾"，一侧圆弧，是为"流"，口沿中部微束，顶部塑两乳钉状钮，以示爵杯的钮。弧腹，下腹弧收，下承以三锥形足，制作规整，器形优美。腹部模印花卉纹，纹饰较模糊。灰白胎，胎体坚致。施青釉，釉色青灰，釉层较厚，除足端无釉外，余皆满釉。

（供图：将乐县博物馆）

青釉瓶

明万历八年（1580年）
高15.8厘米　口径2.7厘米　足径5.5厘米
将乐县古镛镇龟山新村封山明万历八年（1580年）墓出土
将乐县博物馆藏

　　直口，细长颈，溜肩，垂腹，圈足，口沿下划弦纹一道。灰胎，胎体较坚致厚重，修胎精细。施青釉至足，釉色青绿，釉层较厚，釉质莹润，釉面开大小不等纹片。

（供图：将乐县博物馆）

青釉盖罐

明万历三十二年（1604年）
通高 16.7 厘米　罐高 12.8 厘米　口径 7.8 厘米
足径 6.4 厘米
南平市延平区西芹镇西芹村林化厂南侧明万历
三十二年（1604年）墓出土
南平市博物馆藏

　　直口，短颈，折肩，斜直腹，圈足。伞形盖，宝珠形钮。灰胎，胎体较坚致，修胎略随意，盖面及罐腹部可见数道旋坯痕。施青釉，釉色青绿，釉层较厚，釉质莹润。罐身施釉近足，外底无釉，罐盖盖面满釉，盖内侧无釉。外底可见墨书"西楼"二字。
　　该罐出土于明万历三十二年（1604年）墓，根据墓志，墓主蔡宣，字懋勋，号西楼。明清时期，随葬瓷器以青花较为常见，青釉瓷较少，尤其是纪年的青釉瓷，则更为罕见。该件盖罐是一件难得的标准器。

（供图：南平市博物馆）

青釉碗

明万历三十二年（1604年）
高4.9厘米　口径12.9厘米　足径5.9厘米
南平市延平区西芹镇西芹村林化厂南侧明万历三十二年（1604年）墓出土
南平市博物馆藏

敞口，斜直腹微弧，圈足。灰白胎，胎体较坚致。施青釉，釉色青绿，内底无釉，外壁施釉至足，釉质较莹润。

（供图：南平市博物馆）

青釉罐

明万历三十二年（1604年）
高5.4厘米　口径4厘米　足径4.4厘米
南平市延平区西芹镇西芹村林化厂南侧明万历三十二年（1604年）墓出土
南平市博物馆藏

直口，厚唇，短颈，丰肩，弧腹，圈足。肩部划弦纹两道。灰白胎，胎体较坚致。施青釉至足端，釉色青绿，釉层较厚，釉质莹润。

（供图：南平市博物馆）

青釉刻划花长颈瓶（2件）

明

高18.2厘米　口径3.3厘米　足径5.7厘米
高19.7厘米　口径3.9厘米　足径5.6厘米
福州市马尾区魁岐明墓出土
福建博物院藏

　　直口、细长颈、溜肩、鼓腹、圈足。口沿划弦纹一道，颈肩交接处划弦纹二道，肩腹刻划抽象云气纹。灰白胎，胎体较坚致，施青釉至足，釉色青绿，釉面开片。

（供图：福建博物院）

青釉三足炉

明
高9.1厘米 口径8.9厘米
福州市马尾区魁岐明墓出土
福建博物院藏

敞口，折沿，粗短束颈，溜肩，鼓腹，腹下塑圆柱形三足。灰白胎，胎体较坚致。施青釉，釉色青绿，釉层较厚，釉面玻璃质感较强、有开片。

(供图：福建博物院)

第三部分
福建窑址出土
青釉瓷图版

闽东及闽中地区

青釉褐斑执壶

唐
福州市怀安窑窑址出土

青釉双系罐

唐

福州市怀安窑窑址出土

青釉碗

南朝—唐

福州市怀安窑窑址出土

青釉碗残器一组

南宋

连江县魁岐窑窑址采集

（供图：福建省考古研究院　羊泽林）

青釉碗残器一组

南宋

连江县魁岐窑窑址采集

青釉碗残器一组

南宋
连江县浦口窑碗窑山窑址出土

（供图：福建省考古研究院 羊泽林）

青釉碗残器一组

南宋

连江县浦口窑碗窑山窑址出土

青釉碗残器

南宋
连江县浦口窑老虎山窑址采集

（供图：福建省考古研究院　羊泽林）

青釉碗残器

南宋
福清市东张窑石坑窑址采集

（供图：福建省考古研究院　程珧）

青釉碗残器一组

南宋
福清市东张窑石坑窑址采集

（供图：福建省考古研究院 羊泽林）

青釉碗残器一组

南宋
福清市东张窑石坑窑址采集

青釉碗残器

南宋
福清市东张窑岭下窑址采集

(供图：福建省考古研究院　羊泽林)

青釉碗残器

南宋
福清市东张窑半岭窑址采集

(供图：福建省考古研究院　羊泽林)

青釉盘残器

南宋
罗源县罗源窑窑址采集

（供图：福建省考古研究院　程珮）

青釉碗残器

南宋
莆田市庄边窑窑址采集
莆田市博物馆藏

（供图：福建省考古研究院　羊泽林）

青釉碗残器

南宋
莆田市庄边窑窑址采集
莆田市博物馆藏

（供图：福建省考古研究院　羊泽林）

青釉碗残器

南宋
莆田市庄边窑窑址采集
莆田市博物馆藏

（供图：福建省考古研究院　羊泽林）

青釉碗残器一组

南宋
莆田市庄边窑窑址采集
莆田市博物馆藏

（供图：福建省考古研究院　羊泽林）

青釉盘残器一组

南宋
莆田庄边窑窑址采集
莆田市博物馆藏

（供图：福建省考古研究院　羊泽林）

青釉盘残器

南宋
莆田庄边窑窑址采集
莆田市博物馆藏

（供图：福建省考古研究院　羊泽林）

青釉盘

南宋
莆田庄边窑窑址采集
莆田市博物馆藏

（供图：福建省考古研究院　羊泽林）

青釉碟

南宋
莆田庄边窑窑址采集
莆田市博物馆藏

（供图：福建省考古研究院　羊泽林）

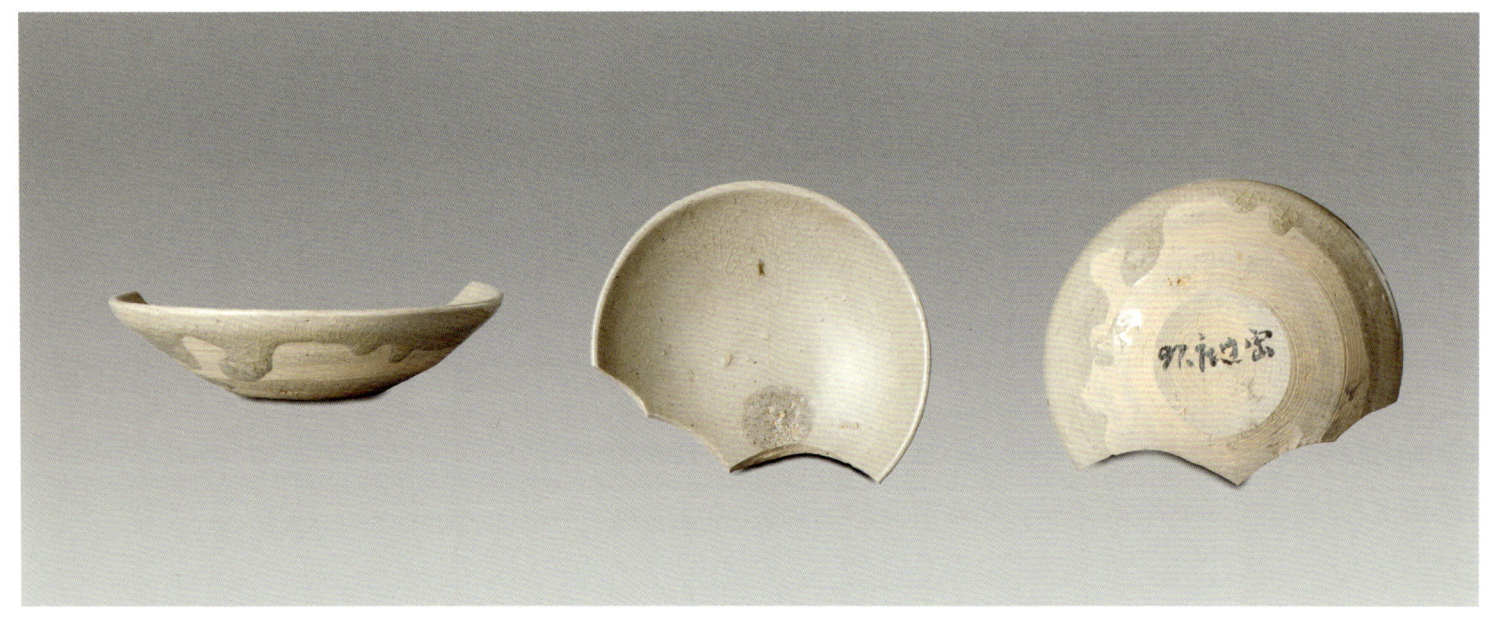

青釉碗残器一组

南宋
莆田庄边窑窑址采集
莆田市博物馆藏

（供图：福建省考古研究院 羊泽林）

青釉碗残器一组

南宋
莆田庄边窑窑址采集
莆田市博物馆藏

青釉器盖一组

南宋
莆田庄边窑窑址采集
莆田市博物馆藏

（供图：福建省考古研究院　羊泽林）

青釉罐（壶）残器

南宋
莆田庄边窑窑址采集
莆田市博物馆藏

（供图：福建省考古研究院　羊泽林）

青釉壶残器

南宋
莆田庄边窑窑址采集
莆田市博物馆藏

（供图：福建省考古研究院　羊泽林）

青釉罐

南宋
莆田庄边窑窑址采集
莆田市博物馆藏

（供图：福建省考古研究院　羊泽林）

青釉盘残器

南宋—元
莆田庄边窑窑址采集
莆田市博物馆藏

（供图：莆田市博物馆　黄文格）

青釉盘残器一组

南宋—元
莆田庄边窑窑址采集
莆田市博物馆藏

（供图：福建省考古研究院　羊泽林）

青釉盘残器

南宋—元
莆田庄边窑窑址采集
莆田市博物馆藏

青釉碗残器一组

南宋
莆田庄边窑碗窑垄窑址采集
莆田市博物馆藏

（供图：福建省考古研究院　羊泽林）

青釉盘残器

南宋
莆田庄边窑碗窑垄窑址采集
莆田市博物馆藏

（供图：福建省考古研究院　羊泽林）

青釉器盖

南宋
莆田庄边窑碗窑垄窑址采集
莆田市博物馆藏

(供图：福建省考古研究院　羊泽林)

青釉罐（壶）残器

南宋
莆田庄边窑碗窑垄窑址采集
莆田市博物馆藏

(供图：福建省考古研究院　羊泽林)

青釉莲瓣纹炉残器

南宋
莆田庄边窑碗窑垄窑址采集
莆田市博物馆藏

(供图:福建省考古研究院 羊泽林)

青釉刻划花碗

南宋
高4.5厘米 口径11.9厘米 足径3.93厘米
霞浦县下楼窑窑址采集
霞浦县博物馆藏

(供图:霞浦县博物馆)

青釉执壶

南宋
高 20.3 厘米　口径 10.8 厘米　足径 7.8 厘米
霞浦县下楼窑窑址采集
霞浦县博物馆藏

(供图：霞浦县博物馆)

青釉刻划花碗

南宋
高 5.5 厘米　口径 11.9 厘米　足径 4.6 厘米
霞浦县下楼窑窑址采集
霞浦县博物馆藏

(供图：霞浦县博物馆)

青釉碗残器一组

南宋
霞浦县下楼窑窑址采集
霞浦县博物馆藏

（供图：福建省考古研究院 程珮）

青釉碗残器一组

南宋
霞浦县下楼窑窑址采集
霞浦县博物馆藏

青釉火照

南宋
长 5.3 厘米　直径 2.2 厘米
霞浦县下楼窑窑址采集
霞浦县博物馆藏

（供图：霞浦县博物馆）

青釉器盖残器

南宋
霞浦县下楼窑窑址采集
霞浦县博物馆藏

（供图：福建省考古研究院　程珮）

青釉碗一组

南宋
霞浦县下楼窑窑址采集
霞浦县博物馆藏

（供图：福建省考古研究院　程珮）

青釉碗一组

南宋
霞浦县下楼窑窑址采集
霞浦县博物馆藏

青釉碗残器一组

宋
福安首洋窑窑址采集
福安市博物馆藏

(供图:福建省考古研究院 程珮)

青釉碗残器一组

宋
福安首洋窑窑址采集
福安市博物馆藏

青釉碗一组

南宋

周宁豪阳窑窑址采集

周宁县博物馆藏

（供图：福建省考古研究院　羊泽林）

青釉碗残器

南宋

周宁县豪阳窑窑址采集

福建省考古研究院藏

（供图：福建省考古研究院　程珮）

青釉盘残器

南宋
周宁县豪阳窑窑址采集
福建省考古研究院藏

（供图：福建省考古研究院　程珮）

青釉残片一组

南宋
周宁县豪阳窑窑址采集
周宁县博物馆藏

（供图：福建省考古研究院　羊泽林）

青釉碗残器

宋

柘荣县碗窑村窑青岚面窑址采集

柘荣县博物馆藏

（供图：柘荣县博物馆）

青釉壶（罐）残器

宋

柘荣县碗窑村窑窑址采集

柘荣县博物馆藏

（供图：柘荣县博物馆）

闽西北地区

青釉碗

宋
南平市茶洋窑窑址出土

（供图：福建省考古研究院　羊泽林）

青釉盘一组

宋
南平市茶洋窑窑址出土

(供图:福建省考古研究院 羊泽林)

青釉碗残器一组

宋
南平市茶洋窑窑址采集
南平市博物馆藏

（供图：南平市博物馆）

青釉盘残器一组

宋
南平市茶洋窑窑址采集
南平市博物馆藏

（供图：南平市博物馆）

青釉花口盏

宋
南平市茶洋窑窑址采集
南平市博物馆藏

（供图：南平市博物馆）

青釉烛台

元
南平市茶洋窑窑址采集
南平市博物馆藏

（供图：南平市博物馆）

青釉碗

元
南平市建阳区象山窑窑址采集

（供图：福建省考古研究院　羊泽林）

青釉高足杯一组

元

南平市建阳区象山窑窑址采集

（供图：福建省考古研究院　羊泽林）

青釉炉残器一组

元

南平市建阳区象山窑窑址采集

（供图：福建省考古研究院　羊泽林）

青釉碗（盘）残器

明
南平市建阳区源头碗窑窑址采集

（供图：福建省考古研究院　羊泽林）

青釉碗

明
南平市建阳区源头碗窑窑址采集

（供图：福建省考古研究院　程珮）

青釉擂钵残器

明

南平市建阳区源头碗窑窑址采集

（供图：福建省考古研究院　羊泽林）

青釉炉残器

明

南平市建阳区源头碗窑窑址采集

（供图：福建省考古研究院　羊泽林）

青釉灯

明
南平市建阳区源头碗窑窑址采集

（供图：福建省考古研究院　程珮）

青釉碗（盘、高足杯）

明
南平市建阳区源头碗窑窑址采集

（供图：福建省考古研究院　程珮）

青釉高足杯残器一组

明
南平市建阳区源头碗窑窑址采集

（供图：福建省考古研究院　程珮）

青釉盏

宋
松溪县西门窑窑址出土
松溪县博物馆藏

（供图：福建省考古研究院　羊泽林）

青釉碗残器一组

宋
松溪县西门窑窑址出土
松溪县博物馆藏

（供图：福建省考古研究院 羊泽林）

青釉碗残器一组

宋
松溪县西门窑窑址出土
松溪县博物馆藏

第三部分　福建窑址出土青釉瓷图版 | 311

青釉盘残器一组

宋
松溪县西门窑窑址出土
松溪县博物馆藏

（供图：福建省考古研究院　羊泽林）

青釉碟残器一组

宋
松溪县西门窑窑址出土
松溪县博物馆藏

（供图：福建省考古研究院　羊泽林）

青釉碟残器一组

宋

松溪县西门窑窑址出土
松溪县博物馆藏

青釉杯

宋
松溪县西门窑窑址出土
松溪县博物馆藏

（供图：福建省考古研究院　羊泽林）

青釉盆残器

宋
松溪县西门窑窑址出土
松溪县博物馆藏

（供图：福建省考古研究院　羊泽林）

青釉钵残器一组

宋
松溪县西门窑窑址出土
松溪县博物馆藏

（供图：福建省考古研究院　羊泽林）

青釉壶残器一组

宋
松溪县西门窑窑址出土
松溪县博物馆藏

（供图：福建省考古研究院　羊泽林）

青釉枕残器

宋
松溪县西门窑窑址出土
松溪县博物馆藏

(供图:福建省考古研究院 羊泽林)

青釉炉残器一组

宋
松溪县西门窑窑址出土
松溪县博物馆藏

(供图:福建省考古研究院 羊泽林)

青釉器盖（残器）一组

宋
松溪县西门窑窑址出土
松溪县博物馆藏

（供图：福建省考古研究院　羊泽林）

青釉碗残器

宋
松溪县九龙窑窑址采集

（供图：福建省考古研究院　羊泽林）

青釉碗残器

宋

松溪县九龙窑窑址采集

（供图：福建省考古研究院　程珮）

青釉碗残器

宋

松溪县九龙窑窑址采集

（供图：福建省考古研究院　羊泽林）

青釉碗残器一组

宋

松溪九龙窑窑址采集

(供图:福建省考古研究院 程珮)

青釉碗残器一组

宋

松溪九龙窑窑址采集

(供图:福建省考古研究院 程珮)

青釉碗残器

宋

松溪九龙窑窑址采集

（供图：福建省考古研究院　羊泽林）

青釉碗残器

宋

松溪九龙窑窑址采集

（供图：福建省考古研究院　羊泽林）

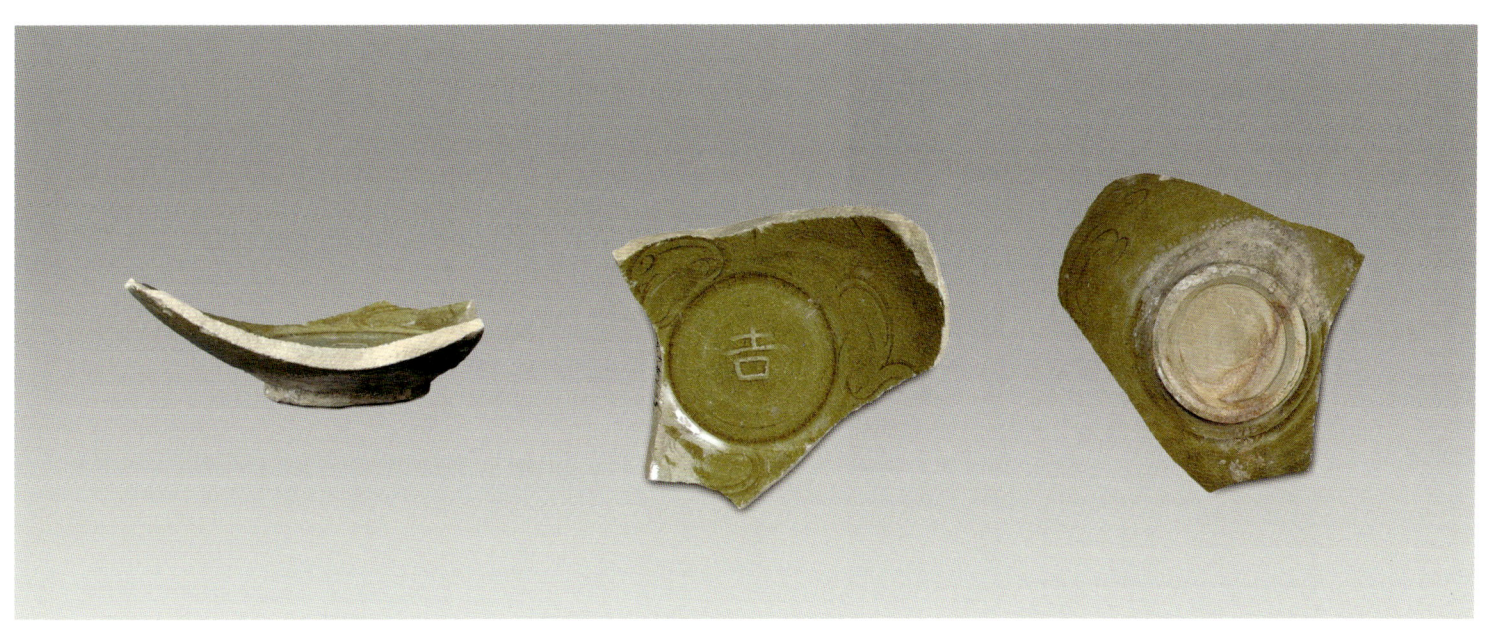

青釉碗（盘）残器

宋

松溪九龙窑窑址采集

（供图：福建省考古研究院 程珮）

青釉盘残器

宋

松溪县九龙窑窑址采集

（供图：福建省考古研究院 程珮）

青釉擂钵残器

宋
松溪县九龙窑窑址采集

（供图：福建省考古研究院　程珮）

青釉盘口壶残器

东汉—三国
政和县象山窑窑址采集
福建省考古研究院藏

（供图：福建省考古研究院　陈明忠）

青釉双系罐

东汉—西晋
政和县象山窑窑址采集
福建省考古研究院藏

（供图：福建省考古研究院　陈明忠）

青釉盘口壶残器

三国—西晋
政和县象山窑窑址采集
福建省考古研究院藏

（供图：福建省考古研究院　陈明忠）

青釉罐残器

三国—西晋
政和县象山窑窑址采集
福建省考古研究院藏

（供图：福建省考古研究院　陈明忠）

青釉双唇罐

三国—西晋
政和县象山窑窑址采集
福建省考古研究院藏

（供图：福建省考古研究院　陈明忠）

青釉双唇罐残器

三国—西晋
政和县象山窑窑址采集
福建省考古研究院藏

（供图：福建省考古研究院　陈明忠）

青釉器盖一组

三国—西晋
政和县象山窑窑址采集
福建省考古研究院藏

（供图：福建省考古研究院　陈明忠）

青釉水波纹残片

三国—西晋

政和县象山窑窑址采集

福建省考古研究院藏

（供图：福建省考古研究院　陈明忠）

青釉水波纹残片

三国—西晋

政和县象山窑窑址采集

福建省考古研究院藏

（供图：福建省考古研究院　陈明忠）

青釉水波纹洗残片

三国—西晋
政和县象山窑窑址采集
福建省考古研究院藏

（供图：福建省考古研究院　陈明忠）

青釉洗

三国—西晋
政和县象山窑窑址采集
福建省考古研究院藏

（供图：福建省考古研究院　陈明忠）

青釉钵

三国—西晋

政和县象山窑窑址采集

福建省考古研究院藏

（供图：福建省考古研究院　陈明忠）

青釉碗

三国—西晋

政和县象山窑窑址采集

福建省考古研究院藏

（供图：福建省考古研究院　陈明忠）

青釉葵口碗

五代
高 5.5 厘米　口径 13.7 厘米　足径 5.1 厘米
政和县罗金坂窑窑址采集
政和县博物馆藏

（供图：政和县博物馆）

青釉碗

五代
高 4.2 厘米　口径 11 厘米　足径 4.5 厘米
政和县罗金坂窑窑址采集
政和县博物馆藏

（供图：政和县博物馆）

青釉盘

五代
高 2.7 厘米　口径 13.1 厘米　足径 5.3 厘米
政和县罗金坂窑窑址采集
政和县博物馆藏

(供图：政和县博物馆)

青釉盘

五代
高 3 厘米　口径 13.6 厘米　足径 6.2 厘米
政和县罗金坂窑窑址采集
政和县博物馆藏

(供图：政和县博物馆)

青釉轴顶碗

五代
高4.3厘米 口径7.5厘米 底径6厘米
政和县罗金坂窑窑址采集
政和县博物馆藏

（供图：政和县博物馆）

青釉罐残器

宋
浦城县碗窑背窑窑址采集

（供图：福建省考古研究院 羊泽林）

青釉碗残器一组

宋
浦城县碗窑青窑窑址采集

(供图：福建省考古研究院 羊泽林)

青釉碗残器一组

南宋
浦城县半路窑窑址采集

（供图：福建省考古研究院　羊泽林）

青釉原始瓷豆残器

青铜时代
武夷山市竹林坑原始青瓷窑址出土

（供图：福建省考古研究院　羊泽林）

青釉原始瓷豆残器一组

青铜时代
武夷山市竹林坑原始青瓷窑址出土

（供图：福建省考古研究院　羊泽林）

青釉原始瓷碗残器

青铜时代
武夷山市竹林坑原始青瓷窑址出土

（供图：福建省考古研究院　羊泽林）

青釉原始瓷盂残器

青铜时代
武夷山市竹林坑原始青瓷窑址出土

(供图:福建省考古研究院 羊泽林)

青釉原始瓷樽残器

青铜时代
武夷山市竹林坑原始青瓷窑址出土

(供图:福建省考古研究院 羊泽林)

青釉原始瓷纺轮

青铜时代
武夷山市竹林坑原始青瓷窑址出土

（供图：福建省考古研究院　羊泽林）

青釉原始瓷残片

青铜时代
武夷山市竹林坑原始青瓷窑址出土

（供图：福建省考古研究院　羊泽林）

青釉残片

南宋
武夷山市渔网山窑窑址采集

（供图：福建省考古研究院　羊泽林）

闽南地区

青釉碗残器一组

南宋
泉州市东门窑窑址采集
泉州市博物馆藏

（供图：泉州市博物馆　陈国珠）

青釉罐（壶）残器

南宋
泉州市东门窑窑址采集
泉州市博物馆藏

（供图：泉州市博物馆　陈国珠）

青釉碗

南朝
高5.2厘米　口径13.5厘米　底径6.5厘米
晋江市磁灶窑溪口山窑址采集
晋江市博物馆藏

（供图：晋江市博物馆）

青釉碗

南朝
高 3.8 厘米　口径 12.2 厘米　底径 5 厘米
晋江市磁灶窑溪口山窑址采集
晋江市博物馆藏

（供图：晋江市博物馆）

青釉钵

南朝
高 5.4 厘米　口径 7.7 厘米　底径 4.5 厘米
晋江市磁灶窑溪口山窑址采集
晋江市博物馆藏

（供图：晋江市博物馆）

青釉碗

宋
高 9.3 厘米　口径 20 厘米　足径 6 厘米
晋江市磁灶窑溪乾山窑址采集
晋江市博物馆藏

（供图：晋江市博物馆）

青釉划花碗

宋
高 8.8 厘米　口径 19.7 厘米　足径 6.8 厘米
晋江市磁灶窑溪乾山窑址采集
晋江市博物馆藏

（供图：晋江市博物馆）

青釉碗

宋
高 8.3 厘米　口径 18.7 厘米　足径 8.5 厘米
晋江市磁灶窑金交椅山窑址出土
晋江市博物馆藏

（供图：晋江市博物馆）

青釉碗残器

宋
高 4.2 厘米　口径 8.8 厘米　足径 4.1 厘米
晋江市磁灶窑金交椅山窑址出土
晋江市博物馆藏

（供图：晋江市博物馆）

青釉碟

宋
高 3.2 厘米　口径 12 厘米　足径 6.8 厘米
晋江市磁灶窑金交椅山窑址出土
晋江市博物馆藏

（供图：晋江市博物馆）

青釉盘口执壶

宋
高 9.8 厘米　口径 4.6 厘米　底径 4.4 厘米
晋江市磁灶窑金交椅山窑址出土
晋江市博物馆藏

（供图：晋江市博物馆）

青釉带盖双系执壶

宋
通高 16.7 厘米　口径 5.9 厘米　底径 7.2 厘米
晋江市磁灶窑金交椅山窑址出土
晋江市博物馆藏

（供图：晋江市博物馆）

青釉双系执壶

宋
高 22.1 厘米　口径 11.5 厘米　底径 14.4 厘米
晋江市磁灶窑金交椅山窑址出土
晋江市博物馆藏

（供图：晋江市博物馆）

青釉双系执壶

宋
高 22 厘米　口径 9.2 厘米　足径 8.2 厘米
晋江市磁灶窑金交椅山窑址出土
晋江市博物馆藏

（供图：晋江市博物馆）

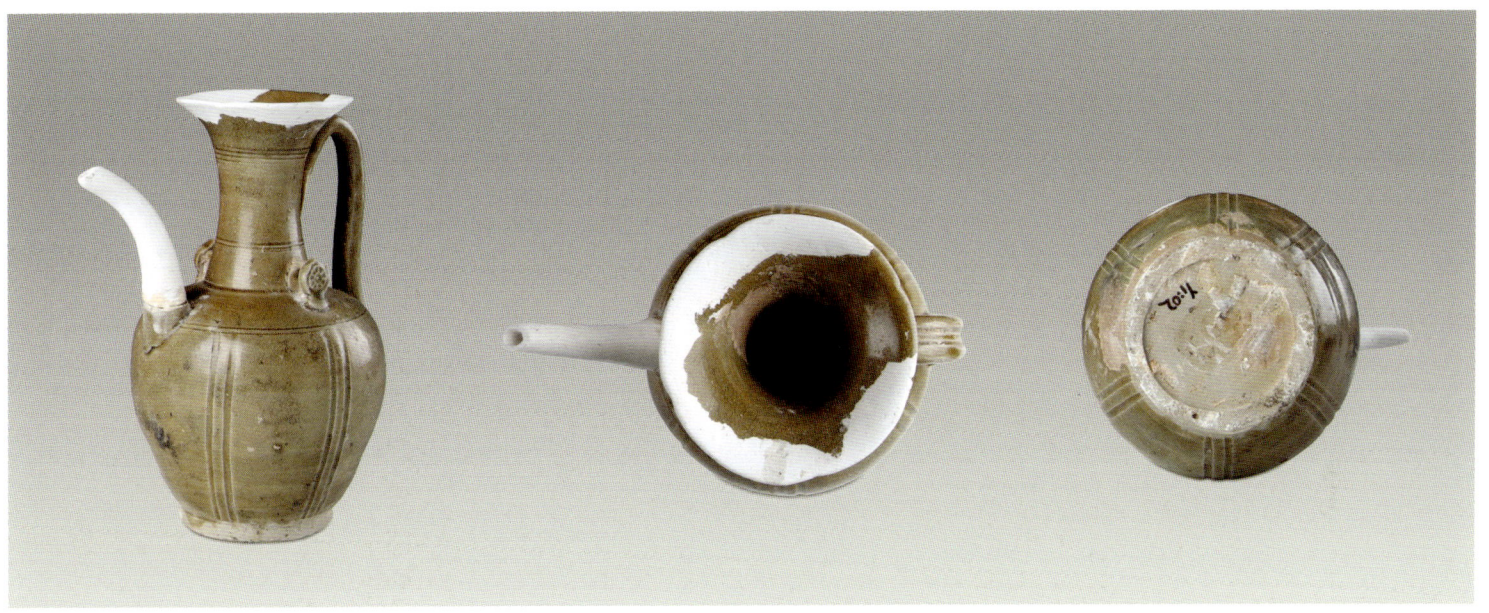

青釉双系执壶

宋
高 20.1 厘米　口径 10.5 厘米　底径 7.1 厘米
晋江市磁灶窑金交椅山窑址出土
晋江市博物馆藏

（供图：晋江市博物馆）

青釉器盖一组

宋

1. 高4厘米　口径3.9厘米　沿径6.2厘米
2. 高1.4厘米　口径5.2厘米
3. 高5厘米　口径15.9厘米
4. 最高3.6厘米　口径9.1厘米　沿径10.8厘米

晋江市磁灶窑金交椅山窑址出土

晋江市博物馆藏

（供图：晋江市博物馆）

青釉双系罐

宋
高 17.3 厘米　口径 13.3 厘米　底径 8.3 厘米
晋江市磁灶窑金交椅山窑址出土
晋江市博物馆藏

（供图：晋江市博物馆）

青釉褐彩大盆残器

南宋
晋江市磁灶窑童子山窑址采集
晋江市博物馆藏

（供图：晋江市博物馆）

青釉杯

南宋
高 3.8 厘米　口径 7.2 厘米　底径 3.2 厘米
晋江市磁灶窑蜘蛛山窑址采集
晋江市博物馆藏

（供图：晋江市博物馆）

青釉杯

南宋
高 3.6 厘米　口径 8.1 厘米　足径 3.5 厘米
晋江市磁灶窑蜘蛛山窑址采集
晋江市博物馆藏

（供图：晋江市博物馆）

青釉褐彩盏

南宋
高 4 厘米　口径 8.8 厘米　足径 3 厘米
晋江市磁灶窑土尾庵窑址出土
晋江市博物馆藏

（供图：晋江市博物馆）

青釉原始瓷残片一组

青铜时代
德化县辽田尖原始青瓷窑址出土

（供图：福建省考古研究院　羊泽林）

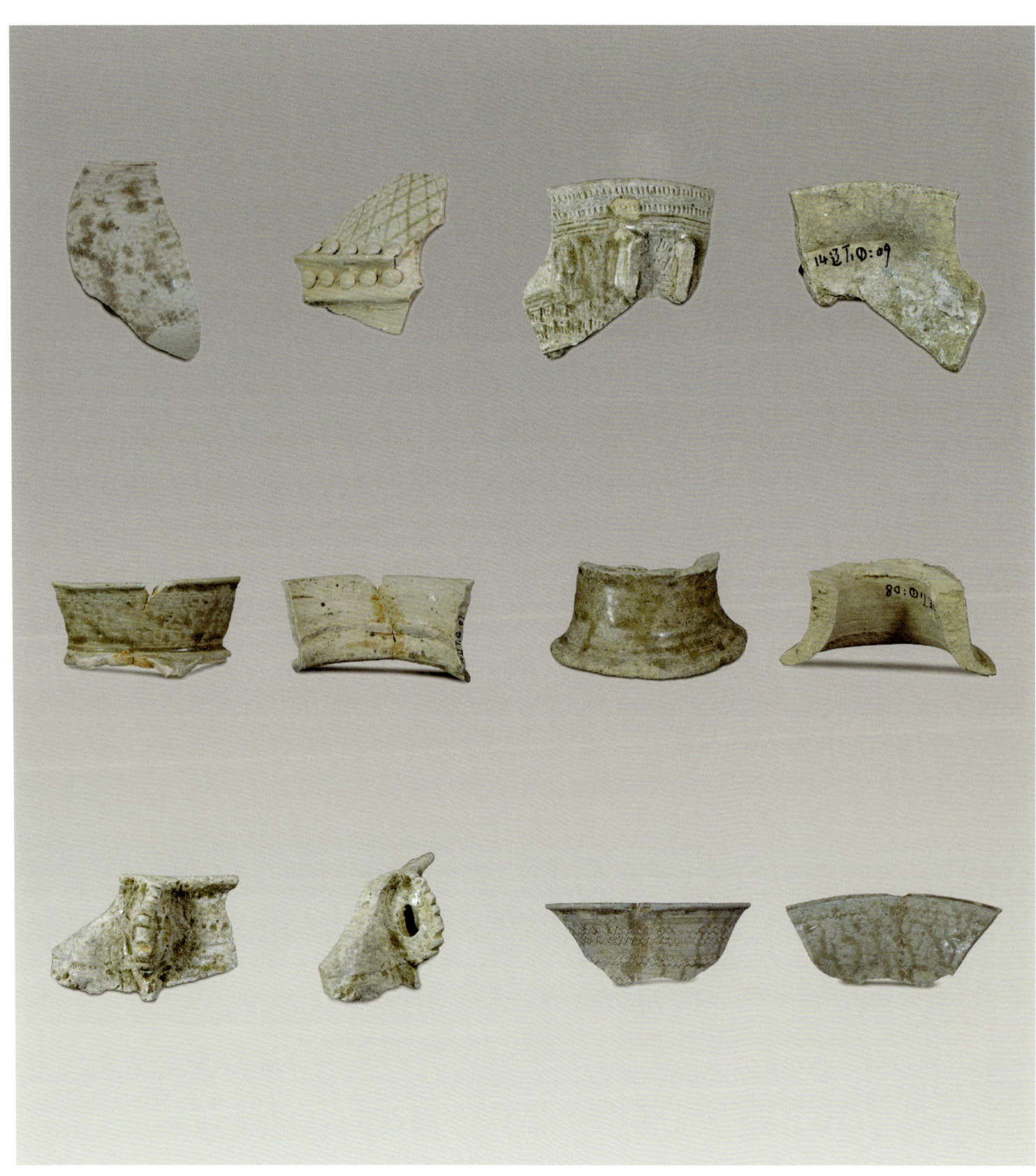

青釉原始瓷残片一组

青铜时代
德化县辽田尖原始青瓷窑址出土

青釉碗

唐
德化县德化窑墓林窑址采集
德化县陶瓷博物馆藏

（供图：德化县陶瓷博物馆 陈丽芳）

青釉碗

唐
高 6.6 厘米　口径 17.1 厘米　足径 6.6 厘米
德化县德化窑墓林窑址采集
德化县陶瓷博物馆藏

（供图：德化县陶瓷博物馆 陈丽芳）

青釉杯

唐
高 7.1 厘米　口径 11.9 厘米　足径 5.9 厘米
德化县德化窑墓林窑址采集
德化县陶瓷博物馆藏

（供图：德化县陶瓷博物馆　陈丽芳）

青釉碗残片一组

唐—五代
德化县德化窑墓林窑址采集
德化县陶瓷博物馆藏

（供图：德化县陶瓷博物馆　陈丽芳）

青釉垫柱

唐—五代
德化县德化窑墓林窑址采集
德化县陶瓷博物馆藏

（供图：德化县陶瓷博物馆　陈丽芳）

青釉花口碗残器

唐—五代
高 3 厘米　口径 9.5 厘米　足径 5.5 厘米
德化县德化窑墓林窑址采集
德化县陶瓷博物馆藏

（供图：德化县陶瓷博物馆　陈丽芳）

青釉碗

宋
高 4 厘米　口径 12 厘米　足径 5.5 厘米
安溪县桂瑶窑窑址采集
安溪县博物馆藏

（供图：安溪县博物馆）

青釉碗

宋
高 4.7 厘米　口径 16 厘米　足径 6 厘米
安溪县桂瑶窑水尾林窑址采集
安溪县博物馆藏

（供图：安溪县博物馆）

青釉花口碗

宋
高 4 厘米　口径 12.6 厘米　足径 4.5 厘米
安溪县桂瑶窑水尾林窑址采集
安溪县博物馆藏

（供图：安溪县博物馆）

青釉碗

宋
高 6 厘米　口径 9.2 厘米　足径 4 厘米
安溪县桂瑶窑水尾林窑址采集
安溪县博物馆藏

（供图：安溪县博物馆）

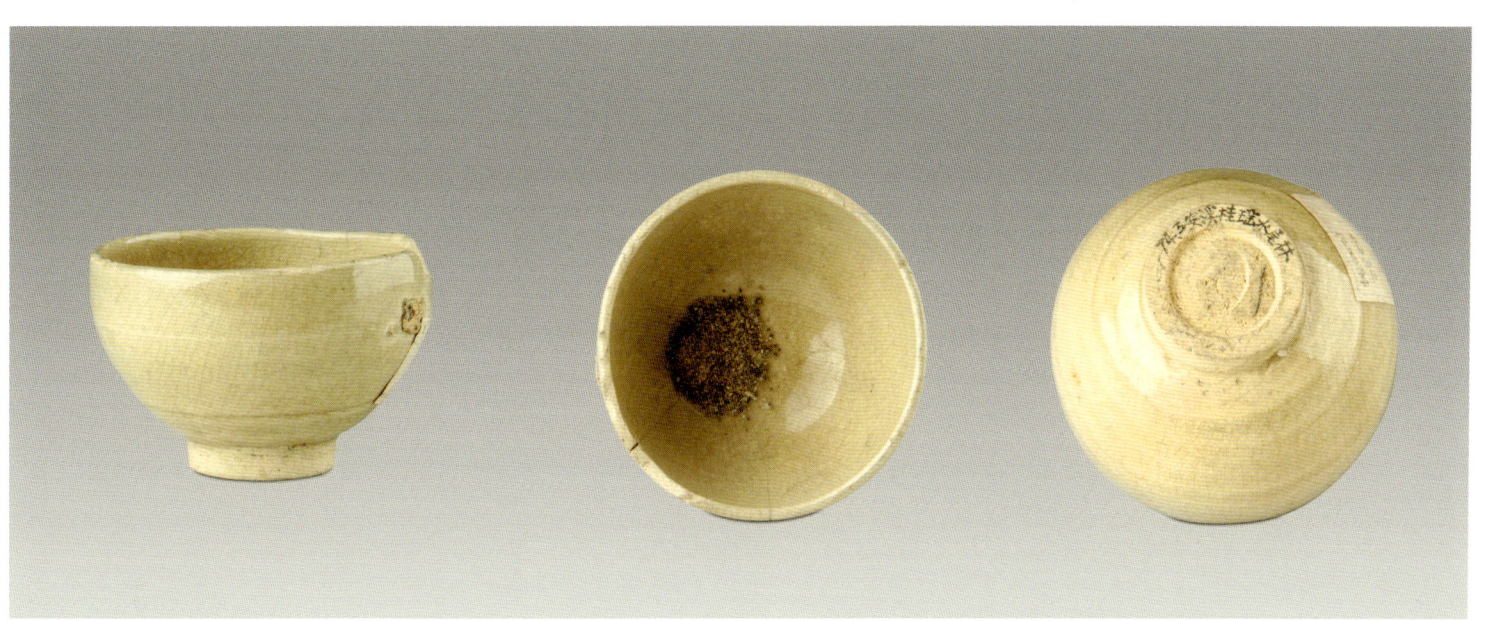

青釉花口杯

宋
高 4.5 厘米　口径 8.2 厘米　足径 3.5 厘米
安溪县桂瑶窑大堀窑址采集
安溪县博物馆藏

（供图：安溪县博物馆）

青釉盏

宋
高 3.2 厘米　口径 8.2 厘米　足径 4 厘米
安溪县桂瑶窑窑址采集
安溪县博物馆藏

（供图：安溪县博物馆）

青釉刻划花碗

南宋
高 7.4 厘米　口径 17.3 厘米　足径 7.4 厘米
南安市南坑窑窑址采集
南安市博物馆藏

（供图：南安市博物馆）

青釉刻划花碗

南宋
高 7.1 厘米　口径 16.5 厘米　足径 5.3 厘米
南安市南坑窑窑址采集
南安市博物馆藏

（供图：南安市博物馆）

青釉碗残器

南宋
南安市南坑窑窑址采集
南安市博物馆藏

（供图：福建省考古研究院　羊泽林）

青釉碗残器

南宋
南安市南坑窑后垄山窑址采集
南安市博物馆藏

（供图：福建省考古研究院　羊泽林）

青釉盘残器一组

宋
南安市南坑窑牛路沟窑址采集
南安市博物馆藏

（供图：福建省考古研究院　羊泽林）

青釉碗

南宋
高8.3厘米　口径17.6厘米　足径5.8厘米
南安市顶东康美窑窑址采集
南安市博物馆藏

（供图：南安市博物馆）

青釉原始瓷残片一组

青铜时代早期

永春县苦寨坑窑窑址出土

（供图：福建省考古研究院　羊泽林）

第三部分 福建窑址出土青釉瓷图版 | 361

青釉原始瓷纺轮

青铜时代
永春坑刀山原始青瓷窑址出土

（供图：福建省考古研究院　羊泽林）

青釉原始瓷残器一组

青铜时代
永春坑刀山原始青瓷窑址出土

（供图：福建省考古研究院　羊泽林）

青釉碗

唐
高 5.2 厘米　口径 16.2 厘米　足径 8.3 厘米
永春县榜头窑窑址采集
永春县博物馆藏

（供图：永春县博物馆）

青釉灯盏

唐
高 3.8 厘米　口径 10.3 厘米　足径 4.4 厘米
永春县榜头窑窑址采集
永春县博物馆藏

（供图：永春县博物馆）

青釉罐残器

唐
残高 11.6 厘米　足径 6.4 厘米
永春县榜头窑窑址采集
永春县博物馆藏

（供图：永春县博物馆）

青釉壶残器

宋
永春县玉美窑窑址采集
永春县博物馆藏

（供图：永春县博物馆）

青釉碗残器一组

宋
永春县玉美窑窑址采集
永春县博物馆藏

（供图：永春县博物馆）

青釉残器一组

宋
永春县玉美窑窑址采集
永春县博物馆藏

(供图：永春县博物馆)

青釉壶（罐）残器

南宋
永春县锦斗窑窑址采集
永春县博物馆藏

(供图：永春县博物馆)

青釉执壶残器一组

南宋
永春县锦斗窑窑址采集
永春县博物馆藏

（供图：永春县博物馆）

青釉壶（罐）残器

南宋
永春县锦斗窑窑址采集
永春县博物馆藏

（供图：永春县博物馆）

青釉碗残器

南宋
永春县锦斗窑窑址采集
永春县博物馆藏

（供图：永春县博物馆）

青釉盏一组

南宋
永春县锦斗窑窑址采集
永春县博物馆藏

（供图：永春县博物馆）

青釉碟残器

南宋
永春县锦斗窑窑址采集
永春县博物馆藏

（供图：永春县博物馆）

青釉盖残器

南宋
永春县锦斗窑窑址采集
永春县博物馆藏

（供图：永春县博物馆）

青釉盘残器

南宋—元
永春县锦斗窑窑址采集
永春县博物馆藏

（供图：永春县博物馆）

青釉碗残器一组

明
永春县碗窑芸窑址采集
永春县博物馆藏

（供图：永春县博物馆）

青釉碗

唐
厦门市许厝窑窑址采集
厦门市博物馆藏

(供图:厦门市博物馆)

青釉灯

唐
高4厘米　口径10.5厘米　底径6厘米
厦门市许厝窑窑址采集
厦门市博物馆藏

(供图:厦门市博物馆)

青釉四系罐

北宋

高 19 厘米　口径 14 厘米　底径 8 厘米

厦门市困瑶窑窑址出土

厦门市博物馆藏

（供图：厦门市博物馆）

青釉双系罐

北宋

高 20.6 厘米　口径 8.5 厘米　底径 12 厘米

厦门市困瑶窑窑址出土

厦门市博物馆藏

（供图：厦门市博物馆）

青釉执壶

北宋
厦门市困瑶窑窑址出土
厦门市博物馆藏

（供图：厦门市博物馆）

青釉执壶

北宋
厦门市上瑶窑窑址出土
厦门市博物馆藏

（供图：厦门市博物馆）

青釉双系罐

北宋
厦门市上瑶窑窑址出土
厦门市博物馆藏

（供图：厦门市博物馆）

青釉炉残器

宋
厦门市汀溪窑窑址出土

（供图：福建省考古研究院　羊泽林）

青釉擂钵残器

宋

厦门市汀溪窑窑址出土

（供图：福建省考古研究院　羊泽林）

青釉壶（罐／瓶）残器一组

宋

厦门市汀溪窑窑址出土

（供图：福建省考古研究院　羊泽林）

青釉碗残器一组

宋

厦门市汀溪窑窑址出土

(供图：福建省考古研究院　羊泽林)

青釉碗残器一组

宋

厦门市汀溪窑窑址出土

第三部分　福建窑址出土青釉瓷图版 | 377

青釉碗残器一组

宋

厦门市汀溪窑窑址出土

（供图：福建省考古研究院 羊泽林）

青釉碗残器一组

宋

厦门市汀溪窑窑址出土

（供图：福建省考古研究院 羊泽林）

青釉碗残器

南宋
漳浦县赤土窑窑址采集
漳浦县博物馆藏

（供图：漳浦县博物馆）

青釉三足炉残器

南宋
漳浦县赤土窑窑址采集
漳浦县博物馆藏

（供图：漳浦县博物馆）

青釉杯残器

南宋
漳浦县赤土窑窑址采集
漳浦县博物馆藏

（供图：漳浦县博物馆）

青釉碗残器

南宋
漳浦县赤土窑窑址采集
漳浦县博物馆藏

（供图：漳浦县博物馆）

青釉碗残器一组

南宋
漳浦县竹树山窑窑址采集
漳浦县博物馆藏

（供图：漳浦县博物馆）

青釉器盖

南宋
漳浦县竹树山窑窑址采集
漳浦县博物馆藏

(供图:漳浦县博物馆)

青釉碟残片

南宋
漳浦县竹树山窑窑址采集
漳浦县博物馆藏

(供图:漳浦县博物馆)

青釉壶残器

南宋
漳浦县竹树山窑窑址采集
漳浦县博物馆藏

（供图：漳浦县博物馆）

青釉高足杯残器一组

元
漳浦县竹树山窑窑址采集
漳浦县博物馆藏

（供图：漳浦县博物馆）

青釉碗残器一组

南宋
漳浦县南门坑窑窑址采集
漳浦县博物馆藏

（供图：漳浦县博物馆）

青釉碗残器一组

南宋
漳浦县南门坑窑窑址采集
漳浦县博物馆藏

第三部分　福建窑址出土青釉瓷图版 | 385

青釉碟残器

南宋
漳浦县南门坑窑窑址采集
漳浦县博物馆藏

（供图：漳浦县博物馆）

青釉碟残器

南宋
漳浦县南门坑窑窑址采集
漳浦县博物馆藏

（供图：漳浦县博物馆）

青釉残器一组

元
漳浦县石寨窑窑址采集
漳浦县博物馆藏

（供图：漳浦县博物馆）

青釉罐（壶）残器

南宋
东山县后壁窑窑址采集
东山县博物馆藏

（供图：福建省考古研究院　羊泽林）

青釉碗残器一组

南宋
东山县后壁窑窑址采集
东山县博物馆藏

（供图：福建省考古研究院　羊泽林）

青釉印花三足炉

清

南靖县东溪窑封门坑窑址出土

（供图：福建省考古研究院　羊泽林）

青釉印花三足筒炉

清

南靖县东溪窑封门坑窑址出土

（供图：福建省考古研究院　羊泽林）

青釉三足炉

清
南靖县东溪窑封门坑窑址出土

（供图：福建省考古研究院　羊泽林）

青釉碗残器

清
南靖县东溪窑封门坑窑址出土

（供图：福建省考古研究院　羊泽林）

青釉水盂残器

清

南靖县东溪窑封门坑窑址出土

（供图：福建省考古研究院　羊泽林）

青釉罐残器一组

清

南靖县东溪窑封门坑窑址出土

（供图：福建省考古研究院　羊泽林）

青釉残器

清

南靖县东溪窑封门坑窑址出土

（供图：福建省考古研究院　羊泽林）

青釉残器一组

清
华安县东溪窑扫帚石窑址采集

（供图：福建省考古研究院 羊泽林）

附录：主要青釉窑址一览表

地区	市（区县）	名称	地点	年代	主要产品	备注
闽东及闽中地区	福州市仓山区	怀安窑	福州市仓山区建新镇淮安半岛	南朝—五代	青釉	
	福州市晋安区	宦溪窑	福州市晋安区宦溪镇硋由村、板桥村	南宋—明	青白釉、青釉，兼烧酱黑釉	青釉瓷烧造年代为南宋—元初
	福州市马尾区	长柄窑	马尾区亭江镇长柄村	南宋—元初	酱黑釉为主，兼烧青釉	
	福州市闽侯县	鸿尾窑	闽侯县鸿尾乡桥头村	南宋	青釉、酱黑釉	
	福州市连江县	己古窑	连江县江南乡己古村	南朝—唐	青釉	年代存争议
	福州市连江县	浦口窑	连江县浦口镇的外盾山、后岚山等多个山头	北宋中期—元	青釉、青白釉为主，兼烧酱黑釉	青釉瓷烧造年代为北宋晚期—南宋晚期
	福州市连江县	魁岐窑	连江县江南乡魁岐村	北宋晚期—元初	青釉、青白釉为主，兼烧酱黑釉	青釉瓷烧造年代为北宋晚期—南宋晚期
	福州市连江县	塘边窑	连江县官坂镇塘边村	南宋—元	青釉、青白釉为主，兼烧酱黑釉	
	福州市连江县	真茹窑	连江县长龙镇真茹村	南宋—元	青釉、青白釉为主，兼烧酱黑釉	
	福州市罗源县	八井碗窑	罗源县松山镇八井村	南宋、清	青釉、青白釉为主，兼烧酱黑釉，清代烧造青花	
	福州市福清市	东张窑	福清市东张镇石坑村、岭下村、半岭村等地	北宋中期—元	酱黑釉为主，兼烧青釉、青白釉	青釉瓷烧造年代为北宋末期—元初
	莆田市涵江区	庄边窑	莆田市涵江区庄边镇庄边村、滁阳春、百圳村等	南宋早期—元	南宋以青釉为主，元代以青白釉为主	青釉瓷烧造年代为南宋
	莆田市荔城区	西天尾窑	莆田市荔城区西天尾镇碗洋村前洋自然村	南宋—元	南宋以青釉为主，元代以青白釉为主	
	莆田市仙游县	埔尾窑	莆田市仙游县度尾镇埔尾村尾厝自然村	南宋—元	青釉、青白釉	
	宁德市蕉城区	飞鸾窑	宁德市蕉城区飞鸾镇飞鸾村	南宋—元	酱黑釉为主，兼烧青釉	
	宁德市福安市	首洋窑	福安市晓阳镇首洋村	北宋晚期—元	青釉为主，兼烧极少量青白釉	
	宁德市周宁县	豪阳窑	周宁县纯池镇豪阳村	南宋	青釉	
	宁德市霞浦县	崇儒碗窑坪窑	霞浦县崇儒畲族乡东杞洋村	南宋	青釉	
	宁德市霞浦县	下楼窑	霞浦县崇儒畲族乡溪边村下楼自然村	南宋	青釉	
	宁德市霞浦县	濂坑窑	霞浦县崇儒畲族乡濂溪村半岭自然村	南宋	青釉	
	宁德市霞浦县	柏洋东山窑	霞浦县柏洋乡董墩村东山自然村	北宋末期—南宋	青釉	

地区	市（区县）	名称	地点	年代	主要产品	备注
	宁德市柘荣县	碗窑村窑	柘荣县碗窑自然村	南宋	青白釉为主，兼烧青釉、酱黑釉	
闽西及闽北	南平市延平区	茶洋窑	南平市延平区太平镇葫芦山村茶洋自然村	北宋中晚期—明	青釉、青白釉、酱黑釉，还有少量绿釉	青釉瓷主要烧造年代为北宋中晚期—南宋晚期
	南平市建阳区	将口窑	建阳区将口镇将口村	唐	青釉	
	南平市建阳区	白窑	建阳区麻沙镇新溪村	唐	青釉	
	南平市建阳区	建窑牛皮仑窑	建阳区水吉镇后井村	唐晚期—北宋	唐代青釉为主，北宋酱黑釉为主，兼烧青釉	
	南平市建阳区	建窑芦花坪窑	建阳区水吉镇后井村	五代—南宋初	酱黑釉为主，兼烧青釉	
	南平市建阳区	建窑庵尾山窑	建阳区水吉镇后井村	五代末—北宋	酱黑釉、青釉	
	南平市建阳区	白马前窑	建阳区麻沙镇大白村	北宋晚期—南宋晚期	青釉、酱黑釉	
	南平市建阳区	源头仔窑	建阳区童游街道溪口村源头自然村	元	青釉、青白釉	
	南平市建阳区	源头碗窑	建阳区童游街道溪口村源头自然村	明	青釉、白釉	
闽西及闽北	南平市建阳区	象山窑	建阳区童游街道溪口村	元	青釉、青白釉	
	南平市松溪县	山合窑	松溪县河东乡长巷村山合自然村	五代—北宋	青釉	
	南平市松溪县	九龙窑	松溪县松源街道西门村回龙自然村	北宋中晚期—南宋	青釉为主，兼烧极少量酱黑釉	
	南平市松溪县	西门窑	松溪县松源街道西门村	北宋中晚期—南宋中期	青釉为主，兼烧极少量酱黑釉	
	南平市松溪县	六墩窑	松溪县旧县乡六墩村李源自然村	南宋—元	青釉	
	南平市浦城县	罗源窑	浦城县水北街镇罗源村	唐	青釉	
	南平市浦城县	冬瓜岗窑	浦城县水北街镇罗源村	唐—五代	青釉为主，兼烧少量酱黑釉	
	南平市浦城县	珠塘窑	浦城县石陂镇梨岭村珠塘自然村	唐	青釉	
	南平市浦城县	蟹钳山窑	浦城县富岭镇大水口村	唐	青釉	
	南平市浦城县	瓦铺头窑	浦城县富岭镇高枋村瓦铺头自然村	五代—宋	青釉	
	南平市浦城县	碗窑背窑	浦城县盘亭乡东峰村	北宋晚期—明	青釉	
	南平市浦城县	半路窑	浦城县水北街镇东路村	北宋晚期—元	青釉	
	南平市浦城县	碗窑	浦城县水北街镇朱墩村束墩自然村	明	青花为主，兼烧青釉	
	南平市浦城县	大口窑	浦城县水北街在黄碧村大口窑自然村	北宋晚期—元	青白釉为主，兼烧青釉、酱黑釉	

附录：主要青釉窑址一览表

地区	市（区县）	名称	地点	年代	主要产品	备注
闽西及闽北	南平市政和县	象山窑	政和县石屯镇长城村	东汉晚期—西晋	青釉	
	南平市政和县	罗金坂窑	政和县澄源乡澄源村	唐—五代	青釉	
	南平市政和县	棺头山窑	政和县澄源乡澄源村西综自然村	唐—五代	青釉	
	南平市光泽县	茅店窑	南平市光泽县华桥乡大禾山村茅店自然村	南宋	青白釉为主，兼烧青釉、酱黑釉	
	南平市武夷山市	竹林坑窑	武夷山市武夷街道黄柏村官埠头自然村	青铜时代	原始青瓷为主，兼烧陶器	
	南平市武夷山市	渔网山窑	武夷山市兴田镇南源岭村麦场自然村村	唐晚期—五代	青釉	
	南平市武夷山市	仙店窑	武夷山兴田镇市仙店村	唐晚期—五代	青釉	
	南平市武夷山市	南岸窑	武夷山市前坝下自然村	唐晚期—五代	青釉、陶器	
	南平市武夷山市	苦竹垅窑	武夷山市兴田镇南源岭村	唐晚期—五代	青釉	
	南平市武夷山市	母猪山窑	武夷山市兴田镇兴田村	唐晚期—五代	青釉	
	南平市武夷山市	碗窑垅窑	武夷山市兴田镇大渚村东际自然村	南宋早中期	青釉、青白釉、酱黑釉	
	南平市顺昌县	连坑窑	南平市顺昌县埔上镇连坑村墘墩后自然村	南宋中期—元初	青白釉为主，兼烧青釉、酱黑釉	
	南平市邵武市	下沙窑	南平市邵武市上屯乡下沙村	唐晚期	青釉	
	三明市宁化县	翠子岭窑	三明市宁化县淮上乡吴陂村	唐	青釉、酱黑釉	
	三明市宁化县	城下窑	三明市宁化县淮土乡淮阳村	北宋早中期	青釉、酱黑釉	
	三明市宁化县	张家山窑	三明市宁化县翠江镇双虹村	北宋中晚期—南宋早期	青釉、酱黑釉	
	三明市尤溪县	半山窑	三明市尤溪县梅仙镇半山村	北宋中期—元	青白釉、青釉、酱黑釉	青釉瓷主体烧造年代为南宋
	三明市将乐县	碗碟墩窑	三明市将乐县南口镇万全乡竹舟村	北宋早中期—南宋中晚期	北宋以青白釉为主，南宋以青釉为主	青釉瓷烧造年代为南宋
闽南	泉州市丰泽区	东门窑	泉州市丰泽区华大街道城东社区碗窑自然村	北宋—元末明初	青釉、青白釉	窑址上限存争议
	泉州市安溪县	桂瑶窑	安溪县龙门镇桂瑶村	北宋晚期—元	青釉为主，兼烧青白釉	
	泉州市安溪县	魁斗窑	泉州市安溪县魁斗镇魁斗村	南宋—元	青白釉为主，兼烧青釉	
	泉州市安溪县	碗窑仑窑	泉州市安溪县城厢镇南坪村	宋	青釉、青白釉	
	泉州市安溪县	三村窑	泉州市安溪县长坑乡三村村	宋	青釉、青白釉	
	泉州市安溪县	寨仔山	泉州市安溪县湖上乡湖上村	元—清	元代烧造青釉，明清以青花为主，兼烧青釉、白釉	

地区	市（区县）	名称	地点	年代	主要产品	备注
闽南	泉州市永春县	苦寨坑窑	泉州市永春县介福乡紫美村苦寨坑自然村	青铜时代早期	陶器为主，兼烧原始青瓷	
	泉州市永春县	坑刀山窑	泉州市永春县介福乡紫美村	青铜时代	原始青瓷为主，兼烧陶器	
	泉州市永春县	榜头窑	泉州市永春桃城镇榜头社区	唐晚期	青釉	
	泉州市永春县	锦斗窑	泉州市永春县锦斗镇锦溪村	南宋中晚期—元	青釉为主，兼烧酱黑釉	
	泉州市永春县	玉美窑	永春县玉斗镇玉美村	宋	青白釉为主，兼烧青釉、酱黑釉	青釉瓷主要烧造年代为南宋
	泉州市永春县	碗窑芸窑	永春县胡洋镇龙山村	明	青花为主，兼烧青釉	
	泉州市德化县	辽田尖窑	德化县三班镇三班村	青铜时代	原始青瓷为主，兼烧陶器	
	泉州市德化县	德化墓林窑	德化县美湖乡洋田村	唐晚期—五代	青釉	
	泉州市晋江市	磁灶窑	晋江市磁灶镇磁灶社区、岭畔村、下官路村、下灶村、钱坡村、前埔村等地多处山头	南朝—元、清	南朝烧青釉，唐五代以青釉为主，兼烧酱黑釉，宋元烧造青釉、黄釉、酱黑釉、绿釉、陶器等，清代以粗陶器为主，兼烧青釉	
	泉州市南安市	大尾洋窑	泉州市南安市洪濑镇都心村大尾洋自然村	唐	青釉	
	泉州市南安市	坝头窑	泉州市南安市洪濑镇前瑶村坝头自然村	唐	青釉	
	泉州市南安市	南坑窑	泉州市南安市东田镇南坑村	北宋中晚期—元	青釉、青白釉为主，兼烧极少量酱黑釉	青釉瓷主要烧造年代为南宋
	泉州市南安市	汤井窑	泉州市南安市东田镇汤井村	北宋中晚期—元	青釉、青白釉	青釉瓷主要烧造年代为南宋
	泉州市南安市	后垅山窑	泉州市南安市东田镇东田村	北宋中晚期—元	青釉、青白釉	青釉瓷主要烧造年代为南宋
	泉州市南安市	岐山窑	泉州市南安市东田镇岐山村	北宋中晚期—清	北宋以青白釉为主，南宋兼烧青釉、青白釉，明清烧青花为主	
	泉州市南安市	荆坑窑	泉州市南安市罗东镇荆坑村	宋	青釉、青白釉	青釉瓷主要烧造年代为南宋
	泉州市南安市	直坑窑	泉州市南安市罗东镇荆坑村直坑自然村	宋	青釉为主	
	泉州市南安市	梧毛寨窑	泉州市南安市罗东镇荆坑村亭顶自然村	南宋	青釉	
	泉州市南安市	高塘窑	泉州市南安市罗东镇高塘村	南宋	青釉、青白釉	
	泉州市南安市	顶东窑	泉州市南安市康美镇梅星村	南宋	青釉为主，兼烧青白釉	
	泉州市南安市	下洋窑	泉州市南安市官桥镇下洋村	南宋	青釉为主，兼烧酱黑釉	
	泉州市南安市	碗盒山窑	泉州市南安市水头镇星辉村	北宋中晚期—南宋	青釉、青白釉	青釉瓷主要烧造年代为南宋
	泉州市南安市	芸头山窑	泉州市南安市梅山镇梅峰村	北宋中晚期—元	青釉、青白釉	青釉瓷主要烧造年代为南宋
	泉州市南安市	深辉窑	泉州市南安市金淘镇深辉村	北宋中晚期—元	青釉、青白釉	青釉瓷主要烧造年代为南宋

地区	市（区县）	名称	地点	年代	主要产品	备注
闽南	泉州市南安市	青林窑	泉州市南安市九都镇墩兜村青林自然村	明—清	青釉、青花	
	泉州市惠安县	银厝尾窑	泉州市惠安县南埔乡槐山村	南宋—元	青釉、青白釉、白釉	
	厦门市同安区	磁灶尾窑	厦门市同安区洪塘镇石浔社区磁灶尾自然村	唐	青釉	
	厦门市同安区	碗儿墩窑	厦门市同安区祥平街道西湖社区	五代	青釉	
	厦门市同安区	瑶头窑	厦门市同安区祥平街道瑶头村	五代	青釉	
	厦门市同安区	下山头窑	厦门市同安区西柯镇下山头社区	五代	青釉	
	厦门市同安区	汀溪窑	厦门市同安区汀溪镇古坑村、褒美村	北宋晚期—元	北宋至南宋烧造青釉为主，兼烧少量酱黑釉，元代烧造青白釉为主	
	厦门市同安区	碗林窑	厦门市同安区翔平街道过溪村上寮自然村	宋	青釉	
	厦门市同安区	上陵窑	厦门市同安区莲花镇上陵村	明	青釉	
	厦门市海沧区	许厝窑	厦门市海沧区新阳街道新坡村	唐—五代	青釉	
	厦门市海沧区	惠佐窑	厦门市海沧区新阳街道新坡村	宋	青釉	
	厦门市海沧区	祥露窑	厦门市海沧区东孚镇祥露村	唐晚期—五代	青釉	
	厦门市海沧区	东瑶窑	厦门市海沧区东孚镇东瑶村	南宋—元	青釉为主，兼烧少量酱黑釉	
	厦门市海沧区	困瑶窑	厦门市海沧区海沧街道困瑶村	北宋早期—南宋初	青釉、陶器	
	厦门市海沧区	上瑶窑	厦门市海沧区海沧街道古楼村上瑶	北宋早期—南宋初	青釉、陶器	
	厦门市集美区	碗窑	厦门市集美区后溪镇后溪村碗瑶自然村	北宋晚期—明	青白釉为主，兼烧青釉	
	厦门市集美区	磁窑	厦门市集美区侨英街道东安社区	南宋	青釉	
	厦门市翔安区	东烧尾窑	厦门市翔安区内厝镇黄厝村东烧尾自然村	唐	青釉	
	厦门市翔安区	端平山窑	厦门市翔安区内厝镇黄厝村内塘边自然村	唐	青釉	
	厦门市翔安区	坪边窑	厦门市翔安区马巷镇舫阳社区坪边自然村	唐	青釉	
	厦门市翔安区	黄厝窑	厦门市翔安区内厝镇黄厝村	宋	青釉为主，兼烧酱黑釉、陶器	
	漳州市漳浦县	竹树山窑	漳州市漳浦县赤岭乡石坑村竹树山自然村	北宋晚期—元	青釉、青白釉	
	漳州市漳浦县	南门坑窑	漳州市漳浦县绥安镇英山村南门坑自然村	南宋—元	青釉、青白釉	
	漳州市漳浦县	赤土窑	漳州市漳浦县赤土乡下宫村田仔坪自然村	南宋—元	青釉、酱黑釉、白地黑花	
	漳州市漳浦县	东凤窑	漳州市漳浦县赤土乡西洋村东凤自然村	南宋	青釉、酱黑釉、白地黑花	

地区	市（区县）	名称	地点	年代	主要产品	备注
闽南	漳州市漳浦县	南山窑	漳州市漳浦县赤岭乡南山华侨茶果场村	南宋	青釉	
	漳州市漳浦县	石步溪窑	漳州市漳浦县赤岭乡南山华侨茶果场村	南宋	青釉	
	漳州市漳浦县	仙洞窑	漳州市漳浦县南浦乡中西林场村	南宋	青釉	
	漳州市漳浦县	美林窑	漳州市漳浦县南浦乡美林村	南宋	青釉	
	漳州市漳浦县	石寨窑	漳州市漳浦县石榴镇山城村石寨自然村	元中期—明初	青釉	
	漳州市云霄县	水头窑	漳州市云霄县火田镇水头村田头前自然村	北宋中晚期—南宋中期	青釉、青白釉	
	漳州市诏安县	官塘山窑	漳州市诏安县太平乡百叶村	宋	青釉、青白釉	
	漳州市诏安县	肥窑	漳州市诏安县深桥镇双港村肥窑自然村	宋—元初	青釉、青白釉	
	漳州市诏安县	后壁山窑	漳州市诏安县西潭乡后陈村	南宋	青釉	
	漳州市诏安县	上陈窑	漳州市诏安县西潭乡上陈村	南宋	青釉	
	漳州市东山县	后壁山窑	漳州市东山县杏陈镇磁窑村	南宋—元	青釉	
	漳州市南靖县	东溪窑通坑窑	漳州市南靖县金山镇河墘村通坑自然村	明	青釉	
	漳州市南靖县	东溪窑封门坑窑	南靖县龙山镇西山村	明晚期—清中晚期	青花为主，兼烧青釉、白釉、酱釉、米黄釉	
	漳州市华安县	东溪窑扫帚石窑	华安县高安镇三洋村	明—清	青花为主，兼烧青釉、白釉	
	漳州市平和县	平和窑花仔楼窑	漳州市平和县南胜镇龙心村花仔楼自然村	明晚期—清	青花为主，兼烧五彩、青釉、白釉、酱釉、蓝釉等	
	漳州市平和县	平和窑狗头山窑	漳州市平和县五寨镇新塘村	明晚期—清	青花为主，兼烧青釉及少量五彩	
	漳州市平和县	平和窑通坑内窑	漳州市平和县五寨镇新塘村	明晚期—清	青花为主，兼烧青釉及少量五彩	
	漳州市平和县	平和窑田中央窑	漳州市平和县五寨镇新美村田中央自然村	明晚期—清	青花为主，兼烧青釉、白釉、五彩	

附录：墓葬一览表

序号	出土地点／墓葬	年代／年份	出土器物		资料来源	备注
			青釉瓷	其他（陶）瓷器、其他器物		
1	浦城县管九村社公岗 D1M1	青铜时代中晚期（西周）	罐 1	铜短剑 1、铜矛 1、铜镞 1、铜刮刀 1	《福建浦城县管九村土墩墓群》，《考古》2007 年第 7 期	原始青瓷
2	浦城县管九村社公岗 D2M01	青铜时代中晚期（西周）	豆 5	陶尊 1、铜戈 1、铜矛 1、铜锛 1、铜镞 4	《福建浦城县管九村土墩墓群》，《考古》2007 年第 7 期	原始青瓷
3	浦城县管九村洋山 D1M1	青铜时代中晚期（西周）	罐 2、簋 1、碟 1、豆 1	陶盖罐 1、陶罐 2、陶鸭形壶 1、铜矛 1、铜刮刀 1、铜匕首 1、铜镞 1、铜锛 1	《福建浦城县管九村土墩墓群》，《考古》2007 年第 7 期	原始青瓷
4	浦城县管九村洋山 D3M1	青铜时代中晚期（西周）	盂 1	陶罐 1、铜刮刀 1、铜矛 1、铜短剑 1、铜镞 3	《福建浦城县管九村土墩墓群》，《考古》2007 年第 7 期	原始青瓷
5	浦城县管九村洋山 D7M1	青铜时代中晚期（西周）	罐 2、豆 3、瓮 1	陶罐 7、玉管 7、砺石	《福建浦城县管九村土墩墓群》，《考古》2007 年第 7 期	原始青瓷
6	浦城县管九村麻地尾 D11M1	青铜时代中晚期（西周）	罐 2	陶罐 1、铜短剑 1、铜锛 1、铜刮刀 1、铜戈 1、铜矛 1、铜镞 11	《福建浦城县管九村土墩墓群》，《考古》2007 年第 7 期	原始青瓷
7	浦城县管九村鹭鸶岗 D2M2	青铜时代晚期（春秋）	罐 1	陶罐 4	《福建浦城县管九村土墩墓群》，《考古》2007 年第 7 期	原始青瓷
8	闽侯赤塘山 M47	青铜时代中晚期（西周中期）	豆 1		《福建闽侯赤塘山遗址商周墓群发掘报告》，《福建文博》2022 年第 2 期	原始青瓷
9	闽侯赤塘山 M46	青铜时代中期—晚期（西周晚期至春秋早期）	豆 1		《福建闽侯赤塘山遗址商周墓群发掘报告》，《福建文博》2022 年第 2 期	原始青瓷
10	闽侯赤塘山 M48	青铜时代中期—晚期（西周晚期至春秋早期）	罐 1、豆 2、盅 1	陶尊 1、陶罐 3、陶纺轮 1	《福建闽侯赤塘山遗址商周墓群发掘报告》，《福建文博》2022 年第 2 期	原始青瓷
11	政和县熊山镇官湖村 M1	青铜时代	未公开发表	未公开发表	政和县博物馆馆藏文物档案	原始青瓷
12	福建荆溪庙后山 M1	汉	双耳壶 1、罐 2、筒形罐 1	陶灶 1、陶罐 1、陶釜 1、陶鐎 1、双系陶罐 2、铁釜 1	《福建荆溪庙后山古墓清理》，《考古》1959 年第 6 期	原始青瓷
13	光泽县止马乡	东汉	罐 2	陶壶 1、陶釜 1、青铜壶 1、铁釜 1	《光泽县止马乡发现东汉墓》，《福建文博》1987 年第 1 期	原始青瓷

序号	出土地点／墓葬	年代／年份	出土器物		资料来源	备注
			青釉瓷	其他（陶）瓷器、其他器物		
14	福州市西郊洪塘金鸡山M19	东汉—三国	镂空熏炉1、大碗1、小碗2、臼1	罐1、耳杯4、钵2、铁剑1、铁匕首1、铜镜1、五铢钱20、货泉10	《福州洪塘金鸡山古墓葬》，《考古》1992年第10期	
15	霞浦县眉头山	西晋天纪元年（277年）	筒形罐1、猪圈1、槽1、汤勺1、谷斗1、鸡笼1、畚斗2	陶兽1、陶双系罐1、陶板瓦1	《霞浦发现西晋天纪元年墓》，《福建文博》1989年第1—2期合刊	
16	浦城县吕处坞M1	西晋元康六年（296年）	钵1、耳杯盘1、虎子1、勺1、狗圈1	铜带钩1、金指环2	《福建浦城吕处坞晋墓清理简报》，《考古》1998年第10期	墓砖铭文见"王家"字样
17	浦城县吕处坞M2	西晋元康六年（296年）	盘口壶1、碟1、钵1	陶纺轮1、铁刀1、金指环1	《福建浦城吕处坞晋墓清理简报》，《考古》1998年第10期	墓砖铭文见"王家"字样
18	浦城县吕处坞M3	西晋元康六年（296年）	虎子2、器盖1	铁剪1、银发钗1	《福建浦城吕处坞晋墓清理简报》，《考古》1998年第10期	
19	霞浦县眉头山M1	西晋元康九年（299年）	盘口壶1、堆塑罐1、三足盆1、狮形插器1、虎子1、唾壶1	"五铢"铜钱2	《福建霞浦两晋南朝唐墓》，《福建文博》1995年第1期	
20	霞浦县眉头山M2	西晋元康九年（299年）	双系罐2、筒形罐2、钵1、盂2、狗圈1、狮形插器1、鸡笼1	陶灶1、"五铢"铜钱14	《福建霞浦两晋南朝唐墓》，《福建文博》1995年第1期	
21	政和县石屯镇长城村后门山M1	西晋元康年（291—299年）	盏1		《福建政和石屯六朝墓发掘简报》，《文物》2014年第2期；《政和六朝隋唐墓》，海峡书局	
22	政和县石屯镇松源村凤凰山M31	西晋永康元年（300年）	钵2、盏2		《福建政和石屯六朝墓发掘简报》，《文物》2014年第2期；《政和六朝隋唐墓》，海峡书局	
23	建瓯市东峰村九郎柯M1	西晋永安元年（304年）	碟1	铜镜1、铁剑1	《福建建瓯市东峰村六朝墓》，《考古》2015年第9期	
24	松溪县渭田村茶林果队	西晋永兴三年（306年）	盘口壶1、双系罐1、壶1、钵1、虎子1	三足铜盘1、铜镌斗1、铜盘1、铜镜1、金手镯3、银手镯2、银挖耳勺2、铁刀1	《福建松政县发现西晋墓》，《文物》1975年第4期	
25	政和县石屯镇松源村凤凰山M44	西晋永嘉年（307—313年）	盘口壶1、碗1		《福建政和石屯六朝墓发掘简报》，《文物》2014年第2期；《政和六朝隋唐墓》，海峡书局	
26	浦城县吕处坞村后门山会窑M5	西晋永嘉五年（311年）	盘口壶1	银钗1、铁刀1	《浦城吕处坞会窑古墓群清理简报》，《福建文博》1991年第1—2期合刊	

序号	出土地点/墓葬	年代/年份	出土器物		资料来源	备注
			青釉瓷	其他（陶）瓷器、其他器物		
27	闽侯县关口桥头山 M4	西晋永嘉五年（311年）	羊形插器		《福建闽侯关口桥头山发现古墓》，《考古》1965年第8期	羊形插器为墓前土石堆中发现，是否属于该墓存疑
28	闽侯县白沙镇桐口乡连江园村 M9	西晋	五联罐1、碗2、碟1、筒1、盖1、残片9	陶仓1、陶狗1、陶砚1、陶叶1、陶灶1、陶杯1、陶残片9、残砖1、石头1	《南福铁路古墓群发掘记》，《福建考古资料汇编：1953—1959》	
29	南安市丰州镇皇冠山 M35	西晋	盘口壶1、双系带流罐1、五联罐1、盂1、钵1、器盖1		《浅谈丰州皇冠山西晋时期墓出土的五联罐》，《文物鉴定与鉴赏》2020年第20期	
30	霞浦县龙泉山	西晋	未公开发表	未公开发表	霞浦县博物馆馆藏文物档案	
31	邵武市故县村李家山 M8	西晋—东晋早期	双系罐1、碗1、盏1、盂1	银钗1	《邵武李家山两晋南朝墓发掘简报》，《福建文博》2018年第4期	
32	邵武市故县村李家山 M9	西晋—东晋早期	鸡首壶1、双系罐2、碗2、盏1		《邵武李家山两晋南朝墓发掘简报》，《福建文博》2018年第4期	
33	政和县石屯镇松源村凤凰山 M35	西晋晚期—东晋早期	双系罐1		《福建政和石屯六朝墓发掘简报》，《文物》2014年第2期；《政和六朝隋唐墓》，海峡书局	
34	政和县石屯镇松源村凤凰山 M38	西晋晚期—东晋早期	盘口壶1		《福建政和石屯六朝墓发掘简报》，《文物》2014年第2期；《政和六朝隋唐墓》，海峡书局	
35	政和县石屯镇蝴蝶街村后山 M3	西晋晚期—东晋早期	双系罐1、碗1		《福建政和石屯六朝墓发掘简报》，《文物》2014年第2期；《政和六朝隋唐墓》，海峡书局	
36	将乐县古镛镇龟山新村 M2	西晋晚期—东晋早期	鸡首壶1、四系盖罐2、双系盖罐1		《将乐县封山晋墓清理简报》，《福建文博》2011年第3期	
37	霞浦县眉头山 M4	西晋晚期—东晋早期	盘口壶1、钵1、盂1	陶钵1、"五铢"铜钱2	《福建霞浦两晋南朝唐墓》，《福建文博》1995年第1期	
38	政和县石屯镇洋后村龟山 M15	东晋建武元年（317年）	盘口壶1、双系罐1、碗4、盏1、纺轮1		《福建政和石屯六朝墓发掘简报》，《文物》2014年第2期；《政和六朝隋唐墓》，海峡书局	
39	政和县石屯镇长城村上林山 M6	东晋咸和二年（327年）	钵1、盅1	银镯1	《福建政和石屯六朝墓发掘简报》，《文物》2014年第2期；《政和六朝隋唐墓》，海峡书局	
40	政和县石屯镇长城村黄泥岭 M4	东晋咸和二年（327年）	带流双系罐1		《福建政和石屯六朝墓发掘简报》，《文物》2014年第2期；《政和六朝隋唐墓》，海峡书局	

序号	出土地点／墓葬	年代／年份	出土器物 青釉瓷	出土器物 其他（陶）瓷器、其他器物	资料来源	备注
41	闽侯桐口村后屿山	东晋咸和六年（331年）	钵1、纺轮1	陶碟1	《福建闽侯桐口乡后屿山东晋墓清理记》，《考古通讯》1957年第1期	
42	建瓯市阳泽村小学	东晋咸和六年（331年）	碗2、钵1、盅1		《建瓯县阳泽晋墓清理简报》，《福建文博》1988年第1期	
43	政和县石屯镇松源村凤凰山M23	东晋咸和八年（333年）	盘口壶1		《福建政和石屯六朝墓发掘简报》，《文物》2014年第2期；《政和六朝隋唐墓》，海峡书局	
44	政和县石屯镇松源村凤凰山M17	东晋咸和九年（334年）	盏2		《福建政和石屯六朝墓发掘简报》，《文物》2014年第2期；《政和六朝隋唐墓》，海峡书局	
45	政和县石屯镇松源村凤凰山M36	东晋咸和年（326—334年）	盘口壶1、盏1	铁刀1	《福建政和石屯六朝墓发掘简报》，《文物》2014年第2期；《政和六朝隋唐墓》，海峡书局	
46	政和县石屯镇松源村凤凰山M57	东晋咸和年（326—334年）	盂1、盏1、纺轮1		《福建政和石屯六朝墓发掘简报》，《文物》2014年第2期；《政和六朝隋唐墓》，海峡书局	
47	南安市丰州镇华侨中学M2	东晋咸康元年（335年）	蛙形水盂1、三足盘1、碗1	铁器残器3	《福建南安丰州东晋、南朝、唐墓清理简报》，《考古通讯》1958年第6期	
48	浦城县吕处坞村后门山会窑M1	东晋咸康五年（339年）	罐1		《浦城吕处坞会窑古墓群清理简报》，《福建文博》1991年第1—2期合刊	
49	政和县石屯镇松源村凤凰山M34	东晋建元二年（344年）	双系罐1		《福建政和石屯六朝墓发掘简报》，《文物》2014年第2期；《政和六朝隋唐墓》，海峡书局	
50	福州市鼓楼区屏山	东晋永和元年（345年）	盘口壶、双系罐、罐、碟、碗、盘、盆等50余件		《福州市北门外屏山东晋墓清理资料》，《福建考古资料汇编：1953—1959》	
51	霞浦县眉头山M6	东晋永和二年（346年）	盘口壶1、盆1、狮形插器1		《福建霞浦两晋南朝唐墓》，《福建文博》1995年第1期	
52	建瓯市小桥村鲤鱼山	东晋永和三年（347年）	四系罐1、双系罐1、盂2、盅1、钵1	陶纺轮2、铁钉6	《小桥东晋"永和三年"墓》，《福建文博》1987年第1期	
53	闽侯县荆溪镇庙后山M2	东晋永和五年（349年）	盘口壶1、双系罐1、钵1、碗1	陶纺轮1、剪刀残器1	《福建荆溪庙后山古墓清理》，《考古》1959年第6期	
54	闽侯县荆溪镇庙后山M5	东晋永和五年（349年）	盘口壶1、盖罐1、盂1	铜镜1、铜钗1	《福建荆溪庙后山古墓清理》，《考古》1959年06期	

序号	出土地点／墓葬	年代／年份	出土器物		资料来源	备注
			青釉瓷	其他（陶）瓷器、其他器物		
55	福州市西郊茶园山	东晋永和十年（354年）	盖碗1、四系罐残器1、平底残片1		《福州西门外六朝墓清理简报》，《考古通讯》1957年第5期	
56	建瓯市南雅茶亭M1	东晋永和十一年（355年）	未公开发表	未公开发表	建瓯市博物馆档案	
57	仓山区乐群路	东晋升平四年（360年）	鸡首壶1、盘口壶1、罐1、碗1	铜钉1、"大泉五百"铜钱	《福州市仓山区乐群路东晋古墓清理简报》，《福建考古资料汇编：1953—1959》	
58	浦城吕处坞会窑	东晋兴宁三年（365年）	盘口壶2、四系罐1、钵7、碗1、盅5、盘2		《福建浦城吕处坞晋墓清理简报》，《考古》1998年第10期	
59	将乐县永吉村M4	东晋泰和四年（369年）	盏1		《福建将乐永吉东晋墓发掘报告》，《福建文博》1995年第1期	
60	南安市丰州镇皇冠山M34	东晋咸安二年（372年）	鸡首壶1、四系罐1、碗1、盏2		《福建南安市皇冠山六朝墓群的发掘》，《考古》2014年第5期	
61	南安市丰州镇狮子山M2	东晋宁康三年（375年）	鸡首壶1、双系带流罐1、砚1、碗1、钵1		《福建南安丰州狮子山东晋墓》，《考古》1983年第11期；《福建南安丰州狮子山东晋古墓（第一批）发掘简报》，《文物资料丛刊1》	
62	南安市丰州镇狮子山M1	东晋太元三年（378年）	双系罐1、虎子、盘、钵、罐等残片若干		《福建南安丰州狮子山东晋墓》，《考古》1983年11期；《福建南安丰州狮子山东晋古墓（第一批）发掘简报》，《文物资料丛刊1》	
63	南安市丰州镇皇冠山M24	东晋太元三年（378年）	盏1		《福建南安市皇冠山六朝墓群的发掘》，《考古》2014年第5期	
64	将乐县永吉村M2	东晋太元二十一年（396年）	碗1		《福建将乐永吉东晋墓发掘报告》，《福建文博》1995年第1期	
65	漳浦县石榴镇石榴村M1	东晋太元二十一年（396年）	盘口壶1、杯1、钵1	酱釉四系罐1、酱釉杯1	《从石榴镇东晋墓群的发掘看开漳前的闽南》，《闽南文化交流》2006年1期	
66	南安市丰州镇皇冠山M31	东晋元兴三年（404年）	盘口壶1、双系罐1、盏2、钵1		《福建南安市皇冠山六朝墓群的发掘》，《考古》2014年第5期	
67	将乐县永吉村M3	东晋中期—东晋晚期	盏1		《福建将乐永吉东晋墓发掘报告》，《福建文博》1995年第1期	
68	漳浦县石榴镇石榴村M2	东晋晚期	盘口壶1、杯1、砚1	铁剑1	《从石榴镇东晋墓群的发掘看开漳前的闽南》，《闽南文化交流》2006年1期	

序号	出土地点/墓葬	年代/年份	出土器物		资料来源	备注
			青釉瓷	其他（陶）瓷器、其他器物		
69	漳浦县石榴镇石榴村 M4	东晋晚期	鸡首壶 1、钵 1	铜镜 1	《从石榴镇东晋墓群的发掘看开漳前的闽南》，《闽南文化交流》2006 年第 1 期	
70	福州市晋安区赤桥村八一水库	东晋	未公开发表		《福建六朝墓初论》，《福建文博》1987 年第 2 期	
71	闽侯县白沙镇桐口乡连江园村 M3	东晋	碟 1		《南福铁路古墓群发掘记》，《福建考古资料汇编：1953—1959》	
72	闽侯县白沙镇桐口乡连江园村 M4	东晋	碟 1、豆 1、残片 2	陶器残片 40	《南福铁路古墓群发掘记》，《福建考古资料汇编：1953—1959》	
73	南安市丰州镇皇冠山 M2	东晋	鸡首壶 1、盏 1、盂 1		《福建南安市皇冠山六朝墓群的发掘》，《考古》2014 年第 5 期	
74	南安市丰州镇皇冠山 M15	东晋	盘口壶 1、碗 1	铜碗 1、砚 1	《福建南安市皇冠山六朝墓群的发掘》，《考古》2014 年第 5 期	
75	南安市丰州镇皇冠山 M16	东晋	盂 1		《福建南安市皇冠山六朝墓群的发掘》，《考古》2014 年第 5 期	
76	南安市丰州镇皇冠山 M29	东晋	碗 1		《福建南安市皇冠山六朝墓群的发掘》，《考古》2014 年第 5 期	
77	南安市丰州镇皇冠山 2008 M1	东晋	五联罐 1、罐 1、钵 1、盆 1、碗 2		《福建泉州南安丰州发现两座六朝墓》，《东南文化》2010 年第 3 期	
78	霞浦县沙江镇古县村 M13	东晋	鸡首壶 1、四系罐 1、盅 6		《福建霞浦两晋南朝唐墓》，《福建文博》1995 年第 1 期	
79	浦城县吕处坞村后门山会窑 M6	东晋	碗 1、罐碗残片若干		《浦城吕处坞会窑古墓群清理简报》，《福建文博》1991 年第 1—2 期合刊	
80	建瓯市南关外	东晋	未公开发表		《福建六朝墓初论》，《福建文博》1987 年第 2 期	
81	政和县石屯镇松源村凤凰山 M7	东晋中期—南朝宋早期	盏 3		《福建政和石屯六朝墓发掘简报》，《文物》2014 年第 2 期；《政和六朝隋唐墓》，海峡书局	
82	政和县石屯镇松源村凤凰山 M19	东晋中期—南朝宋早期	盏 2		《福建政和石屯六朝墓发掘简报》，《文物》2014 年第 2 期；《政和六朝隋唐墓》，海峡书局	
83	政和县石屯镇松源村凤凰山 M21	东晋中期—南朝宋早期	盘口壶 1		《福建政和石屯六朝墓发掘简报》，《文物》2014 年第 2 期；《政和六朝隋唐墓》，海峡书局	

序号	出土地点/墓葬	年代/年份	出土器物		资料来源	备注
			青釉瓷	其他（陶）瓷器、其他器物		
84	政和县石屯镇松源村凤凰山 M22	东晋中期—南朝宋早期	盏 1		《福建政和石屯六朝墓发掘简报》，《文物》2014 年第 2 期；《政和六朝隋唐墓》，海峡书局	
85	政和县石屯镇松源村凤凰山 M25	东晋中期—南朝宋早期	盘口壶 1、碗 2		《福建政和石屯六朝墓发掘简报》，《文物》2014 年第 2 期；《政和六朝隋唐墓》，海峡书局	
86	政和县石屯镇松源村凤凰山 M26	东晋中期—南朝宋早期	盘口壶 1、碗 2、盏 1	银钗 2、铜棺钉 2	《福建政和石屯六朝墓发掘简报》，《文物》2014 年第 2 期；《政和六朝隋唐墓》，海峡书局	
87	政和县石屯镇松源村凤凰山 M28	东晋中期—南朝宋早期	盘口壶 1、唾壶 1	银钗 1	《福建政和石屯六朝墓发掘简报》，《文物》2014 年第 2 期；《政和六朝隋唐墓》，海峡书局	
88	政和县石屯镇松源村凤凰山 M32	东晋中期—南朝宋早期	盘口壶 1、盏 1		《福建政和石屯六朝墓发掘简报》，《文物》2014 年第 2 期；《政和六朝隋唐墓》，海峡书局	
89	政和县石屯镇松源村凤凰山 M40	东晋中期—南朝宋早期	碗 1、盏 1		《福建政和石屯六朝墓发掘简报》，《文物》2014 年第 2 期；《政和六朝隋唐墓》，海峡书局	
90	政和县石屯镇松源村凤凰山 M43	东晋中期—南朝宋早期	盘口壶 1、盏 1		《福建政和石屯六朝墓发掘简报》，《文物》2014 年第 2 期；《政和六朝隋唐墓》，海峡书局	
91	政和县石屯镇上林山 M4	东晋中期—南朝宋早期	盘 2		《福建政和石屯六朝墓发掘简报》，《文物》2014 年第 2 期；《政和六朝隋唐墓》，海峡书局	
92	建瓯市水南镇梅仙山 M1	东晋晚期—南朝早期	五联罐 1、罐 1、虎子 1、盏 5、器盖 1、提梁小罐 1	陶豆 1、素胎双系小盆 1、陶纺轮 1、陶灶 1、陶甑 1、黛砚 1、铁剪残器 2	《建瓯市水南梅仙山六朝墓清理简报》，《福建文博》2011 年第 4 期	年代可能更早
93	南安市丰州镇狮子山 M3	东晋晚期—南朝	钵 3、碗 1		《福建南安丰州狮子山东晋墓》，《考古》1983 年第 11 期；《福建南安丰州狮子山东晋古墓（第一批）发掘简报》，《文物资料丛刊 1》	
94	南安市丰州镇华侨中学 M10	东晋晚期—南朝	盘口壶 1、双系罐 1、碗 4、钵 2		《福建南安丰州东晋、南朝、唐墓清理简报》，《考古通讯》1958 年第 6 期	
95	政和县石屯镇松源村凤凰山 M50	东晋末—南朝宋早中期	盏 1		《政和六朝隋唐墓》，海峡书局；《政和县凤凰山六朝墓第二次考古发掘简报》，《福建文博》2013 年第 4 期	

序号	出土地点／墓葬	年代／年份	出土器物		资料来源	备注
			青釉瓷	其他（陶）瓷器、其他器物		
96	政和县石屯镇松源村凤凰山 M52	东晋末—南朝宋早中期	盘口壶 1、盏 1		《政和六朝隋唐墓》，海峡书局；《政和县凤凰山六朝墓第二次考古发掘简报》，《福建文博》2013 年第 4 期	
97	政和县石屯镇松源村凤凰山 M6	南朝宋元嘉五年（428 年）	六系罐 1、盏 5	银钗 1	《福建政和石屯六朝墓发掘简报》，《文物》2014 年第 2 期；《政和六朝隋唐墓》，海峡书局	
98	邵武市故县村李家山 M1	南朝宋元嘉九年（432 年）	六系罐 1、四系罐 1、盘 1、碗 1、盏 1		《邵武李家山两晋南朝墓发掘简报》，《福建文博》2018 年第 4 期	
99	将乐县万安镇大布山 M7	南朝宋元嘉九年（432 年）	碗 1、盏 1		《将乐县大布山南朝唐宋墓群清理简报》，《福建文博》，2014 年第 1 期	
100	政和县东平镇新口村 M835（牛头山 M1）	南朝宋元嘉十二年（435 年）	盏 2、盅 1		《福建政和松源、新口南朝墓》，《文物》1986 年第 5 期；《政和六朝隋唐墓》，海峡书局	
101	政和县石屯镇长城村上林山 M5	南朝宋元嘉十五年（438 年）	唾盂 1		《福建政和石屯六朝墓发掘简报》，《文物》2014 年第 2 期；《政和六朝隋唐墓》，海峡书局	
102	福州市新店镇灰炉头村	南朝宋元嘉十七年（440 年）	盘口壶 2、盖罐 1、炉 1、五盅盘 1、带盘耳杯 1、盘 1、盖碗 1、碗 3	铁刀 1	《福州北门外"元嘉"墓》，《文物资料丛刊 8》	
103	福州市岳峰镇三角池后山	南朝宋元嘉二十五年（447 年）	未公开发表	未公开发表	《福建六朝墓初论》，《福建文博》1987 年第 2 期	
104	福州市仓山区长安山	南朝宋元嘉二十六年（448 年）	鸡首壶 1、碗 2、双系罐 1、壶残器 1、碟 1		《福州南朝刘宋残墓发现记》，《福建考古资料汇编：1953—1959》	
105	建瓯水西山放生池	南朝宋元嘉二十九年（452 年）	未公开发表	未公开发表	《福建六朝墓初论》，《福建文博》1987 年第 2 期	
106	政和县石屯镇松源村凤凰山 M5	南朝宋大明六年（462 年）	盘口壶 1、盏 2、盅 1		《福建政和石屯六朝墓发掘简报》，《文物》2014 年第 2 期；《政和六朝隋唐墓》，海峡书局	
107	政和县石屯镇松源村 M831（庐塘山 M1）	南朝宋大明六年（462 年）	盘口壶 1、盏 8、碗 2、盘 1	滑石猪 1、铜杯 1、银项圈 1	《福建政和松源、新口南朝墓》，《文物》1986 年第 5 期；《政和六朝隋唐墓》，海峡书局	

序号	出土地点/墓葬	年代/年份	出土器物		资料来源	备注
			青釉瓷	其他（陶）瓷器、其他器物		
108	福州市郊	南朝宋大明九年（465年）	博山炉、耳杯、盘、杯残器若干	"大泉五十"铜钱1、"货泉"铜钱1、"四铢"铜钱3、铜钱10	《福州市郊发现南朝宋墓》，《文物参考资料》1955年第12期	
109	政和县熊山镇官湖村虎山M1	南朝宋永光元年（465年）	大碗1		《福建政和石屯六朝墓发掘简报》，《文物》2014年第2期；《政和六朝隋唐墓》，海峡书局	
110	闽侯县南通镇古城村M2	南朝宋泰始三年（467年）	五盅盘1、杯1、盘1、钵1、博山炉1、器盖1		《闽侯县古城村南朝墓发掘简报》，《福建文博》2012年第4期	
111	政和县石屯镇蝴蝶街村后山M1	南朝宋泰始三年（467年）	盏4、盅1		《福建政和石屯六朝墓发掘简报》，《文物》2014年第2期；《政和六朝隋唐墓》，海峡书局	
112	将乐县水南农场M3	南朝宋泰始五年（469年）	罐1、盏1	陶灯盏1、铁器残件数件	《将乐两座南朝墓清理简报》，《福建文博》1989年第1—2期合刊	
113	福州市仓山区桃花山师大附中内	南朝齐永明四年（486年）	盘口壶1、四系罐1、双系罐2、双系小罐5、唾壶1、博山炉1、碗7	铜鐎斗1、铁剪残器1	《福州仓山区福建师范学院附中校内发现南齐时代墓葬》，《文物参考资料》1955年第12期	
114	将乐县水南机砖厂	南朝齐永明四年（486年）	盘口壶1、碗1、小碗1、盏1、盖钵1、博山炉1、五盅盘2、	铜镜1	《将乐水南南朝墓》，《福建文博》1995年第2期	
115	政和县石屯镇蝴蝶街村后山M2	南朝齐永明四年（486年）	盘口壶1、双系罐1、碗1、盏3、托盏1、五盅盘1、博山炉1、器盖2	陶纺轮1、滑石猪1、铁刀1	《福建政和石屯六朝墓发掘简报》，《文物》2014年第2期；《政和六朝隋唐墓》，海峡书局	
116	政和县东平镇新口村M837（牛头山M2）	南朝齐永明五年（487年）	盏4		《福建政和松源、新口南朝墓》，《文物》1986年第期；《政和六朝隋唐墓》，海峡书局	
117	福州市仓山区桃花山师大附中内M1	南朝齐永明七年（489年）	盘口壶2、四系罐1、双系罐2、三足盘1、盘5	陶火盆1、铜鐎斗1、铜杯1、"五铢"铜钱2、铁剪残器1	《福州市桃花山南齐古墓清理简报》，《福建考古资料汇编：1953—1959》	
118	福州市仓山区桃花山师大附中内M2	南朝齐永明七年（489年）	盘口壶3、双系盖罐1、盘3、碗2、杯1	铜杯1	《福州市桃花山南齐古墓清理简报》，《福建考古资料汇编：1953—1959》	
119	晋江市池店镇霞福村98JCM1	南朝齐隆昌元年（494年）	双系罐4、盏2、钵1、砚1、托盘三足炉1	料珠400多、黄金坠1、滑石猪2	《福建晋江霞福南朝纪年墓》，《南方文物》2000年第2期	

序号	出土地点/墓葬	年代/年份	出土器物		资料来源	备注
			青釉瓷	其他（陶）瓷器、其他器物		
120	闽侯县荆溪镇关口村桥头山 M2	南朝齐建武四年（497年）	双系小罐4、碗3、小碗1、博山炉1、罐残器1		《福建闽侯关口桥头山发现古墓》，《考古》1965年第8期	
121	建瓯市小松镇穆墩村	南朝梁天监五年（506年）	盘口壶2、碗7、三足盘1、带盘三足炉1、鐎斗1、槅盘、盂1、灶1	陶纺轮1、剪刀残器1、铁钉残器5	《福建建瓯木墩梁墓》，《考古》1959年第1期	
122	南安市丰州镇皇冠山 M12	南朝梁天监十一年（512年）	盅2、碗2、盏1、托杯2、双系罐、盘口壶、四管插器1、唾壶1、钵2、博山炉2、鐎斗1、四系罐、砚1、虎子1、托盘1	三足陶盘1、金指环1	《福建南安丰州皇冠山"天监十壹年"墓发掘简报》，《东南文化》2017年第4期	
123	南安市丰州镇皇冠山 M20	南朝梁天监十一年（512年）	钵1、碗1、盅1、器盖1		《福建南安市皇冠山六朝墓群的发掘》，《考古》2014年第5期	
124	泉州市丰泽区北峰镇招丰村	南朝梁承圣四年（555年）	瓶1、砚1、托杯1、盘口壶残器1、虎子残器1		《泉州北峰南朝墓清理简报》，《福建文博》2005年第2期	
125	松溪县旧县乡游墩村	南朝陈光大元年（567年）	碗、盏、钵等		《松溪流域古文化的考古学观察》，万方数据，2013年	
126	政和县石屯镇松源村凤凰山 M45	南朝宋早中期	盏5		《福建政和石屯六朝墓发掘简报》，《文物》2014年第2期；《政和六朝隋唐墓》，海峡书局	
127	政和县石屯镇松源村凤凰山 M55	南朝宋中期	双系罐1、盅1		《福建政和石屯六朝墓发掘简报》，《文物》2014年第2期；《政和六朝隋唐墓》，海峡书局	
128	福州市鼓楼区屏山山腰 M1	南朝宋	盘口壶3、双系带流罐1、四系罐1、双系罐1、盖碗1、碗1、五盅盘1、盅1、盘1、炉残器1	铜鐎斗1	《福州屏山南朝墓》，《考古》1985年第1期	
129	闽侯县荆溪镇光明村大屿山	南朝宋	盘口壶2、四系罐2、双系罐1、碗2、小碗3、盅11、托盘三足炉1、砚1		《福州闽侯发现南朝墓》，《考古》1995年第5期	
130	政和县石屯镇松源村 M832（庐塘山 M2）	南朝宋—齐	盘口壶1、盏3、五盅盘1、博山炉1、纺轮1	银镯2、银钗1、铁剪1、滑石猪2	《福建政和松源、新口南朝墓》，《文物》1986年第5期；《政和六朝隋唐墓》，海峡书局	

序号	出土地点／墓葬	年代／年份	出土器物		资料来源	备注
			青釉瓷	其他（陶）瓷器、其他器物		
131	闽侯县荆溪镇关口村桥头山 M1	南朝齐	盘口壶1、盖碗3、托杯1、碟3、盘3、五盅盘1、双系盖罐3、博山炉1	铜鐎斗1、陶碗1	《福建闽侯关口桥头山发现古墓》，《考古》1965年第8期	
132	福州市仓山区城门镇谢坑村铁头山 M4	南朝早期	四系罐1、双系罐1、碗6		《福州城门铁头山六朝墓清理》，《福建文博》2003年第2期	
133	福州市仓山区城门镇谢坑村铁头山 M5	南朝早期	鸡首壶2、盘口壶1、双系罐1、四系罐7、罐1、唾壶1、钵5、盘1、碗5	青铜钵1、青铜鐎斗1、青铜盘1	《福州城门铁头山六朝墓清理》，《福建文博》2003年第2期	
134	福州市鼓楼区老鼠山	南朝早期	未公开发表	未公开发表	《福建六朝墓初论》，《福建文博》1987年第2期	
135	福州市东郊（省二轻局）	南朝早期	鸡首壶1、双系罐2、碗3、碟1	金属环1	《福州东郊发现南朝墓》，《考古》1983年第7期	
136	闽侯县南屿镇官山北端	南朝齐—梁	盘口壶2、双系罐2、四系罐1、盂1、盘2、托碗3、钵1、盅5、博山炉1、四管插器1、鐎斗1、虎子1、砚1、唾壶1、灯1	陶三足盆1	《福建闽侯南屿南朝墓》，《考古》1981年第1期	
137	福州市建新镇阳岐山 M1	南朝梁	四系大罐1、四系小罐1、双系小罐2、碗3、盘2、博山炉1、灯1、鐎斗1、虎子1	陶三足盆1	《福建福州郊区南朝墓》，《考古》1974年第4期	
138	政和县石屯镇松源村 M833（庐塘山 M3）	南朝梁	四系盖罐1、六系罐1、瓶1、博山炉1、托杯1、灯盏2、盘托三足炉1、槅1、托杯盘1、碗1	滑石猪2	《福建政和松源、新口南朝墓》，《文物》1986年第5期；《政和六朝隋唐墓》，海峡书局	
139	政和县石屯镇松源村 M834（虎咬垄山 M1）	南朝梁	瓶1、鐎斗1、带把钵1、托杯盘1、博山炉1、盘托三足炉1、槅1、灶1、灯盏2、碗1、盅4、纺轮1、盏3	滑石猪3、金钗1	《福建政和松源、新口南朝墓》，《文物》1986年第5期；《政和六朝隋唐墓》，海峡书局	
140	建瓯市水南机砖厂 M1	南朝中晚期	盘口壶1、双系罐3、碗2、盅6		《福建建瓯水南机砖厂南朝墓》，《考古》1993年第1期	

序号	出土地点／墓葬	年代／年份	出土器物		资料来源	备注
			青釉瓷	其他（陶）瓷器、其他器物		
141	政和县石屯镇松源村凤凰山 M49	南朝中晚期	盏 3、盅 1、砚 1		《福建政和石屯六朝墓发掘简报》，《文物》2014 年第 2 期；《政和六朝隋唐墓》，海峡书局	
142	政和县石屯镇松源村凤凰山 M53	南朝中晚期	盘口壶 1、盘 1、碗 2、盏 6、纺轮 1		《福建政和石屯六朝墓发掘简报》，《文物》2014 年第 2 期；《政和六朝隋唐墓》，海峡书局	
143	政和县石屯镇松源村凤凰山 M54	南朝中晚期	盘口壶 1、碗 3、五盅盘 1、双杯盘 1、盘托三足炉 1、盘 1、灶 1		《福建政和石屯六朝墓发掘简报》，《文物》2014 年第 2 期；《政和六朝隋唐墓》，海峡书局	
144	政和县石屯镇松源村凤凰山 M56	南朝中晚期	盘口壶 1、碗 2、盏 1、盅 2		《福建政和石屯六朝墓发掘简报》，《文物》2014 年第 2 期；《政和六朝隋唐墓》，海峡书局	
145	浦城县石陂镇石陂小学 M1	南朝中晚期	盘口壶 3、四系罐 1、双系罐 1、碗 5、盘 2、盅 15	铜发簪 1、铁剪刀 1	《浦城县石陂镇官山南朝墓清理简报》，《福建文博》2015 年第 3 期	
146	福州市鼓楼区屏山山腰 M2	南朝晚期	盘口壶 1、双系罐 1、小罐 1、碗 3		《福州屏山南朝墓》，《考古》1985 年第 1 期	
147	福州市鼓楼区文林山 M3	南朝晚期	盘口壶 1、双系罐 2、双系小罐 5、博山炉 1、鐎斗 1、莲瓣纹碗 1、小碗 1、虎子 1、四管插器 1、灯 1、砚 1、豆 3、唾盂 1、壶 1、瓶 1、碟 1、钵 1	三足火盆 1	《福州西门外六朝墓清理简报》，《考古通讯》1957 年第 5 期	
148	福州市鼓楼区马佬山	南朝晚期	未公开发表	未公开发表	《福建六朝墓初论》，《福建文博》1987 年第 2 期	
149	福州市鼓楼区乌山	南朝晚期	未公开发表	未公开发表	《福建六朝墓初论》，《福建文博》1987 年第 2 期	
150	福州市台江区学军路龙岭小学 M1	南朝晚期	盘口壶 2、四系罐 2、双系罐 3、鐎斗 1、五盅盘 1、灯 1、托杯 1、托碗 1、博山炉 1	陶甑 1	《福州市台江区龙岭小学南朝墓清理简报》，《福建文博》2012 年第 1 期	
151	福州市台江区学军路龙岭小学 M2	南朝晚期	盘口壶 2、四系罐 2、双系小罐 6、唾壶 1、瓶 1、博山炉 1、五盅盘 1、鐎斗 1、灯 1、砚 1、四管插器 1、托杯 1、托碗 2、钵 1、盅 2、盘 1	陶灶 1、三足盆 1	《福州市台江区龙岭小学南朝墓清理简报》，《福建文博》2012 年第 1 期	

序号	出土地点/墓葬	年代/年份	出土器物		资料来源	备注
			青釉瓷	其他（陶）瓷器、其他器物		
152	福州市晋安区新店镇新店村西面翠湖山庄	南朝晚期	盘口壶3、带流罐1、四系罐2、双系小罐7、碗2、镌斗1、博山炉1、砚1、唾壶1、虎子1、灯1、五管插器1		《福州翠湖山庄南朝墓清理》，《福建文博》2005年增刊	
153	福州市晋安区金鸡山	南朝晚期	未公开发表	未公开发表	《福建六朝墓初论》，《福建文博》1987年第2期	
154	福州市仓山区省人武学校	南朝晚期	盘口壶1、双系罐1、托杯2、钵1		《福州仓山上渡南朝墓》，《福建文博》2005年增刊	
155	福州市西郊洪塘金鸡山M2	南朝晚期	盘口壶1、四系罐2、双系小罐5、托杯1、灯1、博山炉1、角度1、唾壶1、插器1	陶火盆1	《福州洪塘金鸡山古墓葬》，《考古》1992年第10期	
156	福州市西郊洪塘金鸡山M6	南朝晚期	盘口壶3、双系罐1、双系小罐5、碗3、等1、博山炉1、镌斗1、碟1	陶火盆1	《福州洪塘金鸡山古墓葬》，《考古》1992年第10期	
157	福州市西郊洪塘金鸡山M7	南朝晚期	盘口壶1、四系罐2、双系小罐3、碗1、托杯1、灯1、砚1、五盅盘1、瓶1		《福州洪塘金鸡山古墓葬》，《考古》1992年第10期	
158	福州市西郊洪塘金鸡山M8	南朝晚期	盘口壶2、双系罐1、双系小罐5、碗2、托杯1、灯1、博山炉1、镌斗1、碟1	陶火盆1、陶灶1	《福州洪塘金鸡山古墓葬》，《考古》1992年第10期	
159	福州市西郊洪塘金鸡山M11	南朝晚期	盘口壶1、四系罐2、双系小罐4、碗3、灯1、博山炉1、镌斗1、盅1	陶火盆1	《福州洪塘金鸡山古墓葬》，《考古》1992年第10期	
160	福州市西郊洪塘金鸡山M14	南朝晚期	盘口壶1、四系罐1、双系小罐1、碗1、托杯1、灯1、博山炉1、镌斗1、砚1、五盅盘1、虎子1、瓶1、四管插器1	陶火盆1	《福州洪塘金鸡山古墓葬》，《考古》1992年第10期	
161	福州市仓山区舍人山	南朝晚期	未公开发表	未公开发表	《福建六朝墓初论》，《福建文博》1987年第2期	

序号	出土地点／墓葬	年代／年份	出土器物		资料来源	备注
			青釉瓷	其他（陶）瓷器、其他器物		
162	闽侯县白沙镇桐口乡连江园村 M10	南朝晚期	双系罐1、小双系罐1、碗1、瓶1、四盅盘1、虎子1、博山炉1、插器1、灯1、砚1、托杯1、器座1		《南福铁路古墓群发掘记》，《福建考古资料汇编：1953—1959》	
163	闽侯县荆溪镇荆山	南朝晚期	盘口壶2、四系罐2、双系罐5、碗2、盅2、鐎斗1、博山炉1、灯1、砚1	陶三足盆1	《福建闽侯荆山、杜武南朝、唐墓清理记》，《考古》1959年第4期	
164	南安市内厝村 M1	南朝晚期	六系罐1、双系罐2、小罐1、唾壶1、碗2、博山炉2、砚1、五盅盘1、托杯2、盏托3、灯1	铁棺钉3	《南安市内厝村南朝墓清理简报》，《福建文博》2016年第1期	
165	南安市丰州镇桃源村 M1	南朝晚期	盘口壶1、四系罐2、双系罐1、罐1、碗2、盏2、钵1、灯1、托杯1、博山炉1、鐎斗1	陶三足盆1	《南安市丰州桃源南朝墓清理简报》，《福建文博》2014年第4期	
166	南安市丰州镇皇冠山 M9	南朝晚期	盘口壶1、四系罐1、钵2、碗2、盅1、盘1、托杯1、博山炉1、灯1、鐎斗1	陶三足盆1	《福建南安市皇冠山六朝墓群的发掘》，《考古》2014年第5期	
167	南安市丰州镇皇冠山 M10	南朝晚期	盘口壶1、四系罐2、双系小罐2、钵1、碗3、砚1、博山炉1、虎子1、灯1、鐎斗1、四管插器1	陶三足盆1、铁剪1	《福建南安市皇冠山六朝墓群的发掘》，《考古》2014年第5期	
168	永春县桃城镇留安村北	南朝晚期	盘口壶1、双系带流罐1、双系小罐5、钵1、碗1、盏托2、唾壶1、壶1、博山炉1、鐎斗1、四管插器1、灯1、五盅盘1	陶灶1	《永春清理两座南朝墓葬》，《福建文博》2007年第2期	
169	建瓯市东峰村春坑口 M3	南朝晚期	盘口壶1、碗4、盅5		《福建建瓯市东峰村六朝墓》，《考古》2015年第9期	
170	建瓯市东峰村春坑口 M11	南朝晚期	盘口壶1、双系盖罐2、双唇罐1	青铜盘1、铁鼎1	《福建建瓯市东峰村六朝墓》，《考古》2015年第9期	

序号	出土地点／墓葬	年代／年份	出土器物		资料来源	备注
			青釉瓷	其他（陶）瓷器、其他器物		
171	建瓯市东峰村春坑口 M13	南朝晚期	钵 4	铁鼎 1、剪刀 1	《福建建瓯市东峰村六朝墓》，《考古》2015 年第 9 期	
172	建瓯市东峰村牛头山 M1	南朝晚期	双系罐 1、碗 1、钵 2	铁刀 1	《福建建瓯市东峰村六朝墓》，《考古》2015 年第 9 期	
173	福州市鼓楼区圣王山华侨新村 M1	南朝	盘口壶 1、碗残器 2	滑石猪 2	《福州圣王山古墓清理记》，《福建考古资料汇编：1953—1959》	
174	福州市鼓楼区茶园山	南朝	盘口壶 2、双系罐 1、博山炉 1、带盘耳杯 1、五盅盘 1、莲瓣纹碗 1、盘 1、砚 1、碟 1、器盖 1	铁钉残器 1	《福州西门外六朝墓清理简报》，《考古通讯》1957 年第 5 期	
175	福州市天才山	南朝	盘口壶 1、四系罐 1、双系罐 1、鐎斗 1、碗 2、托杯 1	陶三足盘 1	《福州市北郊天才山六朝墓清理记》，《福建考古资料汇编：1953—1959》	
176	福州市台江区上杭路彩气山	南朝	盘口壶 1、双系罐 5、碟 2、碗 4	铜环 2、"大泉五十"铜钱 1、铁剪 1、石猪 1	《福州市彩气山南朝古墓清理记》，《福建考古资料汇编：1953—1959》	
177	福州市台江区大庙山	南朝	盘口壶、四系罐、碗等	铁剪、"大泉五十"铜钱、铜环、石猪等	《福州市发现南朝唐宋古墓》，《福建考古资料汇编：1953—1959》	
178	福州市西郊洪塘金鸡山 M1	南朝	鸡首壶 1、盘口壶 1、四系罐 3、双系小罐 2、碗 2、盅 1、鐎斗 1	陶火盆 1	《福州洪塘金鸡山古墓葬》，《考古》1992 年第 10 期	
179	福州市西郊洪塘金鸡山 M3	南朝	四系罐 1、博山炉 1、盅 5		《福州洪塘金鸡山古墓葬》，《考古》1992 年第 10 期	
180	福州市西郊洪塘金鸡山 M4	南朝	盅 3		《福州洪塘金鸡山古墓葬》，《考古》1992 年第 10 期	
181	福州市西郊洪塘金鸡山 M5	南朝	双系罐 3、碗 1、博山炉 1、鐎斗 1		《福州洪塘金鸡山古墓葬》，《考古》1992 年第 10 期	
182	福州市西郊洪塘金鸡山 M9	南朝	盘口壶 2、四系罐 2、双系小罐 2、盆 1、博山炉 1、鐎斗 1、砚 1、五盅盘 1	陶火盆 1、铜镜 1	《福州洪塘金鸡山古墓葬》，《考古》1992 年第 10 期	
183	福州马佬山 M3	南朝	未公开发表	未公开发表	《福建六朝墓初论》，《福建文博》1987 年第 2 期	

序号	出土地点／墓葬	年代／年份	出土器物		资料来源	备注
			青釉瓷	其他（陶）瓷器、其他器物		
184	福州市鼓楼区乌山园	南朝	未公开发表	未公开发表	福建博物院馆藏文物档案	
185	闽侯县白沙镇桐口乡连江园村 M1	南朝	盘口壶 1、四系罐 1、四系小罐 4、双系罐 1、碗 3、杯 5、五盅盘 1、鐎斗 1、博山炉 1	三足盆 1、铁器 1	《南福铁路古墓群发掘记》，《福建考古资料汇编：1953—1959》	
186	闽侯县白沙镇桐口乡连江园村 M11	南朝	鸡首壶、盘口壶 1、碗 8		《南福铁路古墓群发掘记》，《福建考古资料汇编：1953—1959》	
187	闽侯县荆溪镇关口村桥头山 M3	南朝	博山炉残片		《福建闽侯关口桥头山发现古墓》，《考古》1965 年第 8 期	
188	南安市丰州镇皇冠山 M1	南朝	四系罐 2、钵 2、碗 6、盏 1、盅 2、砚 1、鐎斗 1、博山炉盖 1	陶三足盘 1	《福建南安市皇冠山六朝墓群的发掘》，《考古》2014 年第 5 期	
189	南安市丰州镇皇冠山 M6	南朝	盅 1		《福建南安市皇冠山六朝墓群的发掘》，《考古》2014 年第 5 期	
190	南安市丰州镇皇冠山 M7	南朝	钵 1、碗 1、灯 1		《福建南安市皇冠山六朝墓群的发掘》，《考古》2014 年第 5 期	
191	南安市丰州镇皇冠山 M8	南朝	盘口壶 1、四系罐 1、钵 2、碗 1、博山炉 1		《福建南安市皇冠山六朝墓群的发掘》，《考古》2014 年第 5 期	
192	南安市丰州镇皇冠山 M11	南朝	盘口壶 1、四系罐 1、钵 1		《福建南安市皇冠山六朝墓群的发掘》，《考古》2014 年第 5 期	
193	南安市丰州镇皇冠山 M13	南朝	碗 2		《福建南安市皇冠山六朝墓群的发掘》，《考古》2014 年第 5 期	
194	南安市丰州镇皇冠山 M14	南朝	碗 1、盏 1	滑石猪 2、银指环 1、铁剪 1	《福建南安市皇冠山六朝墓群的发掘》，《考古》2014 年第 5 期	
195	南安市丰州镇皇冠山 M17	南朝	鸡首壶 1、盘口壶 2、双系带流罐 1、钵 2、唾壶 1、博山炉座 1、虎子 1		《福建南安市皇冠山六朝墓群的发掘》，《考古》2014 年第 5 期	
196	南安市丰州镇皇冠山 M18	南朝	盘口壶 2、双系罐 1、碗 2、盏 1、托盘 1、器盖 1		《福建南安市皇冠山六朝墓群的发掘》，《考古》2014 年第 5 期	
197	南安市丰州镇皇冠山 M21	南朝	钵 1	金指环 1、铁剪 1	《福建南安市皇冠山六朝墓群的发掘》，《考古》2014 年第 5 期	

序号	出土地点／墓葬	年代／年份	出土器物 青釉瓷	其他（陶）瓷器、其他器物	资料来源	备注
198	南安市丰州镇皇冠山 M22	南朝	盘口壶2、双系小罐4、盅1、钵1、砚1	铜带扣1、铜带饰2、料珠串1、铁剪1	《福建南安市皇冠山六朝墓群的发掘》，《考古》2014年第5期	
199	南安市丰州镇皇冠山 M23	南朝	盘口壶1、钵1、盏1		《福建南安市皇冠山六朝墓群的发掘》，《考古》2014年第5期	
200	南安市丰州镇皇冠山 M25	南朝	四系罐1、钵2、碗3、盏3、博山炉座1		《福建南安市皇冠山六朝墓群的发掘》，《考古》2014年第5期	
201	南安市丰州镇皇冠山 M27	南朝	碗1、砚1		《福建南安市皇冠山六朝墓群的发掘》，《考古》2014年第5期	
202	南安市丰州镇皇冠山 M28	南朝	盘口壶1、双系小罐1、钵1、盏2、盅1	料珠串1	《福建南安市皇冠山六朝墓群的发掘》，《考古》2014年第5期	
203	南安市丰州镇皇冠山 M30	南朝	盘口壶1、四系罐2、钵2、碗2、盅1		《福建南安市皇冠山六朝墓群的发掘》，《考古》2014年第5期	
204	南安市丰州镇皇冠山 M32	南朝	钵1、碗2、盏1		《福建南安市皇冠山六朝墓群的发掘》，《考古》2014年第5期	
205	南安市丰州镇皇冠山 M33	南朝	盘口壶2、双系大罐2、钵2、碗2、盏2	料珠串1	《福建南安市皇冠山六朝墓群的发掘》，《考古》2014年第5期	
206	南安市丰州镇皇冠山 2008 M2	南朝	盘口壶1、四系罐1、带流罐1、罐1、盅1、杯2、器盖1		《福建泉州南安丰州发现两座六朝墓》，《东南文化》2010年第3期	
207	南安市丰州镇华侨中学 M1	南朝	双系罐2、筒形罐1、小罐1、碗1、钵1、盘1、盂1	铁剪1、铁块数件	《福建南安丰州东晋、南朝、唐墓清理简报》，《考古通讯》1958年第6期	
208	南安市丰州镇华侨中学 M5	南朝	碗1		《福建南安丰州东晋、南朝、唐墓清理简报》，《考古通讯》1958年第6期	
209	南安市丰州镇华侨中学 M11	南朝	盘口壶1、四系罐1、双系（四系）小罐8、碗4、钵1、三足盘1、鐎斗1、博山炉1、虎子1、五盅盘1		《福建南安丰州东晋、南朝、唐墓清理简报》，《考古通讯》1958年第6期	
210	南安市丰州镇华侨中学 M12	南朝	盘口壶1、四系罐1、罐1、碗4、碟1、钵1、鐎斗1、博山炉1		《福建南安丰州东晋、南朝、唐墓清理简报》，《考古通讯》1958年第6期	

序号	出土地点／墓葬	年代／年份	出土器物		资料来源	备注
			青釉瓷	其他（陶）瓷器、其他器物		
211	南安市丰州镇华侨中学 M13	南朝	盘口壶1、四系罐2、罐2、碗4、碟1、钵1		《福建南安丰州东晋、南朝、唐墓清理简报》，《考古通讯》1958年第6期	
212	南安市丰州镇华侨中学 M14	南朝	碟1		《福建南安丰州东晋、南朝、唐墓清理简报》，《考古通讯》1958年第6期	
213	南安市丰州镇华侨中学 M15	南朝	碗1		《福建南安丰州东晋、南朝、唐墓清理简报》，《考古通讯》1958年第6期	
214	南安市丰州镇华侨中学 M16	南朝	六系罐1、碗、罐残器若干		《福建南安丰州东晋、南朝、唐墓清理简报》，《考古通讯》1958年第6期	
215	南安市丰州镇狮子山 M3	南朝	碗3		《福建南安丰州狮子山东晋墓》，《考古》1983年第11期；《福建南安丰州狮子山东晋古墓（第一批）发掘简报》，《文物资料丛刊1》	
216	永春县无里街华岩村金峰山南麓崇贤中学 M1	南朝	盘口壶1、钵1、碗1、盏1		《永春清理两座南朝墓葬》，《福建文博》2007年第2期	
217	晋江市池店镇浯潭土窑 M9	南朝	盘口壶1、带流双系罐1、六系罐1、碗3、钵2、鐎斗1		《池店平原南朝隋唐墓清理简报》，《福建文博》2000年第1期	
218	晋江市池店镇浯潭土窑 M10	南朝	双系罐1、碗1、钵1		《池店平原南朝隋唐墓清理简报》，《福建文博》2000年第1期	
219	晋江市池店镇浯潭土窑 M11	南朝	钵1、杯1、碟1		《池店平原南朝隋唐墓清理简报》，《福建文博》2000年第1期	
220	霞浦县沙江镇古县村 M9	南朝	盘口壶1、四系罐2、双系罐3、钵1、碗2、盅7、鐎斗1		《福建霞浦两晋南朝唐墓》，《福建文博》1995年第1期	
221	霞浦县沙江镇古县村 M11	南朝	盘口壶2、钵1、碗3、盅5		《福建霞浦两晋南朝唐墓》，《福建文博》1995年第1期	
222	霞浦县沙江镇古县村 M12	南朝	钵1、盘1	陶釜1	《福建霞浦两晋南朝唐墓》，《福建文博》1995年第1期	
223	政和县石屯镇松源村凤凰山 M1	南朝	盏1		《福建政和石屯六朝墓发掘简报》，《文物》2014年第2期；《政和六朝隋唐墓》，海峡书局	
224	政和县石屯镇松源村凤凰山 M3	南朝	盏1		《福建政和石屯六朝墓发掘简报》，《文物》2014年第2期；《政和六朝隋唐墓》，海峡书局	

附录：墓葬一览表

序号	出土地点／墓葬	年代／年份	出土器物 青釉瓷	出土器物 其他（陶）瓷器、其他器物	资料来源	备注
225	政和县石屯镇松源村凤凰山 M4	南朝	盘口壶 1、碗 1、盅 2		《福建政和石屯六朝墓发掘简报》，《文物》2014 年第 2 期；《政和六朝隋唐墓》，海峡书局	
226	政和县石屯镇松源村凤凰山 M8	南朝	盏 1	铁刀 1	《福建政和石屯六朝墓发掘简报》，《文物》2014 年第 2 期；《政和六朝隋唐墓》，海峡书局	
227	政和县石屯镇松源村凤凰山 M9	南朝	盘口壶 1、双系罐 1、唾壶 1、博山炉 1、碗 1、五盅盘 1、盏 6、纺轮 1	铁剪 1	《福建政和石屯六朝墓发掘简报》，《文物》2014 年第 2 期；《政和六朝隋唐墓》，海峡书局	
228	政和县石屯镇松源村凤凰山 M10	南朝	盏 3、器盖 1		《福建政和石屯六朝墓发掘简报》，《文物》2014 年第 2 期；《政和六朝隋唐墓》，海峡书局	
229	政和县石屯镇松源村凤凰山 M12	南朝	盅 1		《福建政和石屯六朝墓发掘简报》，《文物》2014 年第 2 期；《政和六朝隋唐墓》，海峡书局	
230	政和县石屯镇松源村凤凰山 M14	南朝	盅 1		《福建政和石屯六朝墓发掘简报》，《文物》2014 年第 2 期；《政和六朝隋唐墓》，海峡书局	
231	政和县石屯镇松源村凤凰山 M29	南朝	盏 6	铁剪 1	《福建政和石屯六朝墓发掘简报》，《文物》2014 年第 2 期；《政和六朝隋唐墓》，海峡书局	
232	政和县石屯镇松源村凤凰山 M37	南朝	盘 1、盅 1		《福建政和石屯六朝墓发掘简报》，《文物》2014 年第 2 期；《政和六朝隋唐墓》，海峡书局	
233	政和县石屯镇松源村凤凰山 M41	南朝	盘口壶 2、盏 4、盅 1		《福建政和石屯六朝墓发掘简报》，《文物》2014 年第 2 期；《政和六朝隋唐墓》，海峡书局	
234	政和县石屯镇松源村凤凰山 M46	南朝	盏 1、盅 3		《福建政和石屯六朝墓发掘简报》，《文物》2014 年第 2 期；《政和六朝隋唐墓》，海峡书局	
235	政和县石屯镇松源村凤凰山 M48	南朝	盏 1、盅 4		《福建政和石屯六朝墓发掘简报》，《文物》2014 年第 2 期；《政和六朝隋唐墓》，海峡书局	
236	政和县石屯镇洋后村龟山 M1	南朝	碗 1、盏 6		《福建政和石屯六朝墓发掘简报》，《文物》2014 年第 2 期；《政和六朝隋唐墓》，海峡书局	
237	政和县石屯镇洋后村龟山 M2	南朝	盏 1		《福建政和石屯六朝墓发掘简报》，《文物》2014 年第 2 期；《政和六朝隋唐墓》，海峡书局	

序号	出土地点/墓葬	年代/年份	出土器物		资料来源	备注
			青釉瓷	其他（陶）瓷器、其他器物		
238	政和县石屯镇洋后村龟山 M3	南朝	盅 1		《福建政和石屯六朝墓发掘简报》，《文物》2014 年第 2 期；《政和六朝隋唐墓》，海峡书局	
239	政和县石屯镇洋后村龟山 M4	南朝	盏 1、盅 2		《福建政和石屯六朝墓发掘简报》，《文物》2014 年第 2 期；《政和六朝隋唐墓》，海峡书局	
240	政和县石屯镇洋后村龟山 M6	南朝	盏 5		《福建政和石屯六朝墓发掘简报》，《文物》2014 年第 2 期；《政和六朝隋唐墓》，海峡书局	
241	政和县石屯镇洋后村龟山 M12	南朝	盏 1	铁刀 1	《福建政和石屯六朝墓发掘简报》，《文物》2014 年第 2 期；《政和六朝隋唐墓》，海峡书局	
242	政和县石屯镇洋后村龟山 M16	南朝	钵 1、碗 1、盘 1、盅 3		《福建政和石屯六朝墓发掘简报》，《文物》2014 年第 2 期；《政和六朝隋唐墓》，海峡书局	
243	政和县石屯镇长城村罗金奎山 M1	南朝	盘口壶 1、碗 2、盏 7		《福建政和石屯六朝墓发掘简报》，《文物》2014 年第 2 期；《政和六朝隋唐墓》，海峡书局	
244	政和县石屯镇蝴蝶街村后山 M4	南朝	碗 2、盏 8、盘 1	铁剪 1	《福建政和石屯六朝墓发掘简报》，《文物》2014 年第 2 期；《政和六朝隋唐墓》，海峡书局	
245	浦城县吕处坞村后门山会窑 M4	南朝	四系罐 1、盅 4、壶罐残片若干		《浦城吕处坞会窑古墓群清理简报》，《福建文博》1991 年第 1—2 期合刊	
246	建瓯市水西山麓 M1	南朝	盘口壶 1、四系盖罐 2、四系小盖罐 1、大碗 2、小碗 4、盘 1、五盅盘 1	铜镜 1	《福建建瓯水西山南朝墓》，《考古》1965 年第 4 期	
247	建瓯市水西山麓 M2	南朝	盘口壶 2、六系罐 1、四系罐 5、瓶 2、大碗 5、小碗 2、五盅盘 1、托盘 2、盘 2	铜镜 1、铁剪残器 1	《福建建瓯水西山南朝墓》，《考古》1965 年第 4 期	
248	建瓯市东峰村春坑口 M2	南朝	盘口壶 1		《福建建瓯市东峰村六朝墓》，《考古》2015 年第 9 期	
249	建瓯市东峰村春坑口 M5	南朝	盘 1		《福建建瓯市东峰村六朝墓》，《考古》2015 年第 9 期	
250	建瓯市东峰村春坑口 M8	南朝	碗 1		《福建建瓯市东峰村六朝墓》，《考古》2015 年第 9 期	

序号	出土地点／墓葬	年代／年份	出土器物		资料来源	备注
			青釉瓷	其他（陶）瓷器、其他器物		
251	建瓯市东峰村春坑口 M9	南朝	盘口壶1、钵1		《福建建瓯市东峰村六朝墓》，《考古》2015年第9期	
252	建瓯市东峰村春坑口 M15	南朝	钵1	陶纺轮1、陶四系罐1	《福建建瓯市东峰村六朝墓》，《考古》2015年第9期	
253	建瓯市东峰村春坑口 M16	南朝	盅2		《福建建瓯市东峰村六朝墓》，《考古》2015年第9期	
254	建瓯市东峰村牛头山 M2	南朝	碗2	釉陶罐1、陶钵4	《福建建瓯市东峰村六朝墓》，《考古》2015年第9期	
255	建瓯市东峰村牛头山 M3	南朝	盘口壶1		《福建建瓯市东峰村六朝墓》，《考古》2015年第9期	
256	建瓯市东峰村牛头山 M5	南朝	双系罐1		《福建建瓯市东峰村六朝墓》，《考古》2015年第9期	
257	将乐县水南农场 M2	南朝	碗3、三足砚1	素胎钵1、银手镯1、银钗残器2、铁器残件数件	《将乐两座南朝墓清理简报》，《福建文博》1989年第1—2期合刊	
258	福清市龙田镇上薛村虎王山	南朝晚期—隋	盘口壶1、四系罐1、双系罐2、五盅盘1、托杯1、灯1、炉1、盅4、镰斗残器1	陶灶1、陶三足盆1	《福清龙田发现南朝墓》，《福建文博》1984年第2期	
259	福州市西郊洪塘金鸡山 M10	南朝晚期—唐初	盘口壶1、四系罐2、双系小罐5、钵3、盆1、托杯1、高足杯2、博山炉2、镰斗1、砚1、五盅盘1、虎子1、唾壶2、瓶1、四管插器1	陶火盆1、水银76.5克	《福州洪塘金鸡山古墓葬》，《考古》1992年第10期	发掘报告原定南朝，但根据出土器物形制判断，更接近唐初
260	福州市鼓楼区凤凰山	南朝晚期—唐初	盘口壶1、四系罐1、双系罐5、碗2、杯1、等1、博山炉1、镰斗1	陶三足盆1	《福州市西门外凤凰山唐墓清理简报》，《福建考古资料汇编：1953—1959》	
261	闽侯县荆溪镇杜武山	南朝晚期—唐初	盘口壶1、四系罐2、双系罐4、托杯1、托碗3、灯1、虎子1、镰斗1、五盅盘1、砚1、四管插器1、博山炉1、钵1、瓶1、碗1	铁钉4	《福建闽侯荆山、杜武南朝、唐墓清理记》，《考古》1959年第4期	发掘报告原定隋—唐初。但根据出土器物形制判断，更接近南朝晚期

序号	出土地点/墓葬	年代/年份	出土器物		资料来源	备注
			青釉瓷	其他（陶）瓷器、其他器物		
262	南安市丰州镇华侨中学 M9	南朝晚期—唐初	盘口壶1、四系罐1、六系罐1、碗4、钵1、杯盘1、插器1、四管插器1、瓶1、虎子1、镟斗1、博山炉1、盘1、罐残器2		《福建南安丰州东晋、南朝、唐墓清理简报》，《考古通讯》1958年第6期	
263	晋江市内坑镇吕厝 M1	南朝晚期—唐早期	盘口壶2、四系罐1、六系罐1、双系罐3、碗2、钵1、镟斗1、博山炉1、砚1、四管插器1、五盅盘1、盏托2、唾壶1、托杯1、烛台1、高足盘1、虎子1	陶灶1、陶三足盆1	《晋江市内坑吕厝唐墓发掘简报》，《福建文博》2011年第2期	
264	晋江市池店镇霞福村 M2	隋开皇十二年（592年）	双系罐5、碗1、钵1、杯1、托杯3、唾壶1、水盂1、瓶1、镟斗1、三足火盆1、三足炉1、五盅盘1、虎子1、插器1、四管插器1、砚1	陶灶1、铁剪1、短剑1、不求人1、玉簪1	《池店平原南朝隋唐墓清理简报》，《福建文博》2000年第1期	墓砖见"壬子"铭，年代根据铭文及器物研制推断
265	惠安县涂寨镇曾厝村 M1	隋开皇十七年（597年）	盘口壶1、四系罐1、双系罐4、博山炉1、四管插器1、镟斗1、托杯1、钵2、碗1、盏托3、缸1、瓶1	陶砚1	《福建惠安县曾厝村发现两座隋墓》，《考古》1998年11期	
266	惠安县涂寨镇曾厝村 M2	隋开皇十七年（597年）	盘口壶1、四系罐1、六系罐1、双系罐4、瓶2、唾壶1、托杯4、盏托1、钵1、盂1、缸1、单管插器1、博山炉1、五盅盘1、镟斗1	陶灶1、陶挡火板1、陶勺2、陶碗1、陶三足盆1、陶砚1、铜饰件残器1、铁棺钉4	《福建惠安县曾厝村发现两座隋墓》，《考古》1998年11期	
267	福州市台江区横山福州八中内	隋大业五年（609年）	盘口壶1、双系罐1、豆2、瓶3、五盅盘残器2	陶碗残器2	《福州市横山隋墓清理记》，《福建考古资料汇编：1953—1959》	

序号	出土地点／墓葬	年代／年份	出土器物		资料来源	备注
			青釉瓷	其他（陶）瓷器、其他器物		
268	晋江市池店镇霞福村 M1	隋	碗1、钵3、托杯3、五盅盘1、唾壶1、鐎斗1、三足炉1、杯1、插器1	陶灶、陶三足盆1	《池店平原南朝隋唐墓清理简报》，《福建文博》2000年第1期	墓室与霞福村M2相连，随葬品器型风格相近，年代应大致相同
269	晋江市池店镇霞福村 M3	隋	双系罐5、钵2、高足杯2、托杯1、五盅盘1、瓶1、唾盂1、灯1、博山炉1、鐎斗1	陶灶1、陶三足盆1	《池店平原南朝隋唐墓清理简报》，《福建文博》2000年第1期	墓室与霞福村M2相连，随葬品器型风格相近，年代应大致相同
270	将乐县古镛镇张公村罗布山	隋	豆1、碗13		《将乐县发现隋代古墓》，《福建文博》1991年第1—2期合刊	
271	崇安黄土 M4	隋—唐初	盘口壶1、双系罐1、杯1、印花钵1		《崇安黄土隋唐墓清理简报》，《福建文博》1986年第1期	
272	福州马佬山 M2	隋—唐初	未公开发表	未公开发表	《福建隋唐墓葬的分期问题》，《福建文博》1989年第1—2期合刊	
273	福州大城山	隋—唐初	未公开发表	未公开发表	《福建隋唐墓葬的分期问题》，《福建文博》1989年第1—2期合刊	
274	政和县石屯镇洋后村龟山 M5	唐贞观二年（628年）	盘口小罐1、碗1、盅2	铁刀1	《政和六朝隋唐墓》，海峡书局	
275	晋江市内坑镇割州（葛州）村	唐贞观四年（630年）	盘口壶、双系罐、碗、盏、五盅盘、虎子等		晋江市博物馆文物藏品档案	
276	永春县金峰山 M4	唐贞观二十一年（647年）	碗1、砚1、双孔插器1		《福建永春金峰山唐墓》，《福建文博》1983年第1期	
277	泉州市洛江区河市镇梧宅村	唐贞观二十二年（648年）	盘口壶3、双系罐5、托杯6、盏2、三足砚1、五盅盘1、盂1、单管插器1、盅2、烛台1、瓶1、盆1、虎子1、碗1、鐎斗1	三足盆1、陶灶1、铜带扣1	《泉州河市梧宅唐墓清理简报》，《福建文博》2006年第1期	
278	永春县金峰山 M1M2	唐永徽二年（651年）	盘口壶、双系罐、碗、钵、盅、盂、托杯、瓶、唾壶、插器、五盅盘、砚等约七十余件	陶三足盆、陶灶、陶甑、陶勺、铜钱、铜饰件、铁剪刀	《福建永春金峰山唐墓》，《福建文博》1983年第1期	

序号	出土地点/墓葬	年代/年份	出土器物		资料来源	备注
			青釉瓷	其他（陶）瓷器、其他器物		
279	永春县金峰山 M3	唐永徽二年（651年）	盘口壶2、双系罐1、双系小罐5、托杯2、碗2、盂2、瓶1、唾壶2、五盅盘1、三足炉1、虎子1、砚1、灯1、单管插器1、鐎斗1	陶三足盆1、陶灶1、铜带扣（付）1、铁棺钉5	《福建永春金峰山唐墓》，《福建文博》1983年第1期	
280	南安市水头镇康店	唐永徽五年（654年）	双系罐4、钵4、碟3、高足灯2、烛台1、三足炉2、鐎斗1、五盅盘1	陶灶1、陶钵2、陶甑1、陶勺1	南安市博物馆文物藏品档案	
281	安溪县后垵村 M1-M5	唐乾封二年（667年）	盘口壶3、四系罐3、双系罐1、双系小罐6、罐6、小罐5、钵4、盅8、盂1、碟10、瓶8、灯3、单管插器1、双管插器2、托杯3、砚4、鐎斗5、三足盆4	陶虎子4、陶灶4、陶挡火板1、陶勺1、陶三足盆2	庄为矶：《海上集》，厦门大学出版社，1996年。《福建安溪后垵唐墓清理简报》，《福建文博》2005年第4期	
282	宁化县第六中学校园内	唐总章元年（668年）	碗7		《宁化六中唐墓清理简报》，《福建文博》1984年第2期	
283	政和县石屯镇洋后村龟山 M8	唐总章元年（668年）	砚1		《福建政和石屯六朝墓发掘简报》，《文物》2014年第2期；《政和六朝隋唐墓》，海峡书局	
284	政和县石屯镇洋后村龟山 M11	唐总章元年（668年）	小罐1		《福建政和石屯六朝墓发掘简报》，《文物》2014年第2期；《政和六朝隋唐墓》，海峡书局	
285	政和县石屯镇洋后村龟山 M14	唐总章元年（668年）	盂1、纺轮1	铁剪1	《福建政和石屯六朝墓发掘简报》，《文物》2014年第2期；《政和六朝隋唐墓》，海峡书局	
286	南安市梅亭村 M1	唐咸亨元年（670年）	残片若干		《南安唐墓清理简报》，《福建考古资料汇编：1953—1959》	
287	南安市梅亭村 M2	唐咸亨元年（670年）	盘口壶1、双系罐1、碗3、三足盘1、鐎斗1、虎子1、带座器3?、残片若干	陶灶1、铁钉3	《南安唐墓清理简报》，《福建考古资料汇编：1953—1959》	

序号	出土地点/墓葬	年代/年份	出土器物		资料来源	备注
			青釉瓷	其他（陶）瓷器、其他器物		
288	南安市梅亭村M3	唐咸亨元年（670年）	盘口壶1、双系罐1、双系小罐4、碗5、钵1、托杯2、瓶4、五盅盘1、双管插器1、虎子1、三足盘1、镣斗1、带座器4？	陶灶1、陶盆1	《南安唐墓清理简报》，《福建考古资料汇编：1953—1959》	
289	泉州河市镇杉宫山M1M2	唐咸亨二年（671年）	盘口壶、四系罐、双系罐、瓶、盂、碗、盏、甑、灶、灯、虎子、砚、五盅盘等三十九件		《泉州河市公社发现唐墓》，《考古》1984年第12期	
290	将乐县古镛镇桃村机砖厂M1	唐上元二年（675年）	钵2、碗3、唾壶1	陶双系罐1、铜钵1	《将乐桃村发现唐墓》，《福建文博》2004年第2期	
291	莆田市城厢区下郑村	唐上元三年（676年）	盘口壶2、四系罐1、双系罐5、碗3、托杯8、五盅盘1、三足盘1、镣斗1、唾壶2、瓶2、盂1、虎子1、单管插器1、灯1、钵1、盆1	陶盆2、铜带扣残器1副、"开元通宝"铜钱残器2	《福建莆田唐墓》，《考古》1984年第4期	
292	永春县第八中学M1	唐上元三年（676年）	盘口壶1、双系罐1、小罐5、碗1、盅2、托杯2、五盅盘1、灯1、虎子1	陶灶1套（灶1、釜2、勺1、挡火板1）铜带钩1	《永春唐上元三年墓》，《福建文博》2007年第3期	
293	永春县第八中学M2	唐上元三年（676年）	盘口壶1、双系罐4、罐1、盅2、钵2、托杯2、五盅盘1、灯1、甑2、三足炉2、壶1、插器1、灯1	陶灶2	《永春唐上元三年墓》，《福建文博》2007年第3期	
294	厦门市仙岳路	唐大中十年（856年）	四系罐3、双系罐1、碗1、谷仓1		《唐陈元通夫妇墓》，文物出版社，2016年	
295	泉州东郊徐公岭（顶、下）石井乡	唐大中十一年（857年）	罐、碗、瓶等	铜钱若干、铜镜残器、钗	《最早记载厦门历史的文物——唐许氏故夫人墓志》，《福建论坛（文史哲版）》，1986年02期	
296	厦门市仙岳路	唐咸通三年（862年）	双系罐1、褐绿彩双系罐1、盖罐3、罐1、碗1	白釉碗1、银器、铜器、铁器等	《唐陈元通夫妇墓》，文物出版社，2016年	

序号	出土地点/墓葬	年代/年份	出土器物		资料来源	备注
			青釉瓷	其他（陶）瓷器、其他器物		
297	福州市晋安区登云水库 M1	唐初	盘口壶1、四系罐2、双系罐5、钵1、碗1、杯2、盂1、瓶1、插器1、博山炉1、镰斗1	陶三足盆1	《福州东门外登云乡唐宋古墓清理简报》，《福建考古资料汇编：1953—1959》	
298	福州市长乐区潭头镇二刘村	唐初	盘口壶2、双系罐1、双系小罐5、托杯3（一残）、钵1、小钵2、碟1、碗1、灯1、镰斗1、五盅盘1、唾壶2	陶三足盆1	《福州长乐潭头镇二刘村唐墓简报》，《福建文博》2005年增刊	
299	福州市新店镇战坂东室山	唐初	四系罐1、双系罐1、灯1、镰斗1	陶三足盆1	《福州新店东室山唐墓清理简报》，《福建文博》2003年第2期	
300	福州市晋安区康山南侧	唐初	盘口壶1、四系罐1、钵1、托杯2、盂2、瓶2、唾壶1、五盅盘1、三管插器1、灯1、虎子1、镰斗1	三足盆1	《福建康山唐墓清理简报》，《东南文化》1993年第3期	
301	平潭平原镇仙女山	唐初	四系罐1、双系罐1、唾壶1、灯1、花口托杯1	铁剪1	《福建平潭县仙女山南朝至唐初砖室墓》，《考古学集刊 第22集》，社会科学文献出版社	
302	霞浦县沙江镇古县村 M1	唐初	双系罐2、盏1、碗1、盂1、托杯1、五盅盘1、灯1、瓶1、镰斗1	陶三足盆1	《福建霞浦两晋南朝唐墓》，《福建文博》1995年第1期	
303	政和县石屯镇长城村黄泥岭 M1	唐初	盘口壶1、碗1、盏1		《福建政和石屯六朝墓发掘简报》，《文物》2014年第2期；《政和六朝隋唐墓》，海峡书局	
304	政和县石屯镇长城村黄泥岭 M2	唐初	双系罐1、灯1、纺轮1	铜饰1	《福建政和石屯六朝墓发掘简报》，《文物》2014年第2期；《政和六朝隋唐墓》，海峡书局	
305	政和县石屯镇长城村黄泥岭 M5	唐初	罐1、盂1	陶三足盆1	《福建政和石屯六朝墓发掘简报》，《文物》2014年第2期；《政和六朝隋唐墓》，海峡书局	
306	福州市仓山区上藤路万春一三区	唐早期	盘口壶1、四系罐2、双系小罐5、钵1、碗3、大碗1、托碗2、托杯1、托盘2、唾壶1、瓶1、博山炉1、砚1、五盅盘1、灯1、镰斗1、虎子1	陶插器1、陶三足盆1、陶灶1、陶挡火板1、陶瓿1	《福州市仓山区万春一三区唐墓发掘简报》，《福建文博》2014年第3期	

序号	出土地点／墓葬	年代／年份	出土器物		资料来源	备注
			青釉瓷	其他（陶）瓷器、其他器物		
307	福州市新店镇西园村罗汉山	唐早期	盘口壶2、四系罐1、双系罐5、碗2、钵2、托杯1、托碗2、镳斗1、灯1、五盅盘1、瓶1、唾壶1、博山炉盖1		《福州新店罗汉山唐墓》，《福建文博》2005年增刊	
308	福州市晋安区省生物制药厂	唐早期	盘口壶2、双系罐5、罐1、盆1、托碗3、花口托碗1、托杯1、壶1、唾壶1、镳斗1、虎子1、砚1、四管插器、五盅盘1	陶三足盆1、陶钵1	《福州东郊清理一座唐代墓葬》，《考古》1987年第5期	
309	福州市晋安区登云水库M2	唐早期	盘口壶1、四系罐1、双系罐2、碗2、钵1、盂1、托杯6、五盅盘1、四管插器1、灯1、虎子1、镳斗1、瓶3、砚1	陶盆1	《福州东门外登云乡唐宋古墓清理简报》，《福建考古资料汇编：1953—1959》	
310	福州市晋安区登云水库M3	唐早期	盘口壶1、四系罐2、双系罐5、碗1、盂1、杯1、托杯1、五盅盘1、豆1、灯1、镳斗1、瓶1	陶三足盆1	《福州东门外登云乡唐宋古墓清理简报》，《福建考古资料汇编：1953—1959》	
311	福州市晋安区登云水库M4	唐早期	盘口壶1、双系罐1、双系小罐5、罐2、碗1、盂1、托杯6、五盅盘1、瓶1、灯1、单管插器1、虎子1、镳斗1	陶盆1、陶盘1	《福州东门外登云乡唐宋古墓清理简报》，《福建考古资料汇编：1953—1959》	
312	福州市晋安区登云水库	唐早期	盘口壶1、四系罐2、双系罐1、罐1、碗1、托杯2、五盅盘1、豆2、托杯2、插器1、灯1、虎子1、镳斗1、葫芦2	陶三足盆1、陶六足盘1	《东门外登云水库唐墓清理简报》，《福建考古资料汇编：1953—1959》	

序号	出土地点/墓葬	年代/年份	出土器物		资料来源	备注
			青釉瓷	其他（陶）瓷器、其他器物		
313	福清市苍霞村后张山 M1	唐早期	盘口壶1、四系罐2、双系小罐5、碗1、杯2、杯2、五盅盘1、瓶1、灯1、唾壶1、博山炉1、镰斗1	陶三足盆1	《福清音西苍霞唐墓》，《福建文博》2007年第4期	
314	福清市苍霞村后张山 M2	唐早期	盘口壶2、四系罐1、双系小罐5、托杯2、托盏2、钵2、盂1、五盅盘1、瓶1、灯1、唾壶1、镰斗1	陶三足盆1	《福清音西苍霞唐墓》，《福建文博》2007年第4期	
315	惠安县螺阳镇东风村上村 M1	唐早期	盘口壶6、四系罐3、双系罐3、双复系罐1、罐2、钵12、碗2、杯11、七盅盘1、二盅盘1、鼎1、砚1、烛台1	陶灶1、陶饼1、陶杵1、陶铲1、陶刀1、陶凿1、陶斧1、陶瓢1、陶勺1、陶臼1、陶磨盘钩1、铜器残器2	《福建惠安县上村唐墓的清理》，《考古》2004年第4期	墓砖铭文见"武吕"字样
316	霞浦县沙江镇古县村 M7	唐早期	双系罐3、盏2、盘1、碗2、盂1、镰斗1、杯1、五盅盘1、托杯5、唾壶2、灯1、砚1、单管插器1、虎子1		《福建霞浦两晋南朝唐墓》，《福建文博》1995年第1期	
317	霞浦县沙江镇古县村 M8	唐早期	盂1		《福建霞浦两晋南朝唐墓》，《福建文博》1995年第1期	
318	光泽县崇仁乡池湖村	唐早期	盘口壶1、四系罐1、碗6、盂2	酱釉纺轮1、铁剪1、铁刀1	《光泽发现唐代墓葬》，《福建文博》2007年第3期	
319	福州市华侨新村	唐早期—唐中期	未公开发表		《福建隋唐墓葬的分期问题》，《福建文博》1989年第1—2期合刊	
320	福州市仓山区建新镇洪塘村	唐早期—唐中期	盘口壶3、四系罐1、双系罐7、碗1、钵1、盂2、托杯6、耳杯盘1、瓶1、砚1、单管插器1、五盅盘1	陶三足盆	《福建福安、福州郊区的唐墓》，《考古》，1983年第7期	
321	福州市建新镇阳岐山 M2	唐早期—唐中期	盘口壶2、双系小罐3、碟1、盅1、唾壶1、五盅盘1、虎子1、单管插器1、托杯1、灯1、砚1	陶三足盆1	《福建福州郊区南朝墓》，《考古》1974年第4期	

序号	出土地点／墓葬	年代／年份	出土器物		资料来源	备注
			青釉瓷	其他（陶）瓷器、其他器物		
322	闽侯县荆溪镇光明村 M1	唐早期—唐中期	双系小罐5、钵2、单管插器1、托杯1、灯1	陶三足盘1	《福建福州郊区南朝墓》，《考古》1974年第4期	
323	闽侯县恒心乡洽浦村	唐早期—唐中期	盘口壶1、双系罐5、碗3、盅1、盂1、托杯4、五盅盘1、唾盂1、灯1、鐎斗1	陶灶1、"开元通宝"铜钱1	《闽侯县恒心乡唐墓清理简报》，《福建考古资料汇编：1953—1959》	
324	福清市东张镇东张水库北岸 M2	唐早期—唐中期	盘口壶3、双系罐2、双系小罐9、五盅盘2、托杯8、鐎斗2、盅2、盂2、灯2、碗1	陶三足盆2、石带饰8、石五铢钱1、铜钵1、银镯1	《福清东张唐墓》，《福建文博》2005年第3期	
325	仙游县三象乡大运村	唐早期—唐中期	盘口壶2、四系罐1、双系罐5、罐2、碗2、托碗1、托杯1、五盅盘1、四管插器1、灯1、瓶1、六足砚1、虎子1、博山炉1、鐎斗1		《仙游三象乡唐墓清理记录》，《福建考古资料汇编：1953—1959》	
326	惠安县紫山镇外国语学校	唐早期—唐中期	盘口壶3、双系小罐3、托杯5、插器1、灯1、碗2、瓶3、砚1、鐎斗1、碟2、钵1、五盅盘1	陶三足盆1	惠安县博物馆文物藏品档案	
327	安溪县县城东南	唐早期—唐中期	盘口壶1、四系罐3、双系罐1、罐1、碗1、盂4、杯1、五盅盘1、瓶1、单管插器1、虎子1、三足盘1、鐎斗1、三足炉1、甑1、灶1、勺1	陶三足盆1	《安溪唐墓发现及清理简报》，《福建考古资料汇编：1953—1959》	
328	福安溪潭镇溪北村	唐早期—唐中期	盘口壶2、四系罐1、双系罐4、盂2、盅1、钵1、托杯3、瓶1、砚1、灯1、虎子1、鐎斗1	陶三足盆1	《福建福安、福州郊区的唐墓》，《考古》1983年第7期	
329	武夷山城村 M1	唐早期—唐中期	盘口壶1、盅7、博山炉1		《武夷山城村唐墓清理简报》，《福建文博》2016年第2期	

序号	出土地点／墓葬	年代／年份	出土器物 青釉瓷	出土器物 其他（陶）瓷器、其他器物	资料来源	备注
330	崇安黄土M1M2	唐早期—唐中期	盘口壶1、双系罐1、五盅盘1、托杯2、三足盆1、炉1、灯1、插器1、砚1、碗1、虎子1	铜饰3、五铢钱3	《崇安黄土隋唐墓清理简报》，《福建文博》1986年第1期	该墓M1M2在建房时遭扰乱，因年代相距不大，故合述
331	崇安黄土M3	唐早期—唐中期	双系罐1、六盅盘1、托杯3、盅2、碗2	五铢钱2、铜钗1、铁打1	《崇安黄土隋唐墓清理简报》，《福建文博》1986年第1期	
332	福州市晋安区登云水库M5	唐中期	碗1	铜钵1、铜镜1、铜夹1、陶壶3、"开元通宝"铜钱	《福州东门外登云乡唐宋古墓清理简报》，《福建考古资料汇编：1953—1959》	
333	福清市渔溪镇水涨桥新店村	唐中期	盘口壶3	酱釉罐1、酱釉瓶1、酱釉盂1、酱釉灯1、铜杯2、铜钵残片1、"开元通宝"铜钱若干	《福清渔溪发现唐画像砖墓》，《文物》1966年第2期	
334	莆田市荔城区石盘水库	唐中期	双系罐2、罐2、碗4、钵1、耳杯1、五盅盘1、砚1、虎子1、插器1、灯2、灶1、甑1、罐残器1		《莆田石盘水库古墓》，《福建考古资料汇编：1953—1959》	
335	漳州市芗城区芝山镇康山村松柏山M2	唐中期	双系罐3	"开元通宝"铜钱28	《漳州松柏山唐宋墓葬》，《福建文博》2003年第2期	
336	漳浦县城西坡地	唐中期	四系罐1、双系罐1、葵口碗1	陶罐1	《漳浦唐五代墓》，《福建文博》2001年第1期	
337	漳浦县湖西畲族乡乡政府前	唐中期	盘口壶1、四系罐2、四系小罐1、碗1		《漳浦唐五代墓》，《福建文博》2001年第1期	
338	浦城县林化厂	唐中期	盘口壶2、双系罐1、钵3	铜镜1、铜镦斗1、铜提梁壶1	《浦城县林化厂工地唐墓出土物简介》，《福建文博》1987年第1期	
339	漳州市芗城区芝山镇康山村松柏山M4	唐中期—唐晚期	双系罐2	陶釜2	《漳州松柏山唐宋墓葬》，《福建文博》2003年第2期	
340	晋江市紫帽镇园坂村	唐中期—唐晚期	盘口壶3、双系罐1、双系小罐3、瓶2、盏6、碟2、钵2、盂1、托杯4、灯1、单管插器1、砚2、镦斗1	陶灶1	《晋江紫帽园坂村唐墓清理简报》，《福建文博》2018年第2期	

序号	出土地点/墓葬	年代/年份	出土器物		资料来源	备注
			青釉瓷	其他（陶）瓷器、其他器物		
341	武夷山市三姑旅游开发区擎日山庄旁	唐中期—唐晚期	盘口壶2、双系罐2、罐1、碗4、碟1、灯盏1	石砚1、铜镜1、铁釜1、铁刀1	《福建武夷山市发现唐墓》，《文物》2008年第6期	
342	晋江市池店镇赤塘村M13	唐晚期	盘口壶1、双系小罐2、盏2、虎子1、五盅盘1、四管插器1、镳斗1、托杯1	陶灶1、陶三足盆1	《池店平原南朝隋唐墓清理简报》，《福建文博》2000年第1期	
343	晋江市池店镇赤塘村M14	唐晚期	双系罐1、碗3	铁钉1	《池店平原南朝隋唐墓清理简报》，《福建文博》2000年第1期	
344	晋江市池店镇赤塘村M15	唐晚期	盘口壶1、双系罐1、双系小罐1、杯2		《池店平原南朝隋唐墓清理简报》，《福建文博》2000年第1期	
345	晋江市池店镇赤塘村M16	唐晚期	盘口壶2、双系罐1、双系小罐3、盏1、钵1、唾壶2、托杯2、四盅盘1、四管插器1、镳斗1、虎子1、高足杯1、砚1、鼎1、插器1		《池店平原南朝隋唐墓清理简报》，《福建文博》2000年第1期	
346	南安市丰州镇华侨中学M3	唐晚期	盘口壶2、碗4	铜镜1	《福建南安丰州东晋、南朝、唐墓清理简报》，《考古通讯》1958年第6期	
347	南安市丰州镇华侨中学M4	唐晚期	盘口壶2、四系罐1、碗3	开元通宝铜钱4	《福建南安丰州东晋、南朝、唐墓清理简报》，《考古通讯》1958年第6期	
348	南安市丰州镇华侨中学M6	唐晚期	盘口壶1、四系罐2、碗3	开元通宝铜钱6	《福建南安丰州东晋、南朝、唐墓清理简报》，《考古通讯》1958年第6期	
349	厦门市湖里区禾山镇下忠村	唐晚期	四系罐2、双系罐1	银双鱼纹碗1、双鱼纹银盏1、铜镜1、铜器柄1、铁器1、石砚1、开元通宝6	《福建厦门下忠唐墓的清理》，《考古》2002年第9期	
350	漳州市芗城区芝山镇康山村松柏山M5	唐晚期	四系罐1、执壶1、钵1	陶罐6、"开元通宝"铜钱2	《漳州松柏山唐宋墓葬》，《福建文博》2003年第2期	
351	霞浦县沙江镇古县村M2	唐晚期	盘口壶1、四系罐2、碗1		《福建霞浦两晋南朝唐墓》，《福建文博》1995年第1期	
352	漳浦县刘坂村	唐晚期	盘口壶1、双系罐2、双系小罐1、碗4	陶俑45、陶灶1、木梳1、"开元通宝"铜钱44、铁棺钉14	《福建漳浦县刘坂乡唐墓清理简报》，《考古》1959年11期	

序号	出土地点/墓葬	年代/年份	出土器物		资料来源	备注
			青釉瓷	其他（陶）瓷器、其他器物		
353	建瓯市东峰村春坑口 M4	唐晚期	双系罐1、执壶1、碗1、盅1	滑石猪1	《福建建瓯市东峰村六朝墓》，《考古》2015年第9期	
354	邵武市洪墩乡宜坊村鸡母窝山	唐晚期	盘口壶2、罐2、碗5、残器若干		《邵武鸡母窝山唐墓》，《福建文博》，1989年第1—2期合刊	
355	武夷山城村 M2	唐晚期	盘口壶1、双系罐1、碗3		《武夷山城村唐墓清理简报》，《福建文博》2016年第2期	
356	福州市晋安区赤桥村八一水库 M1	唐	四系罐1、双系罐5、碗1、钵2、盅1、托杯4、五盅盘1、插器1、镰斗1、唾壶1	陶三足盘1、铁剪1、铁棺钉4	《福州市郊"八一"水库唐墓清理简报》，《福建考古资料汇编：1953—1959》	
357	福州市晋安区赤桥村八一水库 M2	唐	盘口壶1、四系罐2、双系罐5、碗1、钵2、盅1、托杯4、五盅盘1、插器1、瓶1、镰斗1	陶三足盘1、铁棺钉6	《福州市郊"八一"水库唐墓清理简报》，《福建考古资料汇编：1953—1959》	
358	福州市鼓楼区圣王山华侨新村 M2	唐	四系罐1、双系罐3、罐1、碗2、杯2		《福州圣王山古墓清理记》，《福建考古资料汇编：1953—1959》	
359	闽侯县溪头村	唐	盘口壶3、碗1、罐12		《闽侯溪头遗址唐宋时期遗存清理简报》，《福建文博》1983年第1期	
360	闽清县坂东镇	唐	盘口壶2、双系罐4、碗1、盂1、盏托1、瓶2、虎子1、镰斗1	陶三足盆1	《闽清县坂东镇垱上村发现的唐代砖墓》，《福建考古资料汇编：1953—1959》	
361	泉州市鲤城区奇树街 M1	唐	四系罐2、盂5、碗5、三足盘2、镰斗1、炉1、五盅盘1、单管插器1、灯1、瓶1、虎子1	陶灶1、陶甑1、陶勺1、陶盆1	《福建泉州市西南郊唐墓清理简报》，《考古》1961年第12期	
362	泉州市鲤城区奇树街 M2	唐	盘口壶1、四系罐1、双系罐16、罐2、钵10、碗12、鼎2、炉2、五盅盘1、器座1、杯1、灯1、虎子1	陶灶1、陶甑1、陶火扇1	《福建泉州市西南郊唐墓清理简报》，《考古》1961年第12期	
363	泉州市鲤城区奇树街 M3	唐	双系罐2、双系小罐2、五盅盘1、鼎1、虎子1、瓶1	陶灶1、陶火扇1	《福建泉州市西南郊唐墓清理简报》，《考古》1961年第12期	

序号	出土地点/墓葬	年代/年份	出土器物		资料来源	备注
			青釉瓷	其他（陶）瓷器、其他器物		
364	泉州市鲤城区奇树街 M4	唐	盘口壶 2、碗 6、盂 4、托杯 4、灶 1、镬斗 1、灯 1、五盅盘 1、双联杯 1、虎子 1、甑 1	陶灶 1、陶盆 1	《福建泉州市西南郊唐墓清理简报》，《考古》1961 年第 12 期	
365	光泽县坪山村沈家山 M1-M5	唐	盘口壶、四系罐、碗、杯等	铁刀、铁剪、铁铢等	《光泽县发现隋唐墓葬》，《福建考古资料汇编：1953—1959》	
366	武夷山市城村后山	唐晚期—五代	盘口壶 1、碗 2、盖罐 1、盖盒 1、碟 2、盘 1、碗 2（作罈盖使用）、盖盆 1	酱釉罐 5、酱釉钵 1、酱釉执壶 2、青釉陶罈 2、酱釉陶缸 1、铁釜 1、木柄铁刀 2、铁剪 1	《武夷山市城村后山五代墓发掘简报》，《福建文博》2011 年第 1 期	
367	泉州市丰泽区群生水库	唐晚期—五代	双系罐 5、碗 3	"开元通宝"铜钱	《福建晋江莆田古墓的清理》，《福建考古资料汇编：1953—1959》	该地 1950 年—1955 年属晋江县东星乡
368	漳州市北郊红土台地莲花池山	唐晚期—五代	盅 2、纺轮 1	陶钵 2、铁剪刀 1	《漳州莲花池山遗址晚唐墓葬清理简报》，《福建文博》2006 年第 4 期	
369	泉州市丰泽区北峰镇招丰村	后梁乾化三年（913 年）	四系罐 1、四系小罐 4、双系罐 6、碗 7、执壶残柄 1、执壶盖 1	铜洗 1、铜镜 1"开元通宝"铜钱 1、铁棺钉 1、玻璃器残片 4、墓志 1	《泉州北峰五代王福墓》，《福建文博》2005 年第 3 期	
370	福州市新店镇战坂莲花峰	后唐长兴元年（930 年）	瓶 6、碟 1、残片若干	陶俑 53、石雕 4、釉陶瓶 3、白釉碗 1、鎏金"开元通宝"铜钱 1、鎏金铜钉 1、铁钉 32、墓志铭 1	《五代闽国刘华墓发掘报告》，《文物》1975 年第 1 期	
371	福州市晋安区万寿路	后唐长兴三年（932 年）	碗 1、唾壶 1、壶嘴 1	白釉盒 2、白釉碗 2、玻璃珠 1、玻璃残器 1、铁棺钉 15	《唐末五代闽王王审知夫妇墓清理简报》，《文物》1991 年第 5 期	
372	闽侯县溪头村	闽国通文二年（937 年）			《南福铁路工程中福州附近的考古发现》，《福建考古资料汇编：1953—1959》	
373	福州市鼓楼区洪山镇马坑山	后周广顺二年（952 年）	盖罐 12	青白釉粉盒 1、陶俑 16、陶多角罐 1、陶长颈盖壶 1、铜镜残器 1、铁棺钉数枚	《福州马坑山五代吴越国墓葬清理简报》，《福建文博》1999 年第 2 期	
374	漳浦县赤湖镇赤水村西侧	五代	碗 1	陶多嘴壶 1、陶罐 8、陶俑 43、砖买地券 1	《漳浦唐五代墓》，《福建文博》2001 年第 1 期	

序号	出土地点/墓葬	年代/年份	出土器物		资料来源	备注
			青釉瓷	其他（陶）瓷器、其他器物		
375	漳浦县湖西畲族乡苏溪村	五代	碗1、罐1、盘1	四系陶罐4、陶罐11、陶俑36、铜簪1、铁棺钉21	《漳浦县湖西畲族乡五代墓》，《福建文博》1988年第1期	
376	建瓯市城郊水南罐头厂M1	北宋大中祥符二年（1001）	器盖1	铜镜1、银发钗1、钱币数枚、铁棺钉11	《福建建瓯县水南宋元墓葬》，《考古》1995年第2期	铜镜上刻铭"祥符二年八月""通判莫回"
377	建瓯市城郊水南罐头厂M2	北宋大中祥符二年（1001）	盖罐1、双系盖瓶2	青白釉罐2、青白釉双系盖瓶2、青白釉碗1、铜镜1、砚盖1、铁棺钉8	《福建建瓯县水南宋元墓葬》，《考古》1995年第2期	铜镜上刻铭"大中祥符二年八月"、"建州院前行陈谪龙"
378	建瓯市东门油库	北宋咸平六年（1003年）	未公开发表	未公开发表	《福建宋墓分期研究》，《考古》1992年第5期，建瓯市博物馆馆藏文物档案	
379	建瓯市迪口镇政府	北宋庆历三年（1043年）	执壶1	青白釉碗1、青白釉盖罐2、青白釉盖瓶1、酱釉盖罐1、三彩水盂1、酱釉多角罐1、陶谷仓2、陶灶1、"祥符通宝"铜钱、"天圣通宝"铜钱、"开元通宝"铜钱	《福建建瓯市迪口北宋纪年墓》，《考古》1997年第4期	该墓出土的执壶，发掘报告原记为青釉瓷，但根据实物判断，应为青白釉瓷
380	建阳区将口	北宋嘉祐八年（1063年）	未公开发表	未公开发表	《福建宋墓分期研究》，《考古》1992年第5期，南平市建阳区博物馆馆藏文物档案	
381	福州市鼓楼区祭酒岭金牛山	北宋熙宁五年（1072年）	对嘴盖壶3、盖罐12	陶棺4、陶龟1、砖墓契3	《福州市西门外宋代火葬墓清理记》，《福建考古资料汇编：1953—1959》	
382	福州市鼓楼区西湖边	北宋元丰年（1078—1085年）	碗、罐等	陶棺、陶多嘴壶等	《福州市发现宋代砖墓一座》，《福建考古资料汇编：1953—1959》	
383	建阳区麻沙	北宋元丰三年（1080年）	未公开发表	未公开发表	《福建宋墓分期研究》，《考古》1992年第5期	
384	建阳区莒口	北宋政和八年（1118年）	未公开发表	未公开发表	《福建宋墓分期研究》，《考古》1992年第5期	
385	安溪县后按大人公宫	北宋宣和四年（1122年）	罐2		《略述安溪纪年墓和带款识几件外销瓷器》，《福建文博》1993年第1—2期合刊	火葬墓，墓主为黄十娘

序号	出土地点／墓葬	年代／年份	出土器物		资料来源	备注
			青釉瓷	其他（陶）瓷器、其他器物		
386	顺昌县埔上镇东源村	北宋元祐—绍圣（1086—1098年）	堆塑瓶2、盖罐4、小罐4、执壶1、长方几1、榻1、衣架1、脸盆架1、笔架1、锅1、灶1、锅座1、提梁桶2、香炉1碟1	素胎炉1	《顺昌宋墓出土青瓷家具明器》，《福建文博》1990年第2期	该墓出土的部分瓷器，发掘报告原记为青釉瓷，但根据实物判断，应为青白釉瓷。
387	政和县东平镇营前村M1	北宋中期	碗1	青白釉碗5、酱釉壶1铁刀1、铁剪1、铁炉1、铜钱43、铁棺钉19	《长汀、政和县宋墓发掘简报》，《福建文博》2014年第1期	
388	政和县东平镇营前村M2	北宋中期	碗2、盖罐5	青白釉碗4、铁锅1、铁刀1、铜钱24、铁棺钉20	《长汀、政和县宋墓发掘简报》，《福建文博》2014年第1期	
389	顺昌县洋口镇石溪村大坪林场	北宋中晚期	碗5、盏7、盏托5、执壶1、瓶2、罐1、堆塑盖瓶3、谷仓1、残片2	酱釉执壶1、黑釉盏2、青白釉高足杯2、青白釉器盖1、陶灶1、铁锅1、铜镜1、铜钱30余	《福建顺昌大坪林场宋墓》，《文物》，1983年第8期	
390	顺昌县水泥厂工地	北宋晚期	谷仓1、多角罐1	青白釉碗1、青白釉盏1、青白釉多角罐1	《福建顺昌出土宋代釉下彩瓷器》，《考古》1991年第2期	
391	漳浦县赤上镇埔阳村	北宋晚期	罐2、谷仓1	陶杯4、钱币2	《福建漳浦发现一座北宋墓》，《考古》1990年第8期	
392	顺昌县埔上镇连坑村九龙山	北宋	多嘴罐1、瓶1、碗5、谷仓3、执壶1、壶2	青白釉罐1、青白釉注碗3、青白釉盂1、青白釉碗6、陶罐4、铁鼎1、铁刀1	《福建顺昌宋墓》，《考古》1979年第6期	
393	顺昌县大干镇大干村	北宋	执壶2、罐3、盏托3、谷仓2	青白釉盖罐2、青白釉注碗3、青白釉盏托1、青白釉碗5、黑釉盏4、陶灯1、石灶1、铜钱10、铁棺钉数枚	《福建顺昌宋墓》，《考古》1979年第6期	该墓出土的部分瓷器，发掘报告原记为青釉瓷，但根据实物判断，应为青白釉瓷
394	顺昌县大干镇良坊村	北宋	罐9、执壶2、盏托1、杯2、碗1、盖瓶2、多角瓶1	白釉罐4、白釉碗1、白釉盏1、白釉执壶1、青白釉碗2、青白釉碟3、青白釉托座1、青白釉罐7、青白釉执壶3、青白釉盖瓶2、青白釉多角瓶2、青白釉狗1、青白釉鸟1、黑釉盏3、砚1、铜镜1、铜钱34	《福建顺昌县北宋墓清理简报》，《考古》1987年第3期	该墓出土的部分瓷器，发掘报告原记为青釉瓷，但根据实物判断，应为青白釉瓷

序号	出土地点／墓葬	年代／年份	出土器物		资料来源	备注
			青釉瓷	其他（陶）瓷器、其他器物		
395	政和县东平镇凤头村下凤山	北宋	未公开发表	未公开发表	政和县博物馆文物藏品档案	
396	政和县熊山街道稻香村	北宋	未公开发表	未公开发表	政和县博物馆文物藏品档案	
397	将乐县水南镇水南工业小区龙灯山 M1	北宋	碗3、碟2、罐3、执壶1、谷仓2	青白釉碗3、陶囷1	《将乐县水南镇龙灯山宋墓》，《福建文博》2004年第2期	
398	尤溪县城关公山北坡	北宋	盏1	酱釉钵1、陶罐8、陶执壶1、陶瓶1、陶俑10、铜镜1、铜钱4、铁棺钉13、铁棺环1	《福建尤溪城关宋代壁画墓》，《文物》1988年第4期	
399	尤溪县团结村潘山南坡山腰	北宋	罐1、盏1	酱釉盖罐1、石俑3、石鸟1、石鱼1、铜镜1、铜钱7	《福建尤溪宋代壁画墓》，《文物》1985年第6期	
400	沙县琅口镇琅口村下瓦窑山 M1	北宋晚期—南宋早期	罐6、托盏1、盏1	青白釉俑1、青白釉谷仓1、铜镜1	《沙县琅口、中堡宋墓清理简报》，《福建文博》2013年第1期	
401	沙县琅口镇中堡村桔山 M2	北宋晚期—南宋早期	盘口壶1、罐1、小罐5、执壶1、钵1、盏1	青白釉碗2、青白釉执壶1、青白釉谷仓1、石砚1	《沙县琅口、中堡宋墓清理简报》，《福建文博》2013年第1期	
402	将乐县水南镇积善村 M7	北宋晚期—南宋	碗1、杯1、器盖1	酱釉罐1、石砚1、银烛台2、"熙宁重宝"铜钱、"景德元宝"铜钱	《将乐县积善宋元墓群发掘简报》，《福建文博》2009年第4期	
403	将乐县水南镇积善村 M8	北宋晚期—南宋	碗1		《将乐县积善宋元墓群发掘简报》，《福建文博》2009年第4期	
404	将乐县水南镇积善村 M15	北宋晚期—南宋	杯4、罐1、小罐4、盏托2、执壶1、器盖1、谷仓1、堆塑瓶1	青白釉碗3、青白釉盘2、铁器1	《将乐县积善宋元墓群发掘简报》，《福建文博》2009年第4期	
405	福州市鼓楼区圣王山华侨新村 M3	北宋末—南宋	罐1、盘1、碗1、小盖罐12	绿釉谷仓、铜碗1、铜饰3、铜钱103、石鱼2、石俑2、石鸡1、石朱雀1、石玄武1、石狗1、石佛像1铁板1、铁棺坯1、铁棺钉27	《福州圣王山古墓清理记》，《福建考古资料汇编：1953—1959》	
406	福建农学院方厝工地	南宋绍兴元年（1131年）	盖罐1	铁剪1、铜钱10、砚1、棺钉、残漆皮若干	《福州市福建农学院方厝工地第25号宋墓清理记录》，《福建考古资料汇编：1953—1959》	墓主为许氏

序号	出土地点/墓葬	年代/年份	出土器物		资料来源	备注
			青釉瓷	其他（陶）瓷器、其他器物		
407	泉州市城东街道前头村桃花山	南宋绍兴二十一年（1151年）	罐1	白釉碗1、陶青龙1、陶白虎1、陶朱雀1、陶玄武1	《泉州、南安发现宋代火葬墓》，《文物》1975年第3期	白釉碗底外壁写"绍兴二十一年九月廿三日庚申□"，碗底有方框，内写"辛入乙方"四字
408	南平市延平区南山镇M1	南宋乾道七年（1171年）	盂1	青白釉碟2、青白釉盒2、青白釉炉2、酱釉罐1、酱釉三系罐1、酱釉四系盖罐4、酱釉釜1、陶盖罐5、陶盆1、陶灶1、陶堆塑瓶2、陶仓2、铜镜1、"开元通宝"铜钱、铁地券1、墓志2	《福建南平市南山镇发现一座宋墓》，《考古》2004年第11期	
409	南安市城关三堡村	南宋淳熙十三年（1186年）	罐1	绿釉炉4、陶罐4、铁牛4、石墓志1、铁地券1	《泉州、南安发现宋代火葬墓》，《文物》1975年第3期	墓主为和义郡王赵士琂的侍妾蔡氏，卒于绍兴三十一年，葬于淳熙十三年
410	福州市石油公司	南宋嘉定三年（1210）	碗1、瓶1	陶棺4、陶壶2、铁牛1、铜镜1、石俑若干	《福州市石油公司工地宋火葬墓清理记录》，《福建考古资料汇编：1953—1959》	
411	邵武市水北镇四都村	南宋嘉定十年（1217年）	碗1、残器若干	青白釉碗3、青白釉罐1、酱釉碟2、黑釉盏1、酱釉罐2、青白釉、酱釉残器若干、"太平通宝"铜钱8、石墓志2	《邵武四都宋墓清理简报》，《福建文博》1991年第1—2期合刊	墓主为宋太宗第六子后裔赵善恭和其妻伍氏。赵善恭生于绍兴十八年，卒于嘉定十年，其妻伍氏卒于嘉定八年
412	福州市晋安区新店镇猫头山	南宋绍定四年（1231年）	杯2	多嘴陶罐1、陶盖罐16、石墓志3、石俑30、石马1、石狗2、石玄武1、石鱼1、石柱础3、石俑座1、石坠1、石牌1、石牌饰1、铜镜1、铁塔1、铁牛1、铜钱49	《福建福州郊区清理南宋朱著墓》，《考古》1987年第9期	墓主为朱著及其妻洪氏

序号	出土地点／墓葬	年代／年份	出土器物		资料来源	备注
			青釉瓷	其他（陶）瓷器、其他器物		
413	厦门市湖里区吕厝	南宋淳祐八年（1248年）	谷仓1		《一件宋代建筑图形青釉盖罐》，《文物》1999年第2期	火葬墓，墓主为王德华
414	厦门市莲花新村二期工地林氏墓	南宋宝祐元年（1253年）	钵1		《福建厦门发现宋代纪年墓》，《南方文物》2000年第1期	
415	晋江市龙湖镇	南宋景定三年（1262年）	罐1	酱釉陶盒	《宋代陶瓷葬具》，《福建文博》2000年第1期	
416	崇安造纸厂	南宋中期	罐2、碟1、盖碗1、鸡1、狗1、灶1、堆塑盖罐1、谷仓1	青白釉碗2、黑釉盏1、青白釉执壶1、提桶2、石砚1、嘉泰通宝1、元丰通宝1	《崇安出土宋墓文物》，《福建文博》，1989年第1—2期合刊	
417	浦城县仙阳镇三元村大竹山	南宋	鸟食罐1	青白釉堆塑瓶4、青白釉盒1、黑釉盏2、酱釉罐5、陶罐2、铜镜1	《浦城宋墓清理简报》，《福建文博》1990年第2期	
418	将乐县万全乡竹舟村吴地自然村M1	南宋	盅2、小罐2、执壶2、壶1、谷仓1	青白釉碗2、青白釉罐1、酱釉盘1、酱釉小罐2、银钗1	《将乐县万全乡吴地宋墓》，《福建文博》2004年第2期	
419	将乐县古镛镇百花社区花巷	南宋	盖罐1、谷仓2、执壶1、盏1、罐3、盏托2、瓶1、温壶1		《将乐县百花社区宋墓清理简报》，《福建文博》2019年第2期	
420	晋江市紫帽镇铁灶山	南宋	罐1	铜镜1、铁剪刀1、"崇宁重宝"铜钱1、墓志1、铁环3、棺钉1	《晋江铁灶山宋墓清理简报》，《福建文博》2007年第3期	
421	闽清县大安村	宋	盖罐1	陶棺1、铜象1、石俑3	《闽清大安村宋代火葬》，《福建考古资料汇编：1953—1959》	
422	连江县南塘镇虎头山M2	宋	盒1	陶地券1、多嘴罐1、陶壶3、陶罐10、陶俑20	《福建连江宋墓清理简报》，《福建考古资料汇编：1953—1959》	
423	泉州市清源山M1 M2	宋	罐2		《泉州、南安发现宋代火葬墓》，《文物》1975年第3期	
424	漳州市芗城区芝山镇康山村松柏山M6	宋	碗1		《漳州松柏山唐宋墓葬》，《福建文博》2003年第2期	
425	将乐县万安镇大布山M4	宋	盘3、炉1、残器5		《将乐县大布山南朝唐宋墓群清理简报》，《福建文博》2014年第1期	

序号	出土地点/墓葬	年代/年份	出土器物		资料来源	备注
			青釉瓷	其他（陶）瓷器、其他器物		
426	将乐县万安镇大布山 M8	宋	碗1、三足炉1、瓶1		《将乐县大布山南朝唐宋墓群清理简报》，《福建文博》2014年第1期	
427	将乐县万安镇大布山 M9	宋	器底1	青白釉碗1、青白釉罐3、铜钵、1、买地券11	《将乐县大布山南朝唐宋墓群清理简报》，《福建文博》2014年第1期	
428	将乐县城关西南梅花井村 M4	宋	碗3、盏1、俑1	青白釉器盖2、青白釉堆塑瓶3、黑釉盏1、陶谷仓2、石砚1、铁刀1	《将乐梅花井宋代墓群发掘简报》，《福建文博》2012年第2期	
429	政和县东平镇新口村	宋	未公开发表	未公开发表	政和县博物馆文物藏品档案	
430	政和县石屯镇长城村	宋	未公开发表	未公开发表	政和县博物馆文物藏品档案	
431	政和县铁山镇铁山村	宋	未公开发表	未公开发表	政和县博物馆文物藏品档案	
432	邵武市接龙头山	宋	碗、碟、尊、盆等	青白釉、黑釉瓷器若干、铜镜1、铜鎏金钗4、铜钱38、铁棺钉6	《福建邵武接龙头发现宋墓》，《考古通讯》1957年第1期	
433	邵武市沿山镇	宋	罐3、碗9、盘4	青白釉执壶1、酱釉执壶1、黑釉灯盏1、青白釉碗1、白釉罐1、碟4、陶执壶5、陶堆塑罐2、陶罐1、石砚2、铜镜2	《福建邵武沿山宋墓》，《考古》1981年第5期	
434	武夷山市仙店村西油菜山	宋	罐1	青白釉碟5、青白釉瓶1、青白釉碗7、三足陶鼎1	《崇安县仙店宋墓清理记》，《福建考古资料汇编：1953—1959》	
435	武夷山市仙店村刘家房	宋	罐1	青白釉碗2、三足铁鼎1	《崇安县仙店宋墓清理记》，《福建考古资料汇编：1953—1959》	
436	泉州市丰泽区潘山	元至大三年（1310年）	炉2、骨灰罐2	墓志2	《南安潘山乡发现元代骨灰墓葬》，《福建考古资料汇编：1953—1959》	
437	南平市三官堂	元皇庆三年（1312年）	碗1、罐1	酱釉盏2、酱釉盏托2、酱釉器盖1、银罐1、木俑1、铜镜1、铜钱13、铁铺首环1、石地券1、墓志1	《福建南平市三官堂元代纪年墓的清理》，《考古》1996年第6期	墓主为刘千六和其妻许妙明

序号	出土地点／墓葬	年代／年份	出土器物		资料来源	备注
			青釉瓷	其他（陶）瓷器、其他器物		
438	南平市延平区尤坑村	元	未公开发表	未公开发表	南平市博物馆馆藏文物档案	该墓葬发现时墓室已被村民破坏殆尽
439	建瓯市城郊水南罐头厂 M3	元	罐 1	酱釉罐 2、铁刀 1、铁鑽 1、铁棺钉 11	《福建建瓯县水南宋元墓葬》，《考古》1995 年第 2 期	
440	政和县星溪乡林屯村	元	未公开发表	未公开发表	政和县博物馆文物藏品档案	
441	政和县东平镇官山	元	未公开发表	未公开发表	政和县博物馆文物藏品档案	
442	邵武市通泰街道	元	罐 2	铜钱 127	《邵武通泰街道旗山元代墓葬清理简报》，《福建文博》2022 年第 1 期	
443	将乐县水南镇积善村 M1	元	碗 1、盏 1、壶 1	青白釉碗 1、石砚 1	《将乐县积善宋元墓群发掘简报》，《福建文博》2009 年第 4 期	
444	将乐县下张公村	元	扁瓶 2、三足炉 1	青白釉盖罐 2、青白釉瓶 1、铜镜 1、石碑 1	《将乐县下张公村元代壁画墓清理简报》，《福建文博》2017 年第 4 期	
445	浦城县富岭镇富岭村牛栏坪	元末—明初	盖罐 4、双耳瓶 2、三足炉 1、器盖 2	酱釉罐 2、铜镜 1	《浦城县牛栏坪元墓清理简报》，《福建文博》2017 年第 1 期	
446	安溪县五金厂	明正德四年（1509 年）	瓶 4	砖墓志 1	《略述安溪纪年墓和带款识几件外销瓷器》，《福建文博》1993 年第 1—2 期合刊	
447	柘荣县东源乡甲溪村西侧	嘉靖十六年（1537 年）	未公开发表	未公开发表	柘荣县博物馆馆藏文物档案	
448	将乐县古镛镇龟山新村封山	明嘉靖二十年（1541 年）	熏炉 1、烛台 2	墓志 1	《将乐县明代壁画墓清理简报》，《福建文博》2011 年第 3 期	
449	南平市来舟镇蛟湖村	明嘉靖二十六年（1547 年）	瓶 2、三足炉 1、碗 1	青花盖罐 1、墓志 1	《南平蛟湖明嘉靖墓清理简报》，《福建文博》1990 年第 2 期	

序号	出土地点/墓葬	年代/年份	出土器物		资料来源	备注
			青釉瓷	其他（陶）瓷器、其他器物		
450	南平市延平区西芹镇西芹村林化厂南侧	明万三十二年（1604年）	盖罐1、罐7、碗1	银簪2、铁芯架1、铜钱10、陶墓志1、砖买地券2	《南平延平区明墓清理简报》，《福建文博》2018年第3期	墓主蔡宣，生于嘉靖五年（1526年），卒于万历三十一年（1603年），葬于万历三十二年（1604年）
451	福州市马尾区魁岐村	明	未公开发表	未公开发表	福建博物院馆藏文物档案	

注：
1. 该表仅收入有青釉瓷的墓葬。
2. 部分墓葬信息，来源省内各博物馆文物藏品档案，在后页图录中涉及墓葬中出土青釉瓷，故记录于表中，因未公开发表，对随葬品不详细记录。
3. 福建未公开发表的墓葬繁多，资料复杂，部分可能涉及版权问题，后页图录未涉及的未发表墓葬，在表中不体现。

后 记

福建陶瓷文化历史悠久，窑址众多。2015年以来，我单位陆续对全省窑址进行野外考古调查，并将调查结果进行系统整理，于2016年完成了"福建宋元黑釉瓷窑址调查课题"，出版了课题成果《玄之妙——福建宋元黑釉瓷》。

"海上丝绸之路福建古窑址（青瓷）调查研究课题"是继"福建宋元黑釉瓷窑址调查课题"后，对福建古窑址调查研究的又一重要课题。笔者在此前窑址调查的基础上，对全省烧造青釉瓷的窑址的调查资料、省内各博物馆馆藏窑址出土、墓葬出土青釉瓷进行系统整理研究，将成果汇集成《青之韵——福建青釉瓷》一书。

该课题在研究过程中，得到了福建省文物局领导高度重视与大力支持。福建博物院、厦门市博物馆、泉州市博物馆、晋江市博物馆、南安市博物馆、永春县博物馆、安溪县博物馆、德化县陶瓷博物馆、惠安县博物馆、南平市博物馆、建瓯市博物馆、南平市建阳区博物馆、武夷山市博物馆、顺昌县博物馆、浦城县博物馆、政和县博物馆、将乐县博物馆、漳浦县博物馆、莆田市博物馆、福安市博物馆、霞浦县博物馆、柘荣县博物馆等省内文博单位也协助配合提供了珍贵藏品和相关资料。

在此，衷心感谢福建省考古研究院羊泽林、陈明忠、温松全、吕锦燕，福建博物院邱新宇、曾伟希，厦门市博物馆林元平、郑东、郑晓君、高宇，南平市博物馆王世亮、林正锋，建瓯市博物馆虞道强，南平市建阳区博物馆罗冠群、叶娟，武夷山市博物馆刘秀萍，顺昌县博物馆王益民、刘素芬、王长军，浦城县文物保护中心杨军，政和县博物馆王志明、周华英，将乐县博物馆邰骅、林薇、李靖豪，泉州市博物馆陈国珠，晋江市博物馆林铅海、左子娟、陈聪艺，南安市博物馆曾文国，永春县博物馆曾汉祥、康桂清，安溪县博物馆易曙峰、林美莲、陈思捷，德化县陶瓷博物馆郑炯鑫、陈丽芳，惠安县博物馆郭晓兵，漳浦县博物馆林雪铭，莆田市博物馆黄文格，福安市博物馆张玉文，霞浦县博物馆雷谢清，柘荣县博物馆游再生、杨月圆等文博同仁在窑址调查及墓葬出土资料、馆藏藏品资料查找与搜集过程中提供的支持与帮助。

本书在福建省考古研究院院长王永平、副院长陈丽君的具体指导下，文字部分由笔者执笔完成，图录部分图片主要来源于上述博物馆的馆藏藏品资料，少部分由笔者拍摄。部分墓葬出土器物照片由温松全、陈明忠、杨军提供。部分窑址出土、采集器物照片由羊泽林、陈明忠、陈国珠、黄文格提供。

由于水平、资料和时间有限，本书难免存在错漏和不足，敬请专家读者指正。

编者

2022年12月1日